JN074519

公民連携白書

PPPと社会的評価
2021〜2022

東洋大学PPP研究センター 編著

時事通信社

はじめに

　本書は、2006年度に、東洋大学にPPP（Public/Private Partnership）専門の社会人大学院公民連携専攻を開設して以来、全国の関係者に、PPPに関連するテーマについての論考やその年に発生した事例を提供することを目的として毎年発行してきた。新型コロナの影響が長引く中ではあるが、今回も16回目の発行を迎えることができた。

　連続して発行することは決して容易なことではない。これもひとえに、PPPの推進のためにご後援いただいている機関、ならびに、本書を楽しみにしてくださっているすべての読者、また、企画段階から尽力いただいている時事通信出版局の永田一周氏の支援のおかげであることは言うまでもない。この場を借りてあらためてお礼申し上げたい。

　今回は、第Ⅰ部の特集テーマを「社会的価値とPPP」とした。PPPは経済的価値と社会的価値を同時に実現するために存在する。社会的価値があれば経済的価値は無視して良いという考えが間違いであると同様に、経済的価値さえ高ければ社会的価値は二の次という考えも間違いである。しかしながら、経済的価値と社会的価値を同じ土俵で評価することが難しく、PPPの現場では、そのバランスを取ることに試行錯誤が繰り返されている。この苦難はPPPに限ったことではなく、一般的な公共事業、公共サービスに共通したものである。今回の特集は、こうした状況を解決するべく取り組んでいる各方面の専門家がそれぞれの立場から執筆したものである。

　まず、今村肇「社会的価値評価の現状と課題──創造的公共空間デザインからSDGsに至る社会的価値計測の必要性」では、現在世界で試みられているさまざまな社会的価値の評価方法を概観した後、社会的インパクト投資（SII）、ソーシャルインパクトボンド（SIB）、ESG投資、SDGsインパクト等について論じた。ペドロ・ネヴェス「ポストコロナの時代におけるSDGsに沿ったパートナーシップの実施と評価」、スティーブ・デイビス「地域社会への提供価値を『契約化』するウェールズの取り組み」、メリッサ・ペニキャド「日本のインフラの持続性を評価する─Envisionの活用」は、社会的価値評価に関する世界最先端の動向を紹介したものである。次いで、難波悠「公共調達における社会的価値最大化に向けた取り組み」、根本祐二「PPPにおける経済的価値と社会的価値の関係についての考察」、藤木秀明「地方公共団体と地域金融機関の本質的な協調関係の構築についての一考察」では公共調達、PPP、地域金融における論点整理を行った。最後に、鶴園卓也「個人へのインセンティブ提供における成果連動型民間委託（SIB/PFS）の取り組み」において、社会的評価のもっとも顕著な実践例であるソー

シャルインパクトボンドを実際に手掛けている立場から事例を紹介した。

第Ⅱ部は、「PPPの動き」である。まず、序章として、2021年6月の内閣府PPP/PFI推進アクションプランを中心に、根本祐二が「PPP推進政策の動き」を執筆した。第1章以降は、公共サービス型、公共資産活用型、規制・誘導型のPPPの3分類に沿って整理した後、PPPを取り巻く環境とPPPの各分野での動きを整理している。紹介している事例は、例年通り、時事通信社iJAMPからの情報を元に取り上げた。対象期間は、2020年10月〜2021年10月を対象としている。事例数は744に上り、類書の中では圧倒的に多数の事例を紹介している。

是非多くの方々に本書をご一読いただき、参考としていただければ幸いである。

2021年11月

「公民連携白書」執筆者の代表として
根本祐二（東洋大学）

目次 ｜ 公民連携白書 2021〜2022

装幀・大島恵里子
　　　　出口　　城

第Ⅰ部

PPPと社会的評価

第1章 「社会的価値評価の現状と課題」
──創造的公共空間デザインからSDGsに至る社会的価値計測の必要性

東洋大学　今村　肇

1. 社会的価値による評価はなぜ必要か

はじめにこの問いを考えていただきたい。「私たちは身の回りの『公共空間』に何を作り出せるのだろうか？」、もう少しつっこんだ質問をすると「何らかの価値を公共空間に作り出す主体は何か？　単独なのかあるいは複数の連携なのか？」。

さらに付随する問いとして、そもそも「価値を作り出す」というのは、全く何もないところに新しいものを作り出すのか、あるいはこれまであったものを変革することによって作り出すのか。

通常の財やサービスなどは市場価格によってその経済的価値を測ることができるが、一方で、上記のような公共空間に作り出された価値は、仮にこれを社会的価値と呼ぶことにすると、そもそも直接的に新たに作り出されたものではなく、現状が抱える課題を解決するためにもたらす変革によって作り出された価値として認識されるため、直接的に市場価格で測ることは難しい。ではどうやって数量化して測ることができるのだろうか。

2. 社会的価値の測り方

いろいろある定義の中で簡単に書かれたThe Compact（英国内閣府）の定義によると、「社会的価値とは、社会的、環境的、経済的なコストとベネフィットを含んだ、幅広い価値の概念である。つまり、介入の直接的な効果を考慮するだけでなく、経済の他の分野に与える広範な影響も考慮する必要がある」とある。

しかし、現在のところ社会的価値を測るただ1つの方法はない。多様な社会的価値の指標が混在・共存している。

そのものズバリの名前を冠したSocial Value Portalによると、「炭素排出量」や「創出された雇用」といった具体的な指標から幸福度指数などといったさまざまなものが含まれていて、「社会的価値とは、これらの影響を包括的に表す言葉であり、これらの影響がプラスになるように意識的に努力している組織は、個人、コミュニティ、そして社会全体の長期的なウェルビーイングとレジリエンスに貢献することで、社会的価値を付加していると考えられる。」とある。

3. 社会的価値評価の使いみち

上述のSocial Value Portalでは社会的価値評価の事例として、まず国連のSDGsをあげ、「事実上の地球のための社会価値憲章」としている。つまり地球全体を視野に、各国・各地域の公共機関にとってそこに住む人びとのために「何をどれだけ」実現したら良いのかという指標としての使い道をあげ、「公共機関は、政策や支出を決

定する際に、社会的価値を考慮して、サービスを提供するコミュニティの利益を最大化することができる。企業は、社会的価値を高めるために、何をするか、どのようにするかの両方を決定することができる。

　企業責任や持続可能性の方針を持つ企業にとって、社会価値報告は当然の次のステップ。なぜなら、社会価値報告は、これらの方針を測定可能な行動に結びつけることで外部化し、顧客や他のステークホルダーが共感できる方法で報告することができるから。」と説明している。

4. 公共空間において望ましいビジョンをどのように達成するか

　公共空間に生息するステークホルダーは実に多様である。政府、企業、市民社会や組織はもちろん、近年は動物や植物（non-human）あるいは地球生態系などの存在も含める考え方もある。国連のSDGsはその典型であるが、問題はそれら多様な

ステークホルダーが共通に納得できるような標準的な社会的価値測定がますます必要になってきていることだ。

　一つだけ例を挙げると、さきほどのSocial Value PortalではNational Social Value Measurement Framework、略してNational TOMs を2017年に発表している（TOMsは「Themes, Outcomes and Measures」の略）。

　Social Value Portalは対象組織と協力して、テーマと成果を適切な尺度に調整することからはじめるが、その尺度の多くは、「国家統計局（Office of National Statistics）や単位費用データベース（Unit Cost Database）などの幅広いデータソースを利用して、財務用語で表現される『代理価値』とともに開発されている」とあり、「社会的付加価値が財務的に表現される」ことが実現する。それによってはじめて公共空間のビジョン実現のための諸活動の全体的な規模やコストとの比較や、プロジェクトやイニシアチブ間、組織や産業部門間での

図表Ⅰ-1-1　社会的価値を測る10の方法

社会的価値を測る方法	説明
コストベネフィット分析／費用対効果分析	最も広く使用されているツール群で、コストとベネフィットを計算し、割引率を適用する。大規模な公共プログラムによく用いられる
状態選考	あるサービスや結果に対して、いくら支払うかを人々に尋ねる
顕示選考	人々が実際に行った選択を検証し、異なる選択肢の相対的な価値を推量
社会的影響評価／社会的投資収益率評価	ある行動の直接のコスト、それがうまくいく確率、将来の結果の変化の可能性を、時には割引率を用いて推定する
公共価値評価	世の中がそのサービスをどれだけ評価しているかを判断する
付加価値評価	教育においては、学校が生徒の質をどれだけ高めているかを評価する
品質調整生存年／障害調整生存年評価	医療政策や研究では、患者の客観的な健康状態と患者の主観的な経験を考慮する
生活満足度評価	社会的なプロジェクトやプログラムを、人々が同等の生活満足度を得るためにどれだけの追加収入が必要かで判断する
政府会計基準	政府において、政府の支出とその効果について説明
その他の分野別評価	すべての分野には、それぞれの計測尺度のクラスタが存在する

出所：Mulgan（2010）（説明は元の英文から筆者翻訳）

比較が可能となるとある。

Social Value Portalの活動は彼ら自身によって以下の3つにまとめられている。

・テーマ（THEMES）
社会的価値のあるビジョン領域
・アウトカム（OUTCOMES）
組織が望むコミュニティ内のポジティブな変化
・測定尺度（MEASURES）
成果を達成するための一連の測定方法。

5. 多くが共感できる目標達成のための社会的価値尺度をどう測定するか

社会的価値尺度の測定方法は多種多様である。目的の設定や組織のもつ価値観などによって大きく変化するからである。ここではMulgan（2010）の一覧表（図表Ⅰ-1-1）を参考にしながら、どのような社会的価値の計測方法があるかを見てみよう。

最後の「その他の分野別評価」のなかにはさらに数多くの手法があるので10には収まらない数があることになる。

6. 社会的価値実現のインパクトを計測することで的確な政策実現する

ここまで公共空間における望ましいビジョンをどう社会的価値として可視化するかの測定方法について簡単に整理してきたが、次はその使用方法である。その可視化された社会的価値尺度を使ってどのような望ましい公共空間を実現するのかが次の課題となる。つまり、なぜ社会的価値を共通の尺度として可視化するかというと、社会的価値実現の計画運営のためには資金繰りが必要であり、そこに資金を調達するには

多様なステークホルダーを巻き込む政策・プロジェクトとして実施することが求められるからである。

ここでは、社会的価値の実現がもたらす効果（アウトカム）を社会的インパクトとして算定し、それを目標として共有した多様なステークホルダーが実現に向けて連携する社会的インパクト投資（SII）あるいはソーシャル・インパクト・ボンド（SIB）のメカニズムについて簡単に整理したい。

その入り口として、まず紹介しておきたいのは、Epstein（2014）にある「社会的インパクト創造サイクル」として以下のような段取りのサイクルだ。

1．あなたは何に投資をするのか？
2．あなたはどのような課題を提起するのか？
3．あなたはどのような手順をとるのか？
4．あなたはどのように成功を測定するのか？
5．あなたはどのようにインパクトを増大させるのか？

ここで、いくつかの用語について簡単に整理しておく。CSG国内諮問委員会（2021）に的確な説明がある。

「インパクト」：事業や活動の結果として生じた、社会的・環境的な変化や効果（短期・長期問わない）

「社会的インパクト評価」：社会的・環境的インパクトを定量的・定性的に把握し、事業や活動について価値判断を加えること

「社会的インパクト・マネジメント」：社会的インパクト評価を事業運営プロセスに組み込み、得られた情報をもとに事業改善や意思決定を行うことでインパクトの

図表Ⅰ-1-2　英国の社会的インパクト投資マーケットのセグメンテーション

市場の要素

	資金需要サイド	中間支援	資金供給サイド
市場の サブセグメント	協同組合＊	ソーシャルバンク	個人投資家
	慈善団体＊	ファンドマネージャー	機関投資家
	社会的企業＊	地域開発金融機関	政府投資
	メインストリームビジネス	社会資本	公益財団法人
	政府	投資商品	フィランソロピー
			企業

＊社会的組織

向上をめざすマネジメント

　特に最後の「マネジメント」という視点は重要である。単に数値目標を達成して最終アウトカムで評価されるだけではなく、目標を達成するためにプロセスのマネジメントをおこなうことで、プロジェクトの目指すインパクトを向上させるということである。

　このような社会的価値実現のための社会的インパクト投資サイクルに関わるステークホルダーをまとめてみると図表Ⅰ-1-2のような表になる。なぜ社会的価値の測定が必要かということに関わるわけだが、イギリスの例でもこれだけのステークホルダーが資金の需要者、中間支援、供給者のそれぞれに存在している。

　これだけのステークホルダーをどうやって社会的価値実現のために連携させるかは通常の資金還流のしくみでは極めて困難である。ところがSIBは社会的価値実現の目標を共有して、その達成に向けて連携されることで、困難を可能にするのである。

7. クリエイティブな公共空間デザインによる社会的インパクトの達成

　筆者は、「私立大学戦略的研究基盤形成支援事業―社会的企業によるインパクト投資を活用した公共サービス向上の効果に関する研究―（2014-2019)」に参加して、上記のような社会的インパクト投資のステークホルダーに関するヒアリング調査を、ニューヨークとロンドンにおいて行い、それに参加した。

　Social Financeの著者Alex Nichollsは、我々がロンドンを訪問してインタビューした際に、なぜいまSIBかときいたら、「複数のプレイヤーが水平方向に連帯する革新的なスキームであり、受益者、サービス提供者、公的機関、民間資本の利害を一致させるもの」と私の質問に答えている。すなわち、SIBは単なる金融スキームではなく、社会サービス提供のための複数のプレイヤー間の水平方向の連帯を強化する革新的な仕組みなのだ。

　アウトソーシングからサービスや成果を買うだけではない。何が「成功」なのかを明確にし、コミッショナーからアウトカムまでの中間的な構造をしっかり構築することで、社会サービス提供の目的をSIBのプレイヤーが目に見える形で共有するのである。

　同じ時期に英国内閣府のSIBオフィスでヒアリングを行ったが、政府は一般的なPbR（成果払い方式）とSIB（ソーシャル・インパクト・ボンド）を区別せず、サービス提供のアウトカムを確保するため

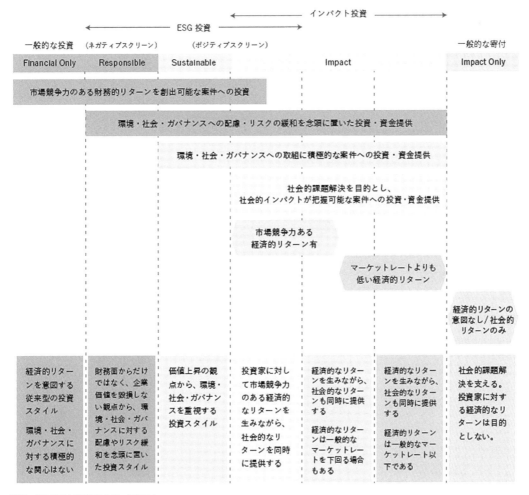

図表 I -1-3　インパクト投資のスペクトラム

出所：CSG国内諮問委員会（2021）

の方法として使用していると答えていた。イギリスでは公共政策におけるPbRの標準的な手法の１つとして定着しているようである。

　また、マンチェスター市においても英国のSIBの成功例として認められている、マンチェスター市コミッショナー、Teens & Toddlers（社会的企業）、Bridges Ventures（機関投資家）によるSIBの関係者にヒアリングを行った。

　それが成功したのは、第一にマンチェスター市役所の経験豊富なSIBコミッショナーによる卓抜な社会的起業家と機関投資家の選択とSIBスキームのデザインであることが明らかになっている。なにより、コミュニティのめざす公共空間の実現のためには、結果を出すための創造的なモデルと協調的な態度を持つ起業家精神が必要だということを再確認したところである。

　一方で、日本においてSIBスキームを推進しているコーディネーターのヒアリングをしたときに、日本の組織や人材の障壁の話になって、筆者が「日本のSIBが成功するためには少なくとも何人のクレイジーが

自治体に必要ですか」と質問をしたところ、「少なくとも３人のクレイジーがいないと、プロジェクトが孤立して稟議などのプロセスで潰れていきます」という、経験に基づく印象ではあるが、英国と日本の違いについて重要な視点を提案された。

8. 社会的価値を多様なステークホルダーの協働で実現するための社会的インパクト投資

社会的インパクト投資（SII）と類似の社会的投資手段としてESG（Environment, Society and Governance）投資があるが、社会的価値測定の重要性や、多様なステークホルダーの水平的連携の実現などの点で両者は一部重なり合う部分があるもののSIIの方がより投資から寄付に近い構造をもっている。それは図表Ⅰ-1-3にある通りである。

また、ESG投資はインパクト投資よりも一般的な投資に近い経済的なリターンに社会的価値を関連付けただけのものを指し、インパクト投資は経済的なリターンに加えて、社会的価値の創造という社会的リターンを同時に提供するものをいう。

9. SDG Impactの目指す社会的価値実現のための投資資金のグローバルな還流

グローバルな視野で社会的価値創造は広がりつつある。そのためには測定の尺度と精度、人材の育成、特に横の連携、あるいはタテヨコ斜め縦横無尽に形成されるクラスターネットワークによるイノベーションの推進が求められる。

そのもっともグローバルなターゲットは、SDGsであり、まさに「ゴール」とし

てあげられたさまざまな社会的価値の創造に向かって、さまざまなステークホルダーが連携をしていくスキームで、社会的インパクト投資の延長としてとらえることができる。UNDPの中に設けられたSDGインパクト（SDG Impact）のイニシアチブは投資資金のグローバルな還流によってSDGsの実現を促進するもので、SDGインパクトは以下のように説明をしている。

SDGインパクトは、国連開発計画（UNDP）のイニシアチブであり障壁を排除し、SDGsを実現するための投資を大規模に行うことを目的としています。

SDGインパクトのビジョンは、すべての資本の流れが国連の持続可能な開発目標（SDGs）を推進する世界です。

SDGインパクトの使命は、投資家や企業に対し、彼らの貢献を支援し、認証するために必要な明快さ、洞察力、ツールを提供することです。

SDGインパクトは３つの柱で構成されています。

・Impact Management（インパクト・マネジメント）：SDGsを実現するインパクト・マネジメントし、投資家や企業を支援するツールを提供する実践基準。
　国連の持続可能な開発目標に対する投資家や企業の貢献を支援するためのツールを提供します。
　持続可能な開発目標。オンラインでの教育とトレーニングは、投資家と企業の貢献をさらにサポートします。
　また、SDGインパクト・シールによる認証は、SDG対応の実践を証明するものです。

・Impact Intelligence（インパクト・インテリジェンス）：SDGsを実現する投資

機会に関する洞察を提供する国レベルの
データ。

開発の必要性、政治や政策の優先順位、
投資家の意欲や活動が一致している分野
を強調します。

・Impact Facilitation（インパクト・ファ
シリテーション）：170カ国に及ぶネッ
トワークを活用して、投資家、企業、政
策立案者を結びつけ、インサイトと活動
を提供し、豊かな政策対話を促進します。

10. 世界的なSDGsとインパクト投資の拡大の中で日本が抱える課題──ソーシャル・インパクト・ボンド（SIB）普及の視点から

さて、ここで冒頭に私があげた問いに
戻ってみよう。

「私たちは身の回りの『公共空間』に何
を作り出せるのだろうか？」、もう少し
つっこんで「何らかの価値を公共空間に作
り出す主体は何か？　単独なのかあるいは
複数の連携なのか？」。

さらに付随して「価値を作り出す」とい
うのは、全く何もないところに新しいもの
を作り出すのか、あるいはこれまであった
ものを変革することなのか。

ここまでの議論でわずかかもしれない
が、ある程度の見通しが立ったのではない
かと思う。しかし、価値創造の実践という
ことからみれば、見通しが立った、あるい
は理解したというだけで、自分たちの身の
回りの公共空間に何かがすぐ作り出せると
いうものではない。

ここからは「創造的公共空間のデザイ
ン」（Creative Public Space Design）をグ
ローバルな視点から日本においてどう実践
していくのか、とりわけそのための障害を
どう取り除いたら良いかを整理してみたい。

新しいトレンド（新しい公共経営、社会
的金融、インパクト投資、ソーシャル・イ
ンパクト・ボンド…）とその背景にあるも
のを整理した上で、ミクロ（企業）、メソ
（地域）、マクロ（社会）という異なるス
ケールのインパクトと、それらを結びつけ
るための課題は膨大だと言わざるを得ない。

しかし、本稿を皮切りにこれから筆者が
展開していくCreative Public Space De-
signの理論と実践は、最大限縮小してしま
うが、Work Incentive は高いけれど、So-
cial Initiativeは低いと言われることの多
い日本の社会・経済において公共空間
（Public Space）への積極的なコミットメ
ントを引き出す重要な方策となるものであ
る。

UNRISDが「社会的・連帯的金融」と題
したイベントを開催してから、すでに５年
以上が経過した。持続可能な開発への道筋
としての変革の可能性を評価するために、
UNRISDが「社会的連帯金融：緊張、機
会、変革の可能性」（UNRISD 2015）とい
うさまざまな金融手法による変革可能性を
問うイベントを開催してきたことは、社会
的連帯経済、NPO、ソーシャル・ビジネス
などの市民社会組織による社会的インパク
ト貢献に関する日本の状況に影響を与えは
じめている。

11. SIB推進における営利企業・NPO・社会的企業・市民社会の可能性と課題

そこで、現在我々が推進している東洋大
学重点研究推進プログラム「持続可能なイ
ンフラの提案によりグローバルな協調の再
構築に貢献する研究」においては、筆者の
担当で「SIB推進における営利企業・

NPO・社会的企業の可能性と課題～ステークホルダー間の水平連携を実現するための日本の課題～」を評価するために、文献調査と実証実験を行うことを企画した。

　2つの課題に焦点を当てている。まず一つ目は、SIBの成果評価がNPOや社会的企業に与える影響である。特にSIBにおいては、サービス提供の評価レベルのデータを蓄積できるNPOや社会的企業が優位性を保つことができる。しかし、対人サービスの効果をアウトカムのみで数値評価することは適切ではなく、数値評価できるサービスは限られており、SIBの評価項目は、NPOや社会的企業のガバナンス体制の視点となる。

　第二の焦点は、SIBの形態である。さまざまな動機で運営される組織では、組織やセクターの垣根を越えてさまざまなリソースを活用し、統合する能力が求められる。つまり、サービスを提供するNPO・非営利団体とサービスを受け入れる側の関係だけでなく、サービスの選択を決定する行政、投資する企業や金融機関、プロジェクトとしての対象となる個人、さらには第三者として評価する機関など、さまざまな関係性が求められる。また、多くのステークホルダーを巻き込んだ形での仕組みを支える人材のスキルや能力も極めて多様で、成否に強く影響する。

　これまで英米で実施した調査では、SIBの枠組みでNPOや社会的企業に最も期待されているのは、サービス・プロバイダーとしての役割である。しかし、NPOや社会的企業の可能性は、それだけではなく、政府・投資家とサービス・プロバイダーをつなぐ中間支援組織としての機能や、サービス・プロバイダーの成果を評価する独立した評価者としての機能も備えている。

　一方、SIBのフレームワークに関連するNPO・社会的企業の人材や人的資本に注目すると、一般的なNPO・社会的企業よりも特徴的なものがあり、一つはファイナンスの経験やスキルが高いこと、もう一つはさまざまなアクターやステークホルダーを有機的に結合する能力や経験があることである。

12. 米英のSIBヒアリング調査によって見えてきたもの

　これまで2014年から2019年にかけて、米英の社会的インパクト投資の「枠組み」を調査・聴取しつつ、SIBにおけるNPOや社会的企業の可能性と課題を考える目的で、さまざまなアクターにインタビューを行った。日本からは見えにくい課題として、専門性、柔軟性、人材・人財の流動性の問題があることを再認識した。

　ソーシャル・インパクトの規模とNPO・社会的企業のミッション／アイデンティティの関係について、米英や欧州大陸での事例を参考にしながら、日本の文脈での可能性を検討しなければならない。社会的成果をもたらす社会的企業の多様なモデルは、社会的インパクト投資を実現する各国の経済・社会のコンテクストと相互に補完し合っていることに留意すべきである。

　筆者が2015・2016年に、米英のソーシャル・インパクト・ボンド（SIB）に関連する団体を中心に行ったヒアリング調査の結果、英国では内閣府などを中心にSIBに対するさまざまな支援策が講じられ、すでに多くのSIBが設立されていること、しかし、サービスの実施主体であるNPOや社会的企業にとってのメリットや、投資家

のリスクの高さなど、さまざまな課題があることが明らかになった。

米国では、ニューヨーク、ボストンの2都市で、SIB関連団体へのインタビューを実施した。調査の結果、米国のSIBは英国に比べて金融商品に近く、債券に近いものであることがわかった。

13. 「持続可能なインフラの提案による国際協力の再構築」において目指すもの

この結果を活かしつつ、持続可能なインフラの提案による国際協力の再構築に貢献するための研究〜「インフラメニュー」と「経済・社会評価アプリケーション」の制作〜（2019年度・東洋大学重点研究推進事業）を継続しているところである。その主な内容は、ヨーロッパやカナダで成功している社会的連帯経済の社会的インパクトを日本で成功裏に拡大するために、いかに市民社会のコミットメントを引き出すかというもの。

具体的には、これまで日本では実空間での成立が難しかった「連帯」を、DXによる仮想空間で実現することを含んでいる。その第一歩として、社会的インパクトの評価を通じて、市民社会のコミットメントを引き出すためのスマートフォンアプリケーションの開発・活用を目論む。

最初のテーマは"持続可能なインフラによる経済評価（Value for Money）のためのアプリケーションの開発"。

これはすでに富山市で実証され、データが整備されている。そこで、市民ワークショップで使いやすいアプリケーションを開発し、このアプリケーションを使って富山市でさらに実証実験が行われている。実証実験の結果をもとに、改善が必要な項目を抽出し、改善作業へのフィードバックが行われる。

上記の成果を踏まえ、インフラ再構築のテーマをさらに拡大し、より広い地域で社会的インパクトを生み出す活動の影響度をコンパクトに測定する方法を提供することで、地域の一般的な関心事であるサービスの提供に対する市民社会団体のコミットメントを引き出すことを目的としたアプリケーションの開発により多くの社会的イニシアチブが期待される。インフラの再構築というテーマから、地域やより広い範囲で社会的なインパクトを与える活動の影響を比較的簡単に測定することで、地域における一般的なサービスの提供に対するさまざまなステークホルダーのコミットメントを引き出すことが可能である。

14. 複数のプレイヤーの水平方向の連帯を作り出すためのスキームとしての社会的インパクト投資の可能性

本稿に与えられた課題は、社会的価値評価のさまざまな測定手法が、地域コミュニティからグローバルなSDGs推進までの水平方向の連携を作り出すことの可能性を追求することである。

果たして、社会的インパクト投資において、Alex Nichollsの言う「複数のプレイヤーが水平方向に連帯する革新的なスキームであり、受益者、サービス提供者、公的機関、民間資本の利害を一致させるもの」はどのようにして、どこまで、この日本社会で可能だろうか。

NPO・社会的企業の社会的サービス供給のための資金調達の手段として、社会的インパクト投資、とりわけソーシャル・イ

ンパクト・ボンド（SIB）が注目を集めている。日本においてもその展開が拡大すれば、その強力な資金調達力や厳格なアウトカム評価によって、今後のNPO・社会的企業の公共政策上の位置づけや行動様式に大きな影響を与えるであろう。

SIBなどの社会的インパクト投資は、企業側から見れば経済的価値と社会的価値を両立させる企業評価や資金循環の方法の一つである。企業の社会的責任（CSR）から社会的インパクト投資に至るまでの展開のなかで、これまでの財務諸表による企業評価からいわゆる社会的価値をとりいれた統合報告（IR）による評価手法が登場し、一般の企業活動に対しても大きな影響を及ぼそうとしている。

このような今までにない多くのステークホルダーを巻き込んだ社会的インパクト投資の仕組みのなかで、NPO・社会的企業に求められる活動領域ととりまく制度のありかたを最終的に描出したい。

この際、社会的インパクトの尺度とNPO・社会的企業のミッション・アイデンティティとの相互影響関係についても、米英あるいはヨーロッパ大陸における事例を参考にしながら、日本の文脈における可能性を検討する。とりわけ、社会的成果を我々にもたらす社会的企業の多様なモデルが、社会的インパクト投資を実現する各国経済社会の文脈と相互補完的であることに注意しなければならない。特に、社会的企業のガバナンス構造は、大西洋を挟んだ米国と欧州におけるNPO・社会的企業モデルの発生過程の違いによるものであり、特に欧州の社会連帯経済とソーシャル・ビジネスがEUの「市民の一般利益サービス（Social Services of General Interest）」と

比較を行いつつ、近年にいたってどのように変貌を遂げているのか、さらには公共政策の中でのNPO・社会的企業の役割の展開を考えなければならない。

これまで米国中心の経済効率を重視する組織制度に、より親和的であった日本の経済・社会・企業が、ヨーロッパ、特にEUにおける社会的な対話や地域の繋がりを重視する「対話と妥協」の精神も併せて参照する。EUにおける社会連帯経済と社会的企業・NPOが社会的インパクト投資をどう受け止め、反応しているかを参照することが、今後の日本における問題点の可能性と対応を見つけることに繋がっていく。

一つは、SIBにおけるアウトカム評価がNPO・社会的企業に与える影響であり、とりわけSIBでは自らのサービス供給評価の高さをデータとして蓄積できるNPO・社会的企業が優位に立ち淘汰されて残っていくことになる。しかし、単なるアウトカムのみで対人社会サービスの効果を数値として評価することへの妥当性や、数値で評価できるサービスが限定されること、またSIBの評価項目ではNPO・社会的企業のガバナンス構造という視点がなく、働く人たちの労働環境や満足度などに対する配慮がないことなど、克服しなければならない問題が残されているのである。

15. 最大の課題は日本の人材と組織の改革

まず、ヨーロッパにおける社会的連帯経済など伝統的に社会的サービス供給を担ってきたNPO・社会的企業からの反応を紹介しながら、日本で導入される際に注意しなければならない点を整理する。

第二には、SIBという多くの異なった動

機によって運営されている組織が関わる形態では、組織やセクターの壁を超えてさまざまな資源を活用し統合していく能力が必要とされる。つまり、サービス提供者であるNPO・非営利組織とサービスを受容する人たちの関係だけでなく、サービスの選択を決定する政府や、投資をする企業・金融機関・個人、そしてそれをプロジェクトとしてまとめる組織、さらには第三者として評価をする組織と、きわめて多様な組織を巻き込むというかたちで仕組みを支える人材のスキル・能力という点が成否に大きな影響を与えることになる。

労働市場における流動性が一般的に低い日本において、営利企業と社会的企業・NPOのスキル・ギャップは少なくない。アメリカ合衆国のSIBに関わるヒアリングから得た人材像をもとに、日本におけるセクター間のギャップを埋めるための人材育成が急務であることを指摘したい。

日本においてはまちがいなく人材の問題がネックとなることは、特に米国におけるヒアリングから明らかになった。米国のケースから見える多様なスキルと経験をもった豊富な人材層の存在と流動性は、日本におけるSIBのポテンシャルを考える上で大きな難題となろう。

日本におけるNPO・社会的企業、営利企業、政府・地方自治体における人材とそのスキル構成、さらにはそれらの自由な横のつながりの現状からは、米国や英国の達成水準は遥かに高くかけ離れていると言わざるを得ない。

複合的なスキルと経験のミックスを持った人材が、NPO・社会的企業、政府・地方自治体の双方にプロジェクト推進に十分なだけ調達・養成しなければならない。ただし、現状ではこういったよりマクロ的な視点をもった人材を日本の雇用制度・労働市場で得るのはきわめて難しい。紙幅の関係で詳しくは別の機会に述べるが、

①開かれた流動性のある労働市場・福祉制度への転換
②縦割りの官僚機構によるトップダウンの意思決定とそれに順応した人材の改革
③自律性・自発性や水平的な連携の経験の少ない地方自治体の人材への改革
④労働意欲は高い一方でリスクをとる起業家精神は不十分な企業人材から、よりイノベーションと起業家志向の強い人材を企業セクターの中に養成する

といったことが論点となるだろう。

参考文献

CSG国内諮問委員会（2021）「日本におけるインパクト投資の現状と課題　2020年度調査」、社会変革推進財団（SIIF）

CSG国内諮問委員会（2020）「インパクト投資拡大に向けた提言書2019」、CSG国内諮問委員会

Edmiston, D. and Nicholls, A.（2017）Social Impact Bonds: The Role of Private Capital in Outcome-Based Commissioning, Journal of Social Policy Volume 47, Issue 1, January 2018, pp.57-76

Epstein, M.J., Yuthas, K.（2014）, Measuring and Improving Social Impacts, Greenleaf

HM Government Cabinet Office, The Compact, https://www.cambridgecvs.org.uk/app/webroot/media/cms/files/the_compact.pdf（2021年10月13日アクセス）

今村肇（2016）「SIB推進におけるNPO・社会的企業の可能性と課題」塚本一郎・金子郁容編著『ソーシャル・インパクト・ボンドとは何か』ミネルヴァ書房

今村肇（2009）「日本における営利企業と非営利組織の人的資本と社会資本の不均衡―「共創」による問題解決への取り組み―」清家篤・駒村康平・山田篤弘編著『労働経済学の新展開』、慶應義塾大学出版会

International Finance Corporation（2019）, Investing for Impact: Operating Principles for Impact Management, International Finance Corporation

明治大学非営利・公共経営研究所（2015）「2014年米国におけるソーシャル・インパクト・ボンド（SIB）などのインパクト投資に関する調査研究報告書」『非営利・公共経営研究調査研究シリーズNo.29』

Mulgan, Geoff（2010）, "Measuring Social Value," Stanford Social Innovation Review・Summer 2010

Nicholls, A. Paton, R. and Emerson J.（2016）, Social Finance, Oxford University Press.

SDGs Impact（2019）, The SDG Impact Practice Standards Private Equity Funds

Tomlins、R.（2015）, Social Value Today: Current public and private thinking on Social Value, House Mark

塚本一郎、関正雄（2020）『インパクト評価と社会イノベーション―SDGs時代における社会的事業の成果をどう可視化するか―』、第一法規

UNRISD（2015）, Social and Solidarity Finance: Tensions, Opportunities and Transformative Potential, http://base.socioeco.org/docs/02_-_ssf_event_brief.pdf

第2章

第2章 ポストコロナ時代におけるSDGsに沿ったパートナーシップの実施と評価

グローバルソリューションズ4U CEO　ペドロ・ネヴェス

はじめに

　本稿では、4つの話題に触れる。まず、「開発」に関連する概念と持続可能な開発目標（SDGs）という新しいパラダイムについて説明する。次に、3つの異なる都市のケーススタディを紹介する。これらは、持続可能な開発アプローチを採用したPPPが地域を変えた例であり、「人を中心とするPPP」（People-first PPP, PfPPP）と呼ばれている。3つ目は、国連欧州経済委員会（UNECE）が進めているPfPPPの評価手法について紹介する。最後は、これらのSDGs、パートナーシップ、評価手法がポストコロナや「Build Back Better（従前よりも良い状態へ復興する）」にいかに適用できるかを検討する。そこでは、コロナの経験によって引き起こされた都市の変革に関する現在の傾向と、EUがどのように国の復興計画を構築し、同時に経済を近代化しているかについて述べる。

　地域社会はアウトプットよりもアウトカムを求め、特に生活の質を向上させるようなポジティブなインパクトを目指している。インパクトが求められる時代には、その効果を示すエビデンスが不可欠だ。「測定できなければ管理もできない」ので、測定できることは必須だ。持続可能な開発目標（SDGs）（UNDESA, 2015）を共通項として採用した場合、協力が成功するパートナーシップと呼べるようになるには多くの課題があり、だからこそ、成果とインパクトを分析し、測定する必要がある。コンセプトがあり、パートナーシップが実施可能であるならば、すなわちコンセプト、パートナーシップ、評価方法論を、ニューノーマルに適用し、「Build Back Better」を実現することができるようになる。

ポストコロナへの評価は歴史が決める

「COVID-19のパンデミックは、現代社会の行方を決定づける時だ。歴史は対策の効果を、特定の政府主体が個別に取った行動ではなく、人類全体の利益となるよう、あらゆる部門を横断し、どれだけ協調的な対応がなされたかによって判断することになるだろう」（UN, 2020）

　より良い世界を創造し、社会の結束が強まり、地球環境を保護し、繁栄を加速させる必要性は、公共の福祉の向上に貢献し、政策立案者の質を証明すると同時に、民間部門が繁栄するためのビジネスチャンスを生み出すという利点がある。SDGsのコンセプトは抵抗感がなく、皆がそれに従っているが、実際にそれを機能させるには調整、コミュニケーション、協力が必要であり困難が伴う。

SDGsは理解するのは簡単だが、実行するのは難しい

　コンセプトは理解できても実現に多くの障害があるのはなぜか。その原因を明らかにするためには、コンセプトを咀嚼し、実

行あるいは評価できるかを検証し、これらのツールやメカニズムを使用しながら洗練させ、ポストコロナ時代に使用できる実行可能なソリューションを考え出す必要がある。

1. 開発、持続可能な開発、そしてSDGs

「開発」と「経済成長」は必ずしも結びつかない。通常、経済成長はGDP、一人当たりGDP、利益、投資収益率などの指標で評価されるが、これらは短期的な視点でしかない。もし、開発モデルが経済の繁栄だけに焦点を当て社会的側面と結びついていなければ、社会的な争いが起こりやすくなる。同様に、有限な天然資源の搾取、特にそれらが利用後に自然に還ることへの注意が欠けていると、人間の活動による痕跡が発生し、人と自然の調和が乱れる。「持続可能な開発」とは、経済、社会、環境の各側面を関連づけ統合する開発モデルが必要だ。

国連の言葉で言えば「社会」（People）、「環境」（Planet）、「経済」（Prosperity）のバランスを取ることは、政策立案者や開発実務者が直面する最初の課題だ。これらに取り組むには、自然科学（厳密な科学）と社会科学（非厳密な科学）という異なる知識のサイロから専門家を集める。学際的なチームはしばしば超学的なグループとなり、良い結果をもたらす。人（People）、地球（Planet）、繁栄（Prosperity）の3つのPを調和させた開発への新しいアプローチは、「新しいゲーム」とも言える。

① 新しいゲーム、新しいルールそして新しいプレーヤー

新しいゲームを統合しようとした場合、期間が短期的（1〜2年）なものから長期的（20年以上）なものまであるため、新しいゲームのための新しいルールが必要となる。ここでいうルールとは、法律、コントロールの仕組み、また利害関係者が参加によって身につける文化を意味する。高速道路の120kmと定められた最高時速は、違反切符が切られて初めて尊重される。ルールが尊重されるためには点検が欠かせないし、ルールを作ってもそれが実施されず、検証されないのであれば意味がない。しかし、地域がルール（ここでは安全第一）を守る必要性に合点がいけば、法律があるからルールを守るのではなく、それが地域文化の一部となり目的が達成される。新しいルールは変化を起こすための強固な制度の

図表Ⅰ-2-1　経済成長、開発、持続可能な開発

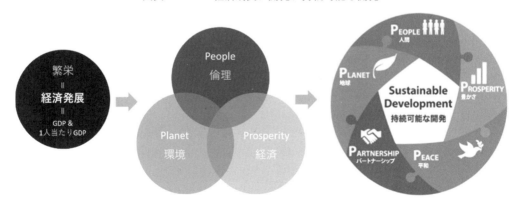

基礎となり、新しいルールと強固な制度は平和（Peace、4つ目のP）確保の礎となる。

人、地球、繁栄に基づいた新しいゲームと、強固な制度と平和という新しいルールがあると、今度はゲームとルールを理解する新しいプレーヤーが必要となる。これらのプレーヤーは、公共部門（中央および地方自治体）、民間部門（デベロッパー、投資家、銀行）、または市民社会など、さまざまな部門から構成される。これらのプレーヤーが協力する必要があることを考慮して、ここでは新しいプレーヤーをパートナーと呼ぶ。これによりパートナーシップ（Partnership）が生まれ、5つ目のPが生まれる。

SDGsの背景には、持続可能な開発という新しいゲームと新しいルールがあり、新しいプレーヤーがいる（Neves, 2020）。

（社会＋環境＋繁栄）＋平和と制度＋パートナーシップ＝**SDGs**
持続可能な開発**ゲーム　ルール　プレイヤー**

SDGsにはいくつかの注目すべき点がある。まず、国連加盟国が全会一致で承認した初の世界的な開発アジェンダであることや国家の話し合いの場に自治体や民間企業が列記されたことなどだ。SDGsを達成するために必要と推定される年間3.9兆ドルの投資レベルを考えると、その64％を貢献できる民間セクターが重要となる（Oteh, VP and Treasurer, & World Bank, 2018）。年間2.5兆ドルもの民間資金があるということは、民間部門の投資を引き付けるために革新的な資金調達手法が作られ、プロジェクトの資金調達と融資が財務的・経済的に持続可能性を持って行われることを意味する。これは、解決策がスマートで持続可能なものでなければならない今日の

都市開発にとって特に重要な点である（Neves, Rodriguez, & Yeremenko, 2021）。

② **PfPPPが経済だけでなく社会、環境の価値を生み出す**

従来のPPPは、公共サービスを提供する公共資産を開発・維持管理するために官と民の利害を合致させることで成り立つ。これらのPPPは、経済成長に焦点を当てた開発アプローチを反映して、バリューフォーマネー（VFM）分析を重要な指標として使用する。SDGsに沿ったPPPは、国連欧州経済委員会（UNECE）によってPeople-first PPPs（PfPPP）と呼ばれている。VFMに加えて、社会と環境の側面を保証するために、バリューフォーピープルとバリューフォープラネットが追加された。この指標では、地元での雇用創出、知識の移転、高齢者へのデジタルトレーニング、その他弱い立場にある人たちを保護し、社会的一体性を促進する活動などが求められている。同時に環境への価値という観点から、関係者は固体、液体、気体に対する人間の影響を評価する。廃棄物処理の方法、水環境への影響、温室効果ガスの削減や吸収、動植物への影響への考慮が必要だ。

PPP　　　＋　　　**SDGs**　　　＝ **People-first PPP**
（人を中心とするPPP）
Value for Money　Value for People ＋ Value for Planet
（経済の価値）　（社会への価値、環境への価値）

③ **ゴール・ターゲット・指標**

すべての公共投資において効率性と有効性の評価は義務づけられるべきであり、特に民間の資金や利益が絡む場合には重要である。PfPPPは、経済的・財務的側面に加えて、社会的・環境的側面からの評価が必要となるため、さらに複雑なものとなる。

SDGsでは、これらの複数の側面を測定することの重要性、インパクトを評価する

ことの複雑さ、そして気候変動や社会的不平等などの現代の問題の緊急性を考慮して、カスケード手法を導入した。この方法論では、まず目標を定義し、命名する。そして、目標をターゲットに分解し、それぞれのターゲットには指標が関連付けられる。この方法では、組織はアイデアやコンセプトに縛られることなく、サブレベルの情報で活動を測定し、その進歩を測定することができる。これにより、世界目標（SDGs）は具体的な行動計画となり、一定の道筋を確実にたどるためのターゲットと、パフォーマンスを測定するための指標を備えたロードマップと見なされるべきものとなる。このような目標、ターゲット、指標のカスケード方式は、欧州連合（EU）などでも採用されており、後述する「次世代EU」と名付けられた復興計画でも採用されている。

カスケード手法では、複数レベルを使用して、複数の側面の進歩を測定することができる。指標の分析から始まり、ターゲットや目標へと上昇するボトムアップ式のアプローチを採用する。上から見ると、ターゲットは定義されたゴールの結果であり、指標はゴールとターゲットの進展を反映している。後述するPfPPPの評価手法でも、カスケード手法が用いられている。

④SDGsの地域への落とし込み

世界的なSDGsの管理は、毎年ニューヨークの国連本部で開催されるハイレベル政治フォーラム（HLPF）で行われる。加盟国の多様な視点を集めて分析するほか、ボランタリーナショナルレビュー（VNR）が発表される。

VNRは、2030年までにSDGsを達成するための各国のロードマップである。

SDGsを都道府県や自治体レベルに落とし込む必要性を示唆され、VNRの都市版であるVoluntary Local Review（VLR）の取り組みに繋がった。VLRは、目標、ターゲット、指標という同じカスケード手法を用いて、都市が戦略を共有することを可能にする。VLRは、都市において特に注意が必要な分野を改善するために、どのようにパートナーシップが形成されたかを示す意義深いものである。特にVLRの対象である都市では、SDGs、パートナーシップ、評価手法の間に本質的な関係が見られる。

2. エビデンスに基づいた政策に向けたケーススタディの活用

PPPとSDGsのコンセプトを組み合わせた理論的なアプローチは、特にSDGsが発表された2015年には、あまりにも野心的に思われた。そこでUNECEは、以下の2つの疑問に答えるケーススタディを求めた。

1．従来のPPPをSDGsに沿わせることは可能か？
2．SDGs達成のための協力関係が現場で行われている証拠はあるのか？

2016〜18年にかけて、120のケーススタディを含む3つのPeople-first PPP 事例集が編纂され、UNECE PPP インターナショナルフォーラムで発表された。これらの事例はすべての大陸、57カ国をカバーしている（Hamilton & Neves, 2016）（Bonnici & Neves, 2017）（Neves, 2018）。共有された「エビデンス」は、両方の問いに答えている。ここでは3つの事例を取り上げる。これらの事例で、都市にポジティブな変化をもたらすために何が行われ、どのようなインパクトが生まれたかを紹介する。

① フィリピン・ブトゥアン市

　最初のケースは、フィリピンのマニラから南東に1200km離れたカラガ地域のブトゥアン市のものである。ここでは、自然を保護しつつ、社会の一体性、経済の繁栄を加速するような開発モデルを設計・実施することが求められていた。ソリューションとして水の供給、エネルギーの生産と供給、食料の生産と供給を組み合わせた多分野アプローチがとられている。東洋大学が作ったコンセプトは、地域の優先的なニーズと病理を特定するものだった。

　この最初のプロセスの後、公共の利益と民間のダイナミクスを組み合わせた体制が構築された。これにより、プロセス全体とインフラ整備後には、現地雇用の創出が特に考慮された。ブトゥアンは、持続可能な開発アプローチを採用した、学術機関や海外直接投資を含むPPPの一例となっている。

② 岩手県紫波町

　2つ目の事例は、東京から北へ500km離れた岩手県紫波町で行われた。日本では人口減少が大きな課題となっており、特に小規模な都市ではその傾向が顕著である。こ

の事例では、これが主要な病理と考えられる。その課題の理解こそが、解決のための条件を整え、都市開発、改善を促すプロセスの原点となった。

　この事例にはいくつかの注目すべき点がある。1つ目は、町が外部専門家の支援の必要性を認識していたこと、2つ目は駅の近くにある土地を利用して解決策を講じる準備ができていたこと、3つ目は、土地の用途を明確にすることで、一方では新しい住民を惹きつけ、他方では民間投資家のビジネスになるようなアイデアを受け入れる姿勢があったことだろう。

　東洋大学という学術機関が、社会的、環境的、経済的な解決策を同時にデザインするための触媒となった。さらに町はステークホルダーの参加を重視した。この町有地開発は、住宅、小売店、サービスに囲まれたスポーツ施設と図書館という、人々の目的地となる新しい街の中心になった。また、新しい施設は、環境に配慮して木材等が利用されている。このプロジェクトは、問題に対するクリエイティブなアプローチがいかにして都市生活の質の向上につなが

ネイションズパークの航空写真（上から1993、1995、2001年）

るかを示す世界的な優良事例といえる。

③　ポルトガル・リスボン（ネイションズパーク）

　３つ目の事例は、ポルトガルのリスボンで実施された。90年代後半、ポルトガルは欧州連合（EU）の発足を受けて首都の変革、再生によって域内に国力を示すことが不可欠だった。市街地から北東に7km離れた旧工業地帯は、首都の成長ニーズに合わなくなっていた。330ヘクタールの旧工業地域は売春、麻薬密売、土壌汚染など、社会と環境の衰退の象徴であった。社会的、環境的な問題を解決し、人々が住み・働き・遊ぶための新しい目的地を作って経済的繁栄を加速させると同時に、人間による環境破壊から回復させるという二重の課題があった。

　これを実現するために、将来の明確なビジョンが定められた。中央政府と地方政府の協力により、変革を進めるための公的手段として新しい国営企業（SOE）が設立された。当初から、望ましい変革を起こすために国や地方自治体の財政的余裕が不十分なのは明らかだったため、明確なルールに基づいて民間企業の参加を得るための戦略が練られた。

　SOEの下にPPPユニットが設立され、街区ごとのSPV（特定目的会社）が事業を興し、SPVの株の30〜49％をSOEが保有した。広大な土地再生のビジネスモデルはPPPユニットが策定し、民間企業がSPVに出資しパートナーとなって資金調達、建設、運営を行なった。環境と社会性配慮のガイドラインが示され、その過程では、地元や国内の産業を振興するため地元雇用が重視された。

3.　評価手法（EM）作成への挑戦

　本稿ではまず、新しい開発コンセプトを取り入れた制度的な革新が、地域を変革するための基盤となることを示した。

　公共部門が設計・定義した戦略を用いて、「社会と環境」の課題を軸に、民間の資本と活力を活用して経済の繁栄を促す。

　第２に、さまざまな地域の事例を紹介した。多くの課題を抱える都市が、適切なパートナーと協力することで、新しいルールに合意し、全ての利害関係者がよりよい生活を手に入れられるような違いを生み出すことが可能であることを示した。

　こういった精神は、収集された120の事例にも反映され、上述の問いに対する答えとなった。しかし、プロジェクトのアウトプットにとどまらず、アウトカムやインパクトを定量的に測定する方法を生み出す必要もあった。UNECEでは、評価方法（EM）を作成する最初の試みは2017年に始まり、その出発点は、5P（People、Planet、Prosperity、Peace and strong institutions、Partnerships）を使って各プロジェクトを測定することだった。年々、このプロセスに関わる参加者のグループは大幅に増加し、現在では100人以上の専門家からなるチームがEMに取り組んでいる。

　現在は、複層的に分析するための評価基準が定義されている。これにより、5Pを使ったSDGsの意味を認識し、相関関係を確立することができる。EMの第一の評価基準は、「アクセスと公平性」であり、これは「社会」の側面と関連する。第二は「経済的有効性と財政の持続性」であり、これは「繁栄」と関連する。第三は「応用可能

性」であり、これは「強力な制度」と関連する。第四は「環境の持続性と強靭性」であり、これは「環境」と関連する。

<pre>
　　　　社会 ＝ アクセスと公平性

　　　　環境 ＝ 環境の持続性と強靭性

　　　　繁栄 ＝ 経済的効果と財政の持続可能性

　　平和と制度 ＝ 応用可能性

パートナーシップ ＝ 利害関係者の参加
</pre>

　ここで改めてカスケード手法を見ると、第一段階の評価を表す5つの基準の下に、ベンチマークを持つ第二段階があることがわかる。それぞれの基準には3〜7個のベンチマークが設定されている。その下には、指標を持つ第3階層が設定されている。

　この評価方法は、2020、2021年の2回にわたってプロジェクトの評価テストを行った。2021年には、ケーススタディの協力者の間でコンペが行われ、その結果、最終的に20のケーススタディのビデオプレゼンテーションが行われた。

4. より良い都市を取り戻すための研究開発の必要性

　SDGsの実施と達成は、世界中の全ての社会が直面している最も重要な課題であることは間違いないが、近年のコロナの解決には、大胆で、一貫性のある、人間的で、環境に優しい対策が必要だということが認識されている。「Building Back Better」という考えは、SDGsに基づく「ポストコロナ」への答えであり、経済繁栄を加速するためには、社会の結束、強靭性、イノベーションを促進する新しい方程式が必要となっている。

　ここからは、パンデミックから生じる可能性のあるポジティブな要素を検討し、そ

の結果、今が新しい変革への機会であることを示す。ここでは、未来に目を向け、家庭、都市、地域の規模で私たちの生活の場に起こりうる変化を考え、さらに、国やEUレベルで何が行われているかを観察し、制度的な革新がどの程度行われているかを考察する。

① 家、地区、都市におけるニューノーマル

　コロナは都市に影響を与え、その物理的なありかたに影響を与えている。新しいトレンドも生まれている。これは、人々の生活の重心がオフィスから自宅に変わったことによるものである。現時点では、まだ定量化されていないが、定性的には説明できる変化が表れている。この分析を行うために、家庭、地区、都市という3つの地理的な規模を考慮する必要がある。

　私たちの家は、生活の場であると同時に仕事の場となった。ビデオ会議では人々が話すため、単なるスペースだけでなく、一定の静けさを得るための個室が必要だ。現在の家庭には仕事スペースが求められ、大家族の場合、自宅で仕事をするには「ズーム」用の部屋が必要だ。これは、これまでの住宅よりも広いスペースや異なるレイアウトが必要であることを意味する。新しい生活の重心である家でより多くの時間を過ごすことで、人々は別の視点から近所の地区を見るようになる。すなわち、サービスや小売店、公共の公園や庭園など、歩いて行ける距離で出会い、交流する場所を求める。

　さらに大きく都市や圏域のレベルでは、企業のオフィススペースが減少している。中心部のビジネス街で働く人が減ることで、大都市は再編成の機会を得ている。一

方で、小規模な都市では、自宅で仕事ができる人々を惹きつけ、より少ないコストでより良い生活の質を提供できる可能性を持っている。

空間を人間らしくすることは、家、地区、都市をより良くすることであり、より良い形へ作り直す機会でもある。空間以上に生活の質が評価されるようになる。変化は、コミュニティの関係を改善し、連帯感を高め、さらに自然との調和を促進し、人間の環境への影響を減らす機会でもある。

② 革新的な資金調達が経済の再生、復興計画のカギ

コロナは各国に様々な形で影響を与え、従前より良い社会を作るためには革新的な資金調達を必要としている。先進国は、債務と赤字を拡大することで失業率の上昇を抑制し、経済回復を再開することができている。一方で発展途上国は同じ問題に直面してステイホームの徹底や経済を再開させるための資金を注入する力が無かった。

今は制度的革新のための時期である。公衆衛生施設の強化、教育格差の是正、新規事業や雇用創出のための公共投資の再開などが、各地域がまとめた方針に沿ってグローバルに進められている。ポストコロナ時代は、世界的な連帯感が試されている時であり、もっと多くのことが達成できるはずだ。優良なベストプラクティスを検討し、SDGsを受け止め、公共政策や手法を民間活力と合致させる精神を持ち、それらを評価することが必要なのだ。

SDGsに沿ったEUの復興計画である「次世代のEU（NGEU）」では、社会、環境、経済の３つの側面を考慮し、それぞれ強靭性、脱炭素、デジタル化というキーワードに焦点を当て、EU全加盟国がそれぞれの復興計画を策定するための基盤を構築している。

社会 ＝ 強靭性

環境 ＝ 脱炭素化

繁栄 ＝ デジタル化

「欧州をよりグリーンに、よりデジタルに、より強靭にするために、今こそ仕事に取り掛かる時である」（EU, 2021）という宣言は、社会的、環境的、経済的側面を支える精神の反映である。

NGEUは、パンデミックによる経済的・社会的影響から27加盟国が回復し、同時にグリーン化、デジタル化、欧州経済の近代化、民間投資の促進をするための制度的革新をしようという例であり、EUが加盟国に7,500億ユーロ（EU、2020年）の資金投入をするプログラムである。これは、官、民、市民社会の協力関係を強化するための作業が必須であることを表している。危機はすなわち、最も創造的で、強靭性があり、信頼できる人々が活躍する機会を意味する。新しい「持続可能な開発」というゲームをプレイする方法を改善し、人々のニーズや野心に基づいた新しいルールを理解し、作り、現在および将来のパートナーシップのリーダーとなる新しいプレーヤーを育成することは、今後も不可欠となるだろう。

おわりに

ポストコロナの時代には、コミュニティが従前より良い社会へ再生するための大胆な解決策が求められている。SDGsは、さまざまな地域のあらゆる人々が理解できる開発の新しい共通言語であり、世界中の開発実務者間のベンチマークを可能にする。

民間、公共、市民社会を連携させるパートナーシップは、たとえ立ち上げ段階では困難であっても、優良な事例もあり、再現可能だ。

その評価方法は、既存の開発モデルを改善したり、新しい分野や新しい場所で新モデルを設計したりするために使用することができる。困難な時代だからこそ、連帯感を高め、ベストプラクティスを共有し、公共の利益と民間の活動目的が一致するような投資可能なプログラムの設計を改善することができ、また、それこそが必要なのだ。

参考文献

Bonnici, T., & Neves, P. (2017). International PPP Forum: "Implementing the United Nations 2030 Agenda for Sustainable Development through effective, people-first Public-Private Partnerships"

EU. (2020). Next GenerationEU: Commission presents next steps for €672.5 billion Recovery and Resilience Facility in 2021 Annual Sustainable Growth Strategy. European Commission.

EU. (2021). Next Generation EU.

Hamilton, G., & Neves, P. (2016). UN SDGs 4 PPPs Digital Platform International PPP Centre of Excellence People First Public-Private Partnerships for the United Nations Sustainable Development Goals.

Neves, P. (2018). International PPP Forum: Scaling up: Meeting that challenges of the United Nations 2030 Agenda for Sustainable Development through people-first Public-Private Partnerships " Database of Case Study Material.

Neves, P. (2020). SDGs Why? and For Whom? How to Implement Partnerships to Achieve the SDGs? Universidade Lisboa.

Neves, P., Rodriguez, G., & Yeremenko, N. (2021). Guidelines on tools and mechanisms to finance Smart Sustainable Cities projects A U4SSC deliverable. (UN, Ed.) (1st ed.).

Oteh, A., VPandTreasurer, & WorldBank. (2018). Leveraging Innovative Finance For Realizing The Sustainable Development Goals.

UN. (2020). SHARED RESPONSIBILITY, GLOBAL SOLIDARITY: Responding to the socio-economic impacts of COVID-19. (UN, Ed.).

UNDESA. (2015). Sustainable Development Goals _ The 2030 Agenda for Sustainable Development.

第3章 地域社会への提供価値を「契約化」するウェールズの取り組み

ウェールズ政府財務省　スティーブ・デイビス

英・ウェールズ政府は、2016年に導入した新しいPPP手法の中で、地域社会への付加価値提供を事業者に求め、それに罰則規定を設ける仕組みを導入した。

この取り組みは、これまでPPP事業の中で重視されてきたバリューフォーマネー（VFM）や財政負担軽減、公共が実施する事業としての公益性の確保からさらに踏み込んで、地域が重視する価値を具現化し、その実行を民間事業者に責任を持たせる手法であり、国連が提唱するPeople-first PPPや持続可能な開発目標（SDGs）の達成に資する手法としても注目されている。

英国中央政府とイングランドでは新規のPFI導入が廃止されたが、人口面、経済面でも英国の他地域に比べて不利な面があるウェールズではインフラ投資を継続する方法としてPPPの導入は続いている。

1. 「PFI廃止」の英国でもPPPは続く

英国中央政府とイングランドは、2018年にPFIの新規実施をやめるという決定を下した。しかし、グレートブリテンおよび北アイルランド連合王国の構成国であるウェールズ、スコットランド、北アイルランドは、それぞれにPPPの手法を継続して導入している。

英国内でPFIの活用が拡大していた時代に、スコットランドは国民健康保険機構（NHS）や教育省に次いでPFIを推進していた機関だった。それに対して、ウェールズは、従来のPFIの契約形態には多くの課題があるという認識があり、PFIの採用に積極的ではなかった。とはいえ、ウェールズ政府には、民間資金を使わずにインフラ整備を行うための資金力、あるいは借り入れをするだけの力があるとは言い難い。これは、「借金をするべきかどうか」を検討する余裕がある日本とは、大きく異なるウェールズならではの国情と言えるだろう。

資金が手元にないからと言って、投資をあきらめたり資金が貯まるまで投資を待ったりという選択肢を取るかというと、政府としてはあきらめるわけにはいかない。インフラギャップを埋め、国内の競争力を維持する必要があり、果敢にインフラ投資をしたいというのは政治的な意思でもある。

政府の資金力、資金調達力とは別の方法で大規模なインフラ投資を可能にするためには、民間の投資を呼び込む以外に道がない。ウェールズ政府が取りうる選択肢は、民間に長期のパートナーシップの中で投資をしてもらう仕組みであるPPPしかない。

しかも、近年英連合では各国への権限移譲が進んできており、そういった背景も各地のインフラ投資の必要性、投資意欲を強めていると言える。

しかし、上述の通り25年ほど前に導入されたPFIには課題も多かった。例えば、公共の福祉、公共性をいかに担保するか、そういった政府として重要なことが十分に整

備されていなかった。それ以外にも、契約管理のあり方があいまいであること、契約変更の方法や透明性に課題があること、ソフトサービス（施設で提供される清掃や食事など）が長期の契約に適さない場合が多いこと、電気機械などの設備の導入が通常の公共調達よりも高くつくこと、ソフトサービスを民間が提供することによって元々公務員だった職員の移籍などの処遇問題が発生することなどだ。その中でPFIがイングランドなどで行われ、問題が噴出しているのを目の当たりにし、ウェールズ政府は二の足を踏んでいた。

公益を担保することができなければ、政府としてそちらに舵を切ることはできない。民間の資金力を活用でき、かつ公共性を担保する仕組みを構築するにはどうしたらいいかを探るため、さまざまな国の取り組みを研究し、ウェールズに合う方法を模索した。主に参考としたのは、2010年代にスコットランドが導入したNon Profit Distribution Model（NPD）と中央政府が出したPFIの改革案であるPF2モデルだった。

これらはいずれもPFIと同様に民間の資金を活用して施設整備等を行うモデルであるが、政府の関与の仕方や透明性の確保の取り組みなどが強化されたものだ。

スコットランドは主に二つの教訓を提供してくれた。まず一つ目は、NPDでは民間の利益に上限を定めたり、公共がNPDの特定目的会社（SPC）に対して人を派遣して公益が達成されるよう監視したりするという方法で、公益を守るためのクリエイティブな手法を考案してくれたことだ。

もう一つは、民間資金を活用したプロジェクトが政府のバランスシートに記載されずに済むかどうかである。英国では、一定の条件を満たせば民間資金を使ったプロジェクトの債務負担は政府債務として認識されない。バランスシートの問題はここでは詳述しないが、公的機関にとって、民間資金プロジェクトが政府のバランスシートに載らないのは重要なことだ。

当初、スコットランドのNPD等は、スコットランド政府の債務外とされていたが、その後、統計局によってNPDのプロジェクトの実施方法では、多くのプロジェクトが政府のバランスシートに記載されるべきだという判断がされ、スコットランドではNPDの継続が困難となった。ウェールズにとっても、民間資金を活用した案件が政府債務とされることを避けるのは重要な命題であり、スコットランドと同じ轍を踏まないよう仕組みを構築する必要があった。

中央政府とイングランドで導入されたPF2にも参考になる点が多かった。例えば、PF2ではプロジェクトのSPCに対して政府が一部出資を行う仕組みを導入したこと、ソフトサービスや電気機械設備を契約の対象外としたことなどだ。

これらのモデルを参考にしつつ、ウェールズ独自の対策を加えて2016年に新たなPPP手法であるMutual Investment Model（相互投資モデル、MIM）を導入した。

2. 相互投資モデル（Mutual investment model、MIM）

MIMはスコットランドのNPDをモデルにしたPPPの枠組みだ。事業者を選定し、民間パートナーとウェールズ開発銀行が共同出資してSPCを設立する。ウェールズ開発銀行は最大20％までの出資を行う。

設置したSPCが、発注者と「戦略的パートナリング合意」（註：長期の契約の中で、官民が共同して契約に規定されている範囲の事業や、その後追加された事業を実施する。合意の時点では必ずしも事業規模・工事内容が確定していないものもある。）を結ぶ。この合意の下でSPCはデベロッパーとしての役割を果たす。建設工事や維持管理業務などは別途このSPCが競争を行って建設会社やサービスプロバイダーを選定する。

例えば、ウェールズ教育プログラム（WEP）では、学校や小規模な公共施設の整備や維持管理等を包括的に担当する。発注時点でSPCへの発注が決まっているのは「21st Century Schools and Colleges」に列挙された施設のみで、この中に含まれる学校等の施設は、民間資金を活用するPFI的手法で実施する。その際、SPCとウェールズ開発銀行はこの特定のプロジェクトのためのSPCを改めて立ち上げ、この会社が資金調達やその他の必要な業務を担

う。設計・施工は地元企業等を活用する。

SPC（WEP会社）には事業者とウェールズ開発銀行だけでなく、自治体や公的機関も参加することができる。参加している公的機関は、施設の建て替えなどが必要な場合にSPCに相談し、支援を受けることができる。この場合の事業の実施手法は民間資金を活用する方法だけでなく、入札までの準備支援（事前分析、計画策定支援、調達支援）だけをフィーベースで行ったり、設計・施工まで、ファシリティマネジメントのみを実施したり（設計施工合意、FM合意）することもできる。こういった場合も、このSPCは直接設計や施工、維持管理を実施することはなく、SPCがその都度企業を選ぶ。このような仕組みを取ることで、事業の準備の質を確保しつつ、小規模な事業でもPPPの可能性を広げることができ、地元企業でも参加しやすい形となっている。

MIMでは、公共機関が調達の際に重視して保証すべき価値を幾層もの仕組みで保

図表Ⅰ-3-1　ウェールズ教育プログラム（WEP）のイメージ

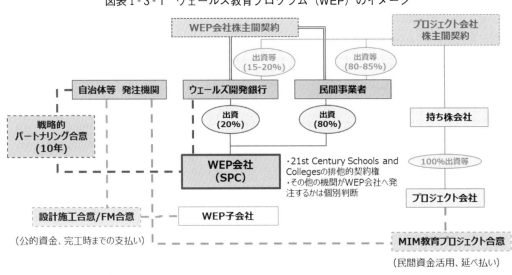

（ウェールズ政府資料より作成）

証しようとしている。まず、従来の公共投資の効率性や妥当性を評価して準備するための手順を改良した文書や手続きの標準化、「ベタービジネスケース」によるプロジェクトの事前分析、進捗状況と内容を管理するゲートウェイ管理等の仕組みを導入している。また、公共投資の効率性を高めるためバリューフォーマネー（VFM）は従来通り重視しており、契約変更など従前のPFIの課題と思われた要素への対策を導入した。これらは、これまでのPFIやその改良版であるPF2、スコットランドでも導入されていた仕組みをベースとしたものである。

PPPでは民間事業者の活動を把握しきれないことが課題にもなるが、MIMでは民間が実施する事業の透明性を確保するため、SPCの取締役会への公共からの人の任命や費用やパフォーマンス情報の開示義務、さらにウェールズ開発銀行を通じたSPCへの出資によって、SPCの活動を把握して公共の利益に反すると考えられる場合には介入することや、SPCが大きな利益を得ることがあった場合にそれが公共に還元される仕組みになっている。また、事業者に対してサプライチェーンの倫理実践規範の順守や高い環境性能の達成も求めている。

これらは、事業が公益、公共性に沿った形で実施されていることを担保する仕組みである。さらに、地域社会へよりよい付加価値を提供してもらうため、従前からウェールズの公共調達で実施していた「コミュニティベネフィット」と呼ばれる仕組みを強化する形で導入した。

3. 価値を重視した調達

元々このコミュニティベネフィットという考え方は、ウェールズ政府による公共調達には長らく存在していた。2011年に「コミュニティベネフィット―サプライヤーによるウェールズの投資効果最大化支援」というハンドブックを発行した。この中で、ウェールズ政府が実施する調達活動を通じて地域社会に便益をもたらすことの必要性を強調しており、物品や役務の調達においてコミュニティベネフィットを要求事項に盛り込む考え方や事業者がどのようにこれらの要求に対応するべきかなどを示している。

さらに詳細なガイドも発行され、ウェールズの公共調達においては、コミュニティベネフィットを求め、事業者もそれに対応する素地ができていた。政府は、入札の際にコミュニティベネフィットの提供を要求する。要求の仕方には、コミュニティベネフィットを事業者からの提案の中核的な要素の一部として提案の評価に反映させる「コア」アプローチと、要求を明示して契約条件には反映するものの提案の評価には影響を与えない「ノンコア」アプローチの二種類が採用されてきている。

これらは2014年に発行されたコミュニティベネフィットのガイドで整理され、これまでにも民間事業者を対象にしたトレーニング等も実施してきている。ノンコアのアプローチは2000年代半ばからパイロット事業として導入されていたので、長い経験がある。事業者は、要求されているコミュニティベネフィットをどのように実現するかを提案書の中で述べた「メソッドス

テートメント」を提出し、それを実行することが求められる。民間が提案の際に役立てることができる項目リスト等のツールキットも公表している。こういった取り組みは「価値を重視した調達（Value-driven procurement）」と呼ばれている。

また、ウェールズ政府は2015年に「ウェールズの未来世代のためのウェルビーイング法」を制定し、現代の世代が自らのニーズを満たすために将来世代を犠牲にすることがないよう、国として重視する７つのゴールを定めた。このゴールというのは、経済的な繁栄、持続可能性と強靱性、健康、平等、コミュニティの結束、文化と言語の振興、世界への責任ある行動で、ウェールズの各政府機関や自治体などの公共団体は、その中で自分たちが重視する価値やそれを達成するための目標、年次報告などを行う仕組みも導入されている。

MIMプロジェクトをやるにあたって、政府としては特に失業者等の雇用と産業育成をもっとも重視している。

こういった経緯があったので、社会的価値創出の取り組みを一歩前に進めるのは当然の流れと言えた。

図表Ⅰ-3-2　ウェールズ政府の優先課題

（ウェールズ政府資料より訳出）

4. コミュニティベネフィットの契約への反映

ウェールズのMIMの最大の特徴は、地域社会的価値（コミュニティベネフィット）を契約に落とし込み、未達の場合にはペナルティを科すという仕組みを盛り込んだことだ。従来のコア、ノンコアの仕組みでもコミュニティベネフィットは契約に含まれてはいたものの、MIMでは明確なKPIを定め「最低限の要求（Requirement）」、それを量的に上回る「強化提案（Enhancement）」、民間が自ら新たな価値提供を提案する「追加的価値提案（Additional）」という三つに分類した。事業者は、それぞれの項目について、何をどのように実行するか、達成状況の管理手法、報告の仕方を提案する。

この追加的提案は、要求事項や強化提案とは異なる内容で、かつ、事業に直接的に関係し、有形のもので、測定可能であることが条件となる。

公共は、「競争的対話」（註：英国における競争的対話は直接的な調達のプロセスとして行われる。対話は技術面、財務面、商業面、契約面など複数の側面で実施され、対話の後に最終入札を行い、さらに必要な対話を行う。）の中で、事業者の提案内容と実施手法についての評価を行う。

最低限の要求については「合格／不合格」、強化提案については「強化された数量の定量比較」、追加的提案については入札文書等で重要と考える価値やプロジェクトに関連する課題、実行しようとするスキームなどについての情報を提供したうえで、プロジェクト・スキームや上位計画への適合性などを定性的に評価する。追加的

提案部分は事業者によって全く異なる分野の提案がなされる可能性が高いため、公共のニーズや課題といった情報を十分に与えておくことで、公共の優先順位に沿った提案を受けることができるようになる。また、異なる分野では優劣を決めることが困難なため、配点割合も低い。これによって、事業の本質的な実行可能性や内容への評価が歪むことが無いように配慮している。

MIMではさらに、コミュニティベネフィットで達成しようとする項目の内容について、それぞれの項目に「単価」を設定している。例えば、非熟練工の就労支援といった項目では、最低賃金に管理費等を60％乗せた金額で週37時間雇ったと想定してそれを単価とする。仮に契約の内容に対して未達があった場合、この単価と事前の合意に基づいて民間事業者に「罰金」を科す。

ここでも、追加的提案に関する罰金が事業全体に過大な影響を与えないよう、価格の上限を定めている。

達成状況は、提案された管理・報告手法によってモニタリングされる。また、契約の実施状況を監督するために、各MIMに評議会を設置している。

5. 事業者による挑戦

ウェールズではコミュニティベネフィットの取り組みが長年続けられてきていたこともあり、それをさらに契約に落とし込むというMIMの取り組みは、民間事業者からも歓迎された。

ペナルティの仕組みを盛り込んだことも公共による一方的な罰則規定とネガティブに受け止められることはなく、社会貢献へのコミットメントの手法としてとらえられている。参加する事業者にとっては、自社が社会的な責任を果たすことを約束し、それをきちんと遂行しているということを世間に示すことができるという側面があるようだ。政府としても、ペナルティが実行されることは望んでおらず、事業者と協力してよりよい社会のアウトカムの提供がされることを望んでいる。

また、従前のコミュニティベネフィットでは、公共側から「こういう価値が重要だ」と提示して、それを民間事業者に達成してもらうことを期待するという一方通行であった。しかし、MIMでは追加提案の仕組みによって優先的な課題と望む価値を公共が提示するだけでなく、民間事業者にもそれに共感してもらい、そのうえで、どうやったらそのプロジェクト、地域のための価値を提供できるのかを民間事業者なりに考えてもらうというプロセスが加わった。公共が要求したり考えたりすることができなかったような新しい価値が民間から提案されるようになっており、非常に喜ばしい。

これまでにMIMでは高速道路の拡張、大規模な病院プロジェクト、学校や教育関連施設の事業で契約を締結している。サプライチェーンの育成や環境対策で参加者からとても魅力的な提案が出てきている。こういった付加価値は、公共が一方的に要求するだけでは生まれなかったものだ。いままでのところ、MIMのコミュニティベネフィットの取り組みは官民にとって良い成果をもたらしていると考えられる。

現在、国連欧州経済委員会では、PPPプロジェクトを持続可能な開発目標

（SDGs）の達成に貢献させるにはどうしたらよいか、あるいはPPPプロジェクトがバリューフォーマネー（VFM）ではなく、人々のためのより良い価値（バリューフォーピープル）を生み出すにはどうしたらよいか、という議論が盛んに行われている。UNECEは これを「People-first PPP（人を中心とするPPP）」と呼んでいる。コミュニティベネフィットをPPP契約に組み込むウェールズのやり方は、まさにこの理念に沿った取り組みであると考えている。

　（本稿は、スティーブ・デイビス氏へのインタビューと提供資料を基に構成しました）

日本のインフラの持続性を評価する——Envisionの活用

Institute for Sustainable Infrastructure　メリッサ・ペニキャド

　私たちは「人新世」と呼ばれる、人類が海洋、大気、地球を変えてしまった時代に生きている。森林伐採と化石燃料の乱用が二酸化炭素量を増大させ、全米海洋大気協会（NOAA）によれば、二酸化炭素濃度は過去400万年で最高の419ppmに達している。

　二酸化炭素排出量を削減し気候変動の危機を打開するには、政府と建設業を含むあらゆる産業が協力して持続可能で強靭で革新的なプロセス、手法に取り組む必要がある。しかし、気候変動は氷山の一角だ。多くの国が、コスト上昇、インフラ老朽化と過大な負担、債務増大、現在や将来の需要を満たすインフラ不足、資源不足にも直面している。このため、持続可能な開発を全体的、包括的な視点で捉えることが、開発の関係者、すなわち公的機関と民間の建設関連産業にとって必須となっている。

　日本はそのことを既に理解している。

　持続可能な開発の分野での日本のリーダーシップは知られている。米国の経済学者で公共政策アナリストとして知られるコロンビア大学地球研究所の元所長ジェフリー・サックスは「我々は持続可能な開発の時代にいる」とした上で、日本のリーダーシップを注視している。日本は国として持続可能な開発を進めており、他国の手本となりビジョンを示して先駆者、パートナーとして世界の持続可能な開発に影響を与える態勢ができていると指摘している。

　日本の革新性、エネルギーや燃料効率を向上させるための最高水準のエンジニアリングソリューションの展開や新素材・新技術を活用し、パリ協定の達成へ向け低炭素化社会への道を切り拓く役割を担っているとも述べている。

　OECDの2020年の開発協力相互レビューが指摘するように、「平和、安定、繁栄」が日本の持続可能な開発支援の原動力である。インフラと持続可能性の観点から、質の高いインフラを促進するためのガイドライン策定や、持続可能性の原則を多く含む「質の高いインフラ投資に関するG20原則」の合意を達成するなど、多くのアジアや世界のインフラに関する取り組みに参加し、主導している。

　国際的な競争力の点でも日本はトップに近い。2019年の世界経済フォーラムの「世界競争力指数」では総合6位につけている。

　端的に言えば、影響力のある個人、他国政府、団体から日本はインフラをはじめとする多くの分野で持続可能な開発に尽力しているとみられている。

　しかし、コロナ禍で世界は一変した。世界的なサプライチェーン、医療、社会保障、インフラが抱えていた課題や不備が露見し、最善と思われていた計画や公約は止まり、政策や優先事項の再考を余儀なくされている。

　日本や他の国々は1年半を超える健康面、経済面のショックから回復し、持続可

能な開発へ軌道を戻せるだろうか。それには、持続可能で強靱で公平なインフラへの大規模投資とそれを可能にする環境の再構築と変革等の多くの要素が必要となる。

　本稿では、日本がコロナ禍からの復興を支援し、国際競争力を高め、持続可能性と気候変動への耐性という野心的な目標を達成するためのツールとしてEnvision®の持続可能インフラ枠組みを提案する。

1. Envisionの持続可能性の枠組みとは

　Envisionはあらゆる種類の官民のインフラを改善するための青写真である。電力、水、廃棄物、交通・運輸、ランドスケープ、情報通信等が幅広く対象となる。インフラの持続可能性を評価し、実施状況を改善するための実践的なガイドとなる。俯瞰的に「プロジェクトを適切に実施する」だけでなく、「適切なプロジェクトを実施する」のに役立つ。事業の影響を直接受ける地域のニーズや長期的な目標に合致する事業を選択するのが持続可能な事業には欠かせない。

　Envisionは、Institute for Sustainable Infrastructure（ISI）がハーバード大学デザイン大学院のZofnass Program for Sustainable Infrastructure（ZPH）と共同開発した。米国公共事業協会（APWA）、米国土木学会（ASCE）、米国エンジニアリング会社評議会（ACEC）によって設立され、支援されている。北米での使用を想定して開発したが、現在は世界中で活用されている。

　Envisionは、インフラプロジェクトの持続可能性、強靱性、公平性を最大化するために、政府や公的機関、民間企業が、共通

の枠組みを用いて、地域や一般市民を含む他の利害関係者と協力することを促す枠組みである。持続可能なインフラの基準を設定し、最低限の要求やより高い目標への取り組みを促進する。64の持続可能性と強靱性に関する指標（クレジット）で構成され、5分野、14サブ分野に分類されており、インフラを持続可能にするための事項を網羅している。5分野、14サブ分野は以下の通りである。

・生活の質（ウェルビーイング、移動、地域社会）
・リーダーシップ（協力、計画、経済）
・資源配分（材料、エネルギー、水）
・地球環境（敷地、保全、エコロジー）
・気候と強靱性（温室効果ガス排出、強靱性）

1.1　網羅的に持続可能性を評価

① 生活の質

　この分野には14の指標がある。個人の健康から社会の福祉に至るまでプロジェクトが地域に与える影響を評価する。この分野で川上での意思決定に特に重要なのは、「公衆衛生と安全性の向上」「地域全体の生活の質の向上」「地域のモビリティ、アクセス、案内の改善」「歴史的・文化的資源の保護」「利害関係者の参加と意思決定過程における公平性と社会正義の促進」である。

　プロジェクトが生活の質向上に与える影響を考慮するためには、これらの指標の確認に加え、プロジェクトと地域社会の計画との調和、開発プロセスの公正性、公平性、包摂性などが考慮されるべき主要な点となる。

② リーダーシップ

リーダーシップの分野では、12のクレジットを評価する。この分野ではプロジェクトチームやコミュニティとの協力やプロジェクトがライフサイクル全体を通じてどのように受け止められているかに焦点を当てる。確認すべきポイントは「開発者による持続可能性へのコミットメント、その強固さ」「規模、投資金額、難易度に適した持続可能性管理計画」「一般市民を含む利害関係者の有意義で包括的関与」「プロジェクトによって促される経済発展」「地元雇用」「プロジェクトの経済性への理解」「ライフサイクルを通じた費用だけでなく定量化可能な環境的・社会的利益を考慮しているか」等が挙げられる。

③ 資源配分

資源配分の分野は14指標を含む。ここでは、インフラを整備し稼働させるのに必要な資源を重視しており、使用する材料の選択、どのメーカーやサプライヤーから供給されどれだけ効率的に使用されているか等を考慮する必要性を強調している。持続可能性とは、資源の有限性を認識して資産として大切に扱うことに他ならない。対象は物理的な材料（使用・消費されるもの、排出・廃棄されるもの）、エネルギー、水が含まれる。

インフラの観点から資源配分を考える際には、「持続可能な調達方針があるか」「持続可能な材料の使用の追跡」「事業全体で持続可能な取り組みをしているメーカーやサプライヤーからの調達」「建設廃棄物の管理・抑制」「エネルギー消費の抑制」「再生可能エネルギーの使用・生成」「水消費の削減」「水資源の保護」「運用期間中のエネルギーと水消費の効果的なモニタリング」等を考慮する。

この分野では、持続可能な調達への意思を持った慎重な対応と建設・運用両面での材料やエネルギー、水の消費抑制のための戦略や選択肢の探求を奨励している。

④ 自然界

インフラは、動植物の生息地、種の保存、きれいな水や空気、健康的な食べ物、危険を軽減する機能を果たす非生物等の自然界に多大な影響を与えるおそれがある。この分野では、生態系システムへの影響に焦点を当て、14の指標を評価する。「直接的・間接的に影響を受ける生態学的に価値の高い地域があるか」「周辺で直接的・間接的影響を受ける優良な農地があるか」「雨水の効率的な管理」「外来種の侵入管理・除去」「地表水、地下水資源の保護」「動植物生息地の保護・改善」等を熟慮する必要がある。

⑤ 気候と強靭性

国連気候変動に関する政府間パネル（IPCC）の最新レポートは「気候変動は地球上の全ての居住地に影響を及ぼしており、天候や気候の極端な変化には人間が影響している」と指摘する。土木インフラは、気候危機や既出の4分野に含まれる持続可能性や強靭性に関わる重要な目標に取り組む機会が多い。しかし、気候危機に直面して私たちが取るべき行動は何か。どこから始めればよいのだろうか。

気候と強靭性の分野では、気候変動やその他の短期・長期的なリスクの原因となる排出物を最小限に抑える大胆で革新的な戦略を奨励し、インフラの強靭性を確保することを目指しており、10の指標がある。

「排出」の指標は、大気汚染や温暖化原因物質を理解し削減すること、インフラの

ライフサイクルを通した炭素の影響抑制を目指している。Envisionの「強靭性」には短期的には地震や感染症の感染拡大、火災などのリスクに耐えること、長期的には海面上昇、高齢化、温暖化等に適応することを含んでいる。

この分野では「ライフサイクルにおける温室効果ガス排出削減量」「大気汚染物質の排出削減量」「災害の危険がある場所（洪水多発、急傾斜地、陥没可能性、危険な海岸線）での開発の最小化、回避」「地域社会の強靭性や気候変動への適応目標に合致または支援すること」「災害対応目標策定への市民や利害関係者の参加」「プロジェクトの主要なリスクに対応し、プロジェクト、システム、地域の強靭性を向上させるための戦略の実施」などを評価する。

1.2　持続可能性を測る指標の構成

Envisionの各指標（クレジット）はいずれも持続可能性に関連する重要な要素である。各指標は以下の9つの要素で構成される。

Envisionクレジット（指標）の構成
① クレジット番号とタイトル
② 目的、意図：そのクレジットの目的
③ 評価基準：クレジットの評価基準
④ 配点：当指標で獲得可能な得点。難易度、持続可能性への影響度により異なる
⑤ 達成レベル：5つの達成レベルとそれを満たすための要件
・「改善」：従来慣行や規制要件を上回る
・「強化」：適切な方向性の取り組み
・「優秀」：優れたパフォーマンス
・「保全」：負の影響をゼロにする
・「回復」：劣化した自然・システムの回復
⑥ 説明：対象となる持続可能性の課題、取り組みの重要性、意義、重要な用語の説明
⑦ パフォーマンス向上の方法：改善のための一般的な戦略を提示
⑧ 評価基準と文書化の手引き：所定の達成基準を満たすために必要な取り組み、要件と、要求事項を満たしていることを証明する文書の種類の例示
⑨ 関連クレジット：文書化の要件が共通する指標や内容面で関連のある指標

---

④の配点は達成の難易度や持続可能性への影響度に基づき設定され、例えば「NW1.1 生態系的価値の高い地域の保全」と「NW3.5 土壌の健全性保全」は、それぞれ合計22点と8点の配点になっている。⑤の達成レベルは、それぞれ要件と点数が定められる。「NW1.1 生態系的価値の高い地域の保全」では、改善、強化、優秀、保全、回復の達成レベルは、それぞれ2、6、12、16、22点となる。「回復」は該当しない指標もある。

⑧は、達成レベルの要件を満たすために必要な取り組みを示している。また、要求事項を満たしていることを証明するために使用される文書の種類、従うべき重要な手順、方法も示している。これらは第三者評価を求めるプロジェクトにとって特に重要となる。例えば、「CR2.2 気候変動への脆弱性」では、気候変動への脆弱性評価の策定が求められる。評価の範囲と包括性をプロジェクトよりも広いコミュニティにまで拡大したプロジェクトは、より高い達成度に到達していると認められる。

⑨の関連クレジットは文書化等の面での関連性と内容面での関連性がある。例えば、気候変動はインフラに対する包括的な脅威であるため、「CR2.2 気候変動への脆弱性」は、気候変動以外の潜在的脅威も扱う「CR2.3 リスクと強靭性の評価」の構成要素と考えることもできる。

2. Envisionの効果的な使い方

政府や建設業界関係者等が、さまざまな方法、目的、異なるプロジェクトの段階でEnvisionを利用する。プロジェクトのライフサイクル全体を通して使用するのが望ま

図表Ⅰ-4-1　事業の段階と変更の容易さ、費用

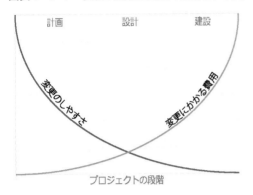

しいが、使用時期が早いほど、より大きな価値を提供できる。持続可能性の検証は、プロジェクトの選定や設計初期の段階から始まり、耐用年数が終わるまでの間、継続される必要がある。事業が進めば進むほど、持続可能性を向上させるために変更を加えるのは難しくなり、費用も増加する。そうなると「持続可能な事業は通常の事業、手法よりも高くつく」という誤った認識を持たれてしまう。むしろ、効率性や資源の有効活用、複数の課題を解決する方法の統合といった持続可能性の原則を早い段階で取り入れられれば、従来の事業に比べ大幅なコスト削減（初期投資含む）が可能になることが多い。

Envisionは、希望する人は誰でも利用することができる。ISIは、「世界の全てのインフラが、持続可能で強靭で公平に設計・建設されるよう必要なツール、資源、ロードマップを提供する」という組織の使命を果たすために、投資家、経営者、調達担当者、設計者、建築家、建設業者、運営事業者、規制当局、政策立案者、地域団体、環境団体、一般市民など、できるだけ多くのインフラの意思決定者や利害関係者にEnvisionを利用してもらいたいと思っている。また、より有効にツールを利用するために、さまざまなサービスを提供している。

3. インフラの持続可能性へのアプローチ

Envisionが誕生した十数年前には、世界中で何百もの持続可能性評価ツールが存在した。しかし、その多くが特定の団体特有のもので、包括的な基準ではなかった。また、混乱や対立、抵抗も生じていた。そこで、米国土木学会、米国エンジニアリング会社評議会、米国公共事業協会、ハーバード大学ZPHと共同でEnvisionを開発した。持続可能性と強靭性を実現するための実証

図表Ⅰ-4-2　Envisionを有効に活用するための取り組み

■トレーニングと資格
　ISIがオンラインまたは講師陣による対面・リアルタイムの研修を提供する。研修後に試験に合格するとEnvision Sustainability Professional (ENV SP)に認定される。40カ国以上で5500人以上が認定されている。第三者評価の審査に参加すること等ができる。

■事前チェックリスト
　計画や概念設計の初期段階で持続可能性への配慮を特定しEnvisionの枠組みを事業に組み込むのを支援する。Excelツールで持続可能性基準を満たすかを判断できる。広範な利害関係者との議論、認識共有や投資家の判断にも有効である。

■第三者評価
　基準への適合性などをエビデンスに基づき客観的に評価する。評価によってプロジェクトの持続可能性、価値、工夫を示すことができる。将来の事業の改善にも役立つ。優れた事業は「プラチナ」「ゴールド」「シルバー」「ベリファイド」に認定される。結果は広報などに活用できるほか、国等の基準に適合していることも示すことができる。
・パスウェイA：設計と建設後のレビュー。計画や設計時点での配慮と、それが実際の建設に反映されたかを評価する。
・パスウェイB：建設が完了し、本格運用が始まる時点でのレビュー。
　既に122件（1080億ドル相当）の事業が第三者評価を受けている。

図表Ⅰ-4-3　Envisionの特長とインフラの持続可能性向上に向けたアプローチ

①多様な状況に対応できる設計
　インフラの種類や規模、規制環境、地理条件、気候帯、事業手法等さまざまな状況に対応できる柔軟さと適応性があり、多様なプロジェクトの持続可能性、強靱性、公平性を向上させるのに役立つ

②規定にとらわれない柔軟さ
　特定の戦略や技術を実装する義務はなく、持続可能性向上や事業に適さない機能の追加も不要。カナダの排水処理場では高額な「グリーン」機能を削除しつつ、低コストで地域にあった持続可能性を高める対策を導入した

③連続性のある複数の達成基準
　Envisionの各指標は、最大５段階の達成レベルが設定されている。全ての指標で特定の達成レベルを求める必要はない。「回復」が到達できる指標もあれば、「改善」「強化」が最高到達点となるプロジェクトもある

④利害関係者の参画の重要性を強調
　利害関係者の参画は重要であり、多くの指標の共通課題でもある。地域の目的やニーズにあった目標、対策について中身のある議論ができるよう「LD1.3利害関係者の参画」では具体的な手順やガイドを示している

⑤地域特性・意図を反映する枠組み
　地域、インフラによって課題は異なるため、指標も適応し、無関係な指標は評価の際に総合評価点の分母からも削除される。利害関係者が持続可能性の課題や地域、事業との関連性を理解し、対策を改善するのに役立つ

⑥革新性の評価
　指標によって最善シナリオを提示したり地域が白紙から解決策を立案したりしている。各分野に革新性指標を設け、革新的な技術・手法を導入した場合や最高の達成度を超える場合、総合評価点のボーナスとして加点する

⑦体系化された対策と優先順位付け
　選択肢に優先順位をつけるのを支援するため対策を「回避」（影響の発生を抑える）「最小化」（影響の期間、頻度、強度を軽減）「緩和」（回復のための措置を講じる）「相殺」（残存する影響を相殺する）に体系化している

⑧ライフサイクルを通じた持続可能性
　Envisionでは、プロジェクトが耐用年数に達した後に何が起こるのかを考慮することを求める。多くの指標は、ライフサイクルの複数の段階に対応している。中にはいくつかの段階に特化したものもある

済みのアプローチとベストプラクティスを組み込み、現在では何百もの政府・公的機関や民間企業で利用されている。

　Envisionは、時間をかけて検証された高質で協力的で包括的な基準であり、経営者、エンジニア、設計者、コンサルタント、持続可能性の専門家など、持続可能で強靱で公平なインフラの構築に関心のある人なら誰でも使うことができるのが特長だ。政策立案者や調達担当者が、Envisionの有用性や未来志向のプロセスを認め始めている。

　官民のあらゆる種類のインフラに対応できるだけでなく、設計・入札・施工（DBB）、CM方式アットリスク（CMAR）、設計施工一括（DB）、インテグレーテッド・プロジェクト・デリバリー（IPD）、官民連携（PPP）等の多様な方式、状況での使用を想定して設計されている。これまでにEnvisionが活用されたプロ

ジェクトは、下記のように多様で、それぞれの意図をくんで持続可能性と強靱性を向上させた。

・アラスカ州のスポーツ釣用放流魚の養殖場
・カナダ・モントリオールのPPP橋梁回廊
・ハワイの個人所有のアクアポニックス（水生生物養殖と水耕栽培の併用施設）
・イタリアの風力発電所と鉄道
・サウジアラビアの砂漠での新都市用インフラ
・カリフォルニア州の大規模な高速鉄道
・ニューヨーク市の小規模ポンプ場
・全米の空港の滑走路再建・再構成プロジェクト
・アリゾナ州の水処理施設の廃止・解体
　図表Ⅰ-4-3の⑦の対策の体系化について説明すると、生活の質分野の「QL1.5 光害の最小化」指標では、⑦に記載した体系を反映した優先順位に従い光害削減戦略を

図表 I-4-4　各指標と事業段階の対応例

LD2.2 持続可能な地域の計画
事業選定、計画時点に対応。適切な事業を選ぶ
LD2.3 長期のモニタリング維持管理計画
維持管理、運用段階に加え計画・設計に対応
LD2.4 耐用年数経過後の計画
課題、影響、費用を計画時にも使用
LD3.3 ライフサイクルにわたる経済性分析
全ライフサイクルを通じた評価
RA1.4 建設廃棄物の削減
建設と除却時の対策

図表 I-4-5　Envisionを利用した事業の例

立案する。

・回避：照明が必要ない場所を特定する
・最小化：安全性と性能の要件を満たすために必要な最低限の照明を決定する
・緩和：必要な場所だけに光を当てることで、敏感な場所を光の流出から守る
・相殺：ある場所に照明を設置した分、別の場所の照明を減らす

⑧で述べている通り、各指標は、インフラのライフサイクルに対応している。

4. PPPにおける実践

Envisionは、さまざまなPPPインフラの持続可能性評価にも用いられている。ここでは代表的な事例をいくつか紹介する。

4.1　サミュエル・ド・シャンプラン橋回廊プロジェクト

2015年6月、カナダ政府とSignature on the St. Lawrence Group（SSL）は、サミュエル・ド・シャンプラン橋回廊プロジェクト契約に署名した。同プロジェクトでは、綿密な財務・技術分析の結果、持続可能で高品質なプロジェクトをタイムリーに実現するためには、PPPが最も費用対効果が高いと判断された。

SSLの責任は、橋梁の設計、建設、資金調達、運営、維持管理、修繕を30年間行う。加えて、プロジェクトの特設サイトや電話窓口を設置した。さらに、市民説明会の開催、広報、ニュースレターの発行、環境緩和策の実施状況の公表等を担当する。この契約にはEnvisionの使用が規定されている。

このプロジェクトでは、多くの持続可能性目標が達成されEnvisionのプラチナに認定された。評価されたのは以下の点である。

持続可能な成長と発展への貢献：本事業は年間4000～5000万人の通勤者と、200億ドル以上の国際貿易を支える。歩行者・自転車通路の設置、現地の既存自転車道ネットワークの改修、将来のライトレール整備のための設備の設置等、自動車以外の交通手段へのアクセスを改善し、地域社会の生活の質を向上させる。また、より安全で安心な移動を可能にし、交通の流れを効率化し、地域のモビリティ向上が期待される。

利害関係者と一般市民の積極的な参加：計画から実施の段階でさまざまな利害関係者から意見を求めた。セントローレンス航路の上に橋を建設する際の技術的制約、プロジェクトエリア内の多目的通路の統合、

第4章　日本のインフラの持続性を評価する――Envisionの活用

建設中および建設後の交通管理、騒音・振動の低減、公共交通機関へのアクセス等、多くの懸念が利害関係者から寄せられ、それらに対応した。

革新：斜張橋のケーブルに付着した氷が橋に落下するリスクを軽減するため、新しいパッシブ除氷コンセプトを導入した。斜材ケーブルのサプライヤーであるDSI社とカナダ国立研究評議会とが共同開発したもので、氷が大量に落下しないように設計された改良型の橋梁構造となった。

4.2 ラガーディア空港中央ターミナルビル改築プロジェクト

ニューヨークのラガーディア空港は、35年間のDBFOM（建設・資金調達・運営・保守）PPPにより更新が行われた。ニューヨーク・ニュージャージー港湾公社（PA-NYNJ）とラガーディア・ゲートウェイ・パートナーズ（LGP）というコンソーシアムとの間の事業である。

プロジェクトでは中央ターミナルビル（CTB）の改築と資金調達、前面道路、エプロン、ユーティリティ管理、集中冷暖房設備や関連施設を含む。新しいCTBが完成するまでの間、既存のCTBの運営と維持管理、完成後の航空会社やテナントの移転、新施設の維持管理運営を行う。

CTBは1900万人以上が利用し1万人が働く地域経済に不可欠な施設で、地域に130億ドル以上の経済活動をもたらし、さらに10万人の雇用と50億ドル近くの年間賃金・給与を生み出し、680エーカーもの広大な土地を使っている。この地域で最も野心的で全米でも最大級のPPPである。

このプロジェクトもEnvisionのプラチナに認定された。特に以下の点が評価された。

強靭性の向上：海面上昇、ハリケーンやノーイースター（低気圧）、熱波などの異常気象に対応できるデザインと運営の考案。

長期的なモニタリングと維持管理計画：事業期間中、PANYNJが定めた要求水準に沿って維持管理、運営、モニタリングを行う。LGPの運営チームにはコンソーシアムの企業だけでなく航空会社や小売企業などの主要利害関係者を含むサステナビリティ委員会を設置している。

経済的、社会的、環境的便益の定量化：トリプルボトムラインに基づいたライフサイクル全体の費用対効果分析を行い、省エネ化、建設期間中の室内空気環境の管理、屋内外での水使用量の削減、ヒートアイランド現象の抑制、低排出材料の使用、持続可能な立地決定による社会的、環境的、経済的利益を実証した。

4.3 高速道路I-4改良プロジェクト

I-4改良プロジェクトは、フロリダ州中央部を通る21マイル（34km）の道路改良事業で、4つの有料車線整備、一般車線の改築、15の主要インターチェンジの新設、13の橋の拡幅、74の橋の架け替え、53の橋の新設などが含まれている。フロリダ州交通局（FDOT）は、このプロジェクトを実施するための十分な資金がなかったため、PPPを採用した。従来手法では27年以上かかると予想されていたものが、PPPによって7年と大幅に短縮することができた。

2014年の契約締結時点で、国内最大のPPPであった。FDOTはI-4 Mobility Partners（I4MP）というコンソーシアムを選定した。同社は、40年間にわたり設計、建設、運営、資金調達、維持管理を担当する。

この事業もEnvisionプラチナに認定されており、その特長は以下の通りである。

地域の住みやすさと生活の質の向上：特徴的な回廊を整備することで、既存のI-4線によって分断された地域を繋ぎ、経済の改善、居住性を向上させた。デザインにも中部フロリダの地域性、歴史、景観を最大限に反映した。

持続可能性を中心的価値に：コンソーシアムの構成員が協力して事業を行う際の中心的価値は持続可能性である。初期段階で作成された持続可能性計画がFDOTの基盤となった。この持続可能性計画には、環境、社会、経済面での優先事項が含まれ、健康と安全の向上、地域貢献と企業倫理、二酸化炭素削減、省エネ・省資源、サプライチェーン管理によって社会的価値を高めている。

外来種の抑制と持続可能な造園：プロジェクトの範囲に沿って外来種を駆除し、地域に適した在来植物を使った沿線のランドスケープを行った。

5. コラボレーション

今日のグローバル経済では、急速な技術進歩と気候変動の危機が重なり、建造環境の持続可能性と強靭性を向上させるための協力が今まで以上に重要となっている。一組織が問題を解決するのは不可能で、開発関係者の協力やPPPが、インフラ需要を満たすための最も効率的で効果的な方法だ。

ISIでは、一般市民を含むすべての利害関係者の間で有意義な協力が促されるようEnvisionを設計した。コミュニケーションの促進、インフラに関連する持続可能性と強靭性の幅広い側面の徹底的な評価、イノベーションの促進を目指している。

世界で170の公共機関がISIのメンバーとなっている。これらの機関は「Envisionサポート機関」と呼ばれ、Envisionを活用しより良いプロジェクトを実現している。Envision認定企業と呼ばれる民間企業も250社が加盟しており、事業の再構築や改善に向けてISIと連携している。

ISIの設立者であるAPWA、ASCE、ACECに加え、メキシコ土木工学大学連盟やカナダ土木技術者協会などとも協力している。ハーバード大学のZPHは長年のパートナーで、現在も協力関係にある。

イタリアでは、ENV SPの認証は、建設業界向けの認証機関であるICMQによって運営されている。ICMQはイタリアだけでなく欧州圏にもEnvisionの情報を広めている。

筆者はこの10年間、良好な協力関係とチームワークが革新性、持続可能性、強靭性、インフラ全体の質の向上にいかに大きな違いをもたらすかを目の当たりにしてきた。特に、関係者全員がEnvisionのような共通の枠組みを使って意思決定を行い、プロジェクトの成果を向上させている場合はなおさらである。私はPPPが価値のあるモデルであることも、その必要性も認識している。PPPは正しく実施されれば、コスト削減、より良いプロジェクト管理、維持管理・運営、工期短縮、効率的な投資に資するが、その性質上、複雑で、完璧とは言いがたく、しかもインフラは多様であるため画一的なアプローチではうまくいかない。各PPP事業には、個別の状況に応じた検討事項や、カスタマイズされた手法が必要である。Envisionは、このような課題や複雑さに向き合うための枠組みであり、柔軟性

があるためさまざまなPPPにも適用できる。

ISIとEnvisionの詳細は以下を参照：sustainableinfrastructure.org

参考文献

NOAA.（June 7, 2021）. "Carbon dioxide peaks near 420 parts per million at Mauna Loa observatory".

NPR.（June 7, 2021）. "Carbon Dioxide, Which Drives Climate Change, Reaches Highest Level In 4 Million Years".

Sachs, Jeffrey D.（2017）. "Japan's Leadership and Inspiration in Sustainable Development".

OECD.（2020）. "OECD Development Co-operation Peer Reviews: Japan 2020.

Schwab, Klaus.（2019）. "The Global Competitiveness Report 2019".

Intergovernmental Panel on Climate Change.（August 2021）. "Climate Change 2021: The Physical Science Basis, Summary for Policy Makers".

Infrastructure Canada.（ND）. "Project Agreement: New Bridge for St. Lawrence Project."

Institute for Sustainable Infrastructure.（June 2018）.

InfraPPP.（March 2016）. "LaGuardia airport P3 gets final approval".

Institute for Sustainable Infrastructure.（August 2019）. "LaGuardia Airport Central Terminal Building Replacement Project First Project to Earn Envision Award Under Envision V3".

Florida Department of Transportation.（ND）. "I-4 Ultimate Improvement Project".

HDR.（ND.）"I-4 Ultimate Improvement Project".

Institute for Sustainable Infrastructure.（January 2017）. "Florida Department of Transportation's I-4 Ultimate P3 Improvement Project Earns Envision Platinum Sustainable Infrastructure Rating".

Institute for Sustainable Infrastructure.（ND）. "Envision Supported Agencies."

Institute for Sustainable Infrastructure.（ND）. "Envision Qualified Companies".

第5章

公共調達における社会的価値最大化に向けた取り組み
──公共サービスのライフサイクルバリューを高める

東洋大学　難波　悠

　毎年、各国政府は多額の資金を投じてさまざまな役務、物品、サービスを購入している。近年、特に欧州では公共調達に割かれる膨大な事業費に着目し、それを社会の課題解決、付加価値の創造に生かしていこうという方針が明確になっている。

　さらに、コロナ禍の経済への影響、サプライチェーンの再構築、産業保護や家計の支援の必要性、緊急性が高まる中で、公共政策の達成のツールとして公共調達を利用する動きが加速している。また、各国は急速に「カーボンニュートラル」に向けて舵を切る中で、環境性も重視されている。公共調達によって社会的な価値を評価することは、政府によって提供される公共サービスや公共施設のライフサイクルコスト（LCC）を低減するだけでなく、ライフサイクルバリュー（LCV）を向上させることにもつながると期待される。

1. どのレベルで何を評価するか

　一般的に、政策評価を実施しようとする場合には、Policy（政策）、Program（計画、施策）、Project（事業）という階層に区別して行われる。政策レベルは中央政府や所管省庁が中長期で掲げる政策、さらに上位には国際的な目標・合意（SDGsやパリ協定など）も含む。国際的な合意やルール・基準は、気候変動対策等でますます重視されるようになっており、これらの達成に向かって国内の政策や目標を適合させていくことがその国の国際競争力強化にも繋がる。国内の政策は、国内の法律や基準、長期のインフラ整備（投資）計画、地方創生のような国の長期的な課題を見据えた対策を含む。計画・施策レベルは、各省庁や自治体等が政策目標を達成するために策定した計画等である。同時に関係する計画や一連のプロジェクト群を指すこともある。これは国や実施機関が評価を行う。その下のプロジェクトは個別の事業のことを指す。各案件で目的や目標が設定され、管理される。評価も通常は担当している組織が実施する。

　社会的価値や環境的な価値の評価は、個別の事業だけでなく、それが国全体の政策

図表Ⅰ-5-1　政策〜事業の階層

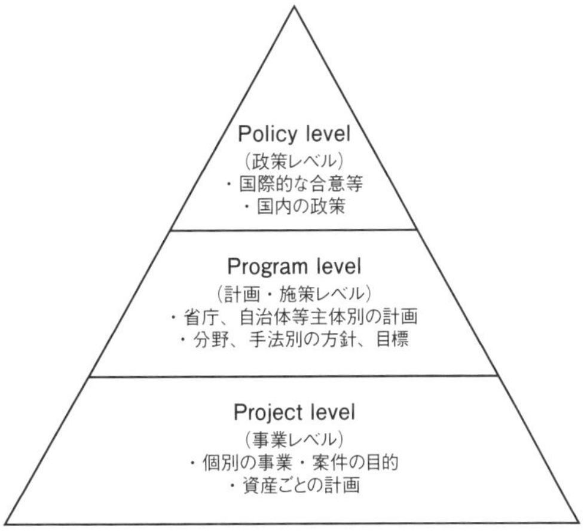

Policy level
（政策レベル）
・国際的な合意等
・国内の政策

Program level
（計画・施策レベル）
・省庁、自治体等主体別の計画
・分野、手法別の方針、目標

Project level
（事業レベル）
・個別の事業・案件の目的
・資産ごとの計画

（筆者作成）

や方針に結びつくよう計画され、基準やルールが作られ、予算が割り振られ実施されるのが望ましい。逆に言えば、各事業で定めたアウトプットを達成することで、政策、計画・施策で目指す社会へのアウトカムを実現する。しかし、各階層の間には少なからず分断があり、個別案件には必ずしも国の中長期的な政策が反映されない。また、地域の政治的な意向等が重視されてしまうことも往々にして起こる。

公共調達で社会的価値を評価するには、事業レベルでの検討ではなく、上位計画との整合をとることが不可欠である。

2. 公共分野での社会的価値とは

社会的価値の評価・測定というのは、1990年代以降CSR（企業の社会的責任）といった考えが定着するにつれて認識されるようになった課題で、多くの社会的価値の測定手法が企業活動の面から開発されるようになった。Maas and Liket（2011）によると、代表的な社会的インパクト計測手法だけでも30もの手法が存在し、さまざまな視点で評価が行われている。

その後、政府、公共機関の生み出す価値といった点にも徐々に関心が集まるようになった。当初は、英国で経済性やアウトプットに着目した企業的な生産性、効率性の向上を進めるNPM（新公共経営）の限界が見え始めたのを受けて「公的価値（Public value）」の考え方が生まれた。企業とは異なる公的部門が本質的に持つ「価値」に着目し、その価値を高めるために市民の参画や企業等と協働・共創するといった概念だ。「社会的価値（Social value）」は、公共サービスが持つ公的価値に加えて

さらに追加的にもたらされる社会や環境への貢献と考えられている。

英国の「社会的価値法」（2012）の施行から2年後に行われたレビューでは、同法の目的を「発注者がサービスの購入においてその地域に最大限の追加的便益をもたらすよう求める」（註：下線は筆者）ことであると明記し、その便益はその地域のニーズに最も合致するもので、社会的要素（反社会的行動の減少等）、経済的要素（地域の雇用等）、環境的要素（渋滞の解消等）を含むとしている。2020年に公表した「社会的価値モデル」のガイドでも、職業安定所の職業紹介等は事業そのものの価値であって社会的価値ではなく、そこで地元の労働者や失業者を雇う等の取り組みがされた場合等を「社会的価値」として評価するとしている。

一方で、前述のレビューでは公共調達で社会的価値を利用する時に「事業に直接関係のない社会的価値を求め」たり「調達の実施前に地域のマーケットの参画を怠っ」たりすることは「不適切」であるとしている。

また、社会的価値を事業の計画・検討段階から考慮することで縦割りの個別事業としてではなく全体的な視点でサービスの再設計ができ、結果として歳出の抑制や予算の他所への振り分けを可能にするという。なお、英国では社会的費用便益分析等の手法開発が進んでおり、その際には「財政（財政負担軽減、財政ROIの最大化）」と「経済（地域経済の活性化やその成果を金銭換算したもの）」を合算する手法がとられる。

つまり、公共サービスには公的価値と社会的価値の側面があり、これを調達という

図表 I - 5 - 2　公共サービスの社会的価値の位置

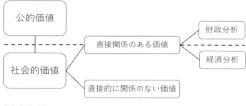

（筆者作成）

具体的な取引で活用するには、事業と直接的に関係（影響）がある価値に絞り、その価値を客観的に評価するために財政分析、経済分析をするということになる。

客観性を持たせるための最たる手法が金銭価値への換算である。この分野では英国が多くの検討・手法開発を進めている。英国財務省が発行する事業の事前・事後評価の手引「The Green book」（2003年版）は2011年の改訂で「非市場効果の評価」と題した付録を盛り込んだ。社会的価値の金銭価値換算による定量化の重要性を説き、項目ごとに手法を例示している。

2014年に発行した自治体向けガイダンスで紹介している「社会的費用便益分析」では、財政分析と経済分析により社会的費用と便益を計算する方法を考察している。その際、社会的価値が根拠なく過大評価されるのを防ぐため楽観バイアスを補正する考え方も導入している。これにより、長期にわたる財政負担と社会的価値が金銭価値として可視化され、社会的価値が最大化できるプロジェクト（手法）を選択できるようにする。

ただし、社会的価値の金銭価値化には、少なからず主観的な要素が残る。また、財政負担の軽減を計算する場合では、公共サービスやインフラ・施設整備の直接的な効果による変化とこれらとは関係なく起こった変化との峻別や、財政負担額とその

アウトプット等のデータが必要となり、調達の準備や評価の手間が膨大になる。

3. 公共調達と社会的価値評価

現在では多くの国で単純な価格競争ではなく品質の評価を取り入れたいわゆる「総合評価一般競争入札」が採用されるようになっており、技術や社会的な価値の評価が含まれている。ただし、社会的価値の評価は品質点とは異なるという見方もある。カナダで2018年に発行された「社会的調達ガイド」によると、同国では2003年に「価格」と「品質」による調達が始まり、2010年頃までにそれが「価格」「品質」「環境」に拡大され、2018年に「価格」「品質」「環境」と「社会」へとさらに拡大されたと指摘している。さらに、社会的調達によって受発注者の利害が一致し、コミュニティ価値につながると主張する。ここでいうコミュニティ価値とは、発注者、受注者、社会への便益を指し、経済的資源、人的資源、社会資源、文化的資源、物理資源を含むものであるとしている。

EUは、社会的調達を戦略的に活用することで、重要な政策目標の達成につなげようと取り組んでいる。2011年の「Buying Social」ガイドでは、EU域内GDPの17％に相当する公共調達を「社会的政策」の実現に使うために「社会的責任に基づく公共調達（SRPP）」の重要性を説き、手順や検討項目、禁止事項などをまとめた。2021年の第2版では、従来のガイドに比べてより明確に国際・国内政策と調達戦略を合致させることの重要性を強調し、さらに詳細に調達の手順に沿った項目を充実させた。

公共調達における社会的価値の評価と

は、何をどの段階で評価すべきだろうか。

対象という面では、国連環境計画（UNEP）の報告書によると、調査に回答した国や公的機関が挙げた社会経済的価値の重要項目は、「中小零細企業」「フェアトレード」「コミュニティの参画と開発」「地元産品・生産者」「技術開発とイノベーション」「労働安全衛生」「技能研修機会」「多様性」の順に多い。環境的価値としては「エネルギー」「気候変動緩和」「資源の有効活用」「温室効果ガス抑制」が上位に来る。

価値の評価は段階により意義が異なる。英国では、プロジェクトの実施をするかどうかの事前評価の前からこの分析を行うことで、「社会的価値を最大化する選択肢を選ぶ」ことを推奨している。また、実際の「調達」（入札契約段階）だけを見ても、入札等の参加要件とする場合、審査基準とする場合、契約内容に反映させる場合がある。

オーストラリアのヴィクトリア州では、大規模な投資を伴うものやPPPに「Value creation and capture」という枠組みを適用し、予算獲得のための事業検討段階で付加価値の創出方法や回収方法を検討するステップを組み込んでいる。また、価値創出には民間の創意工夫を活かせるよう民間の提案余地を大きくし、それが事業者選定にも活用される仕組みになっている。

2014年のEU公共調達指令（2014/24/EU）の備考（97）では、工事・物品提供・サービス等の「いかなる段階、いかなる側面」での社会的価値も事業者選定基準や契約に使用できるとされている。例として原材料製造時の化学薬品の使用やフェアトレード等多岐にわたる項目をあげており、調達と契約条項への反映が想定されている。

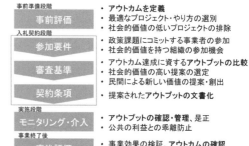

図表Ⅰ-5-3　事業段階ごとの評価と意義

事前準備段階
事前評価
・アウトカムを定義
・最適なプロジェクト・やり方の選別
・社会的価値の低いプロジェクトの排除

入札契約段階
参加要件
・政策課題にコミットする事業者の参加
・社会的価値を持つ組織の参加機会

審査基準
・アウトカム達成に資するアウトプットの比較
・社会的価値の高い提案の選定

契約条項
・民間による新しい価値の提案・創出
・提案されたアウトプットの文書化

実施段階
モニタリング・介入
・アウトプットの確認・管理、是正
・公共の利益との乖離防止

事業終了後
事後評価
・事業効果の検証、アウトカムの確認
・将来の改善に向けた検討

（筆者作成）

できるだけ早い段階から社会的価値の評価ができれば、国の政策目標や自治体の総合計画などとの整合が取れないプロジェクトを抑制でき、より価値の高い検討ができる。その一方で、事前の評価を客観的、統一的な指標で行おうとすると、評価指標やそれを裏付けるデータの収集、評価手法の確立等、多くの課題もある。

4. 海外の取り組み

① イギリス

イギリスのこの分野での取り組み、政策との一貫性は非常に興味深い。2012年に「公共サービス（社会的価値）法」を制定し、翌年施行した。同法は、同国が1990年代から進めてきた「ベストバリュー」制度の流れをくんだもので、公共サービスの社会的価値、環境価値を高めることを目的に、主要案件の調達に当たって社会的価値を評価する方針を打ち出した。従来、地方自治法（1988年）では、地方公共団体等は「契約等において、非商業的な事項（筆者註：価格以外）に言及することなく行使する義務がある」と記述していたが、社会的価値法の施行を受けて、必要性、適切性が認められる場合には非商業的事項を考慮す

ることを妨げないと追記した。この頃から社会的価値評価の取り組みが本格化する。特に、社会的価値を金銭価値に換算し、客観的な計算をするための手法開発やそのデータの収集が盛んに行われている。

2018年には、中央政府は主要契約を結ぶ際に社会的価値を明示的に評価するとする公共調達通知（PPN06/19）を発出した。2020年にコロナの影響が深刻となった際、英国は「コロナは不可抗力ではない」という前提の下、暫定的に事業者のキャッシュフロー支援等を行った。PFI等の契約でも「PFI事業者は公共サービスの重要な担い手である」として支援策を打ち出した。その後、本格的な対策として主要案件では「コロナからの復興」「経済格差の是正」「気候変動対策」「機会均等」「ウェルビーイング」を事業者選定に反映するとする公共調達通知（PPN06/20）を出し、21年1月から施行した。これは社会的価値モデルと呼ばれ、評価合計点の最低10%をこれらの社会的価値とすることを義務付けている。発注機関向けに、社会的価値モデルガイドも発行し、上記5テーマ（8政策アウトカム）について選定基準として使える項目の例や報告方法を示している。同ガイドは「量ではなく質を評価すること」「追加的価値のみを評価すること」「ニーズに合わせて重みづけすること」を強調している。2節で紹介したように英国ではアウトカムを金銭価値化する取り組みが盛んだが、このガイドは個別案件の調達が対象なため、アウトプット指標が示されている。事前検討や政策、施策でアウトカムを検討して金銭価値化して比較し、個別案件では管理しやすいアウトプットを評価するのだろう。

さらに21年の9月30日以降に行われる主要案件の入札参加者には2050年までにネットゼロを達成する公約と「炭素排出削減計画書」の提出を求める通称グリーンルールを導入した。

社会的価値法等やPPN06/20が事業者選定の際に社会的価値を活用していたのに対して、グリーンルールは入札の参加要件ともいえるもので、企業がこれらの政策目的に資する活動を行うより強い動機を与えるものとなったと言えるだろう。

② 英・ウェールズ

英・ウェールズは、2012年の社会的価値法以降、自国内の社会的価値（コミュニティベネフィット）を調達で最大化させるための取り組みを2014年に本格化させた。2015年には「次世代のウェルビーイング法」を施行し、7つの目標「繁栄」「強靭性」「平等」「健康」「結束」「文化や言語」「世界への責任」を掲げた。各省庁や自治体はこの中から特に重視する目標を選んで達成のための計画、施策を立案し、実施状況を報告する仕組みである。各機関はこれに基づいて調達を行う。財務省は、この中で特に「繁栄」を重要項目とし、後述するPPP手法では「失業者の雇用と訓練」と「産業」を特に重視して社会的価値の評価をしている。

社会的価値の調達には二つのアプローチを採用している。社会的な価値が事業の本質的な価値、活動と直接結びつく場合の「コア」と、社会的価値が事業の本質的な価値とは結び付かない、取り組みが直接的な効果として現れるとは限らない場合の「ノンコア」である。発注機関はどちらのアプローチを採用するかを決め、入札時に社会的価値をどのように創出するか、また

それをどのようにモニタリングするかの方法を提案させる。コアの社会的価値を提案させる場合は、事業者選定の際にも社会的価値の提案を評価し、契約にも反映させる。一方、ノンコアの場合には、価値の創出や報告方法の提案は義務付けるものの、事業者選定には利用しない。ただし、提案された内容は契約に反映される。ノンコア手法を取り入れることで、中小企業や新規の参画のハードルを下げることができるという。

ウェールズが2016年に導入したPPP手法「MIM」では、この社会的価値の「契約」に罰則規定が導入された。従来も契約条項に反映されてはいたものの、MIMでは未達事項があった場合、罰金を科す。事業者は社会的価値の要求水準の到達、要求水準を上回る提案、自ら生み出す新しい提案を求められ、選定時の評価の対象となる。

ただし、社会的価値は追加的な便益であるため、その評価が過大になることで全体の事業性を歪めてしまわないよう、既契約案件での配点割合は5％程度に抑えられている。なお、社会的価値は項目ごとに金銭換算され、細かく「単価」が定められている。

社会的価値の創出という追加要素に加えて、MIMではプロジェクトの適切な実行、公共の福祉の最大化を図るための仕掛けが複層的に組み込まれた。従来の英国のPFIの課題であった事業会社の透明性を向上させるための政府系金融機関の出資や、事業会社役員会への政府からの人員の派遣、契約変更に関する細かなルールや基準も定められている。（MIMの詳細はP25を参照）

ウェールズでは特に事業者選定時、契約

時、契約の実行・モニタリングに社会的価値の評価が活用されていると言える。

③　欧州連合（EU）

EUは公共調達の戦略的な活用を強く推し進めようとしている。2004年の公共調達指令（2004/18/EC）において、従来の最低価格自動落札方式に加え、社会的価値等を評価しライフサイクルで「最も経済的に優位な入札（MEAT）」を選定することも認めた。また、契約相手先を社会的企業や作業所、障害者雇用の割合が高い企業等に制限する枠組み「留保契約」も導入した。

2014年の公共調達指令では、さらに踏み込んでMEATを選定基準の基本とした。その上で、いかなる段階、側面の社会的価値も評価や契約条件の対象としうるとし、弱者のニーズへの対応やイノベーションの考慮等を盛り込むことも可能とした。

また、新たに「Light regime（柔軟な枠組み）」という規定が追加された。これは、健康・社会・文化・地域活動など一部の公共サービスで主にNPOや組合等が提供しているもの等、純粋な競争やEUでの画一的な手法がなじまないと考えられる場合に柔軟な調達方法を認める規定である。また、サービスの供給者が規模・地域的に限定的で広域の関心を引かないと考えられるもの（例は小規模な飲食事業等）もこの対象とできるとしている。これにより、非営利組織や地域の活動団体、中小企業の参画をしやすくしている。

2014年に併せて発行されたコンセッションに関する指令（2014/23/EU）でも、同様に社会的・経済的配慮やLight regime、留保コンセッションを規定している。Buying socialガイド第2版（2021）で

図表Ⅰ-5-4　各国の取り組みの特徴

	イギリス	ウェールズ	EU	フランス
特徴	・事前評価でアウトカムを金銭価値化して分析を行う ・主要案件では「コロナからの回復」等５分野の評価を10％以上（主にアウトプット評価） ・主要案件の参加者には「2050ネットゼロ」の公約と計画提出を要求	・「コア」「ノンコア」の２種類の方法 ・財務省は「雇用」「産業」を重視した項目　PPPでは社会的価値を金銭価値化し、未達に罰金を科す ・民間からの独自の価値の提案を受け付ける ・社会的価値以外にも多様な手法で「公共の利益」を確保する（PPP）	・総合評価（MEAT）を事業者選定の基本に ・ライフサイクルのいかなる段階・点の評価も可 ・材料・資材等の製造やフェアトレードなど多様な価値を容認 ・留保契約、柔軟な枠組みによる社会的企業、NPO、中小企業の参画機会の確保	・EU指令に準拠し、公共調達の改革（留保契約等も反映） ・就職困難者、障がい者等「雇用の社会的包摂性」を特に重視 ・標準契約約款に「社会的包摂条項」と「環境条項」を追加
評価段階	・事前準備 ・参加資格 ・事業者選定 ・契約 ・モニタリング	・事前準備 ・事業者選定 ・契約（PPPは罰則あり） ・モニタリング	・事業者選定 ・契約 ・モニタリング	・事業者選定 ・契約（標準約款） ・モニタリング

（筆者作成）

は、Light regimeや留保契約は選定基準に社会的な要素を重点的に盛り込むのに最適な手法であるとしている。

公共調達指令は事業者の選定と契約締結時の手続き等での社会的価値を強調したものであるが、留保契約やLight regimeは入札参加要件の面で社会的価値を考慮するものと言える。

④　フランス

フランスは、EU指令の改訂に対応しつつ、近年公共調達制度の大改革を続けている。2016年には、これまで独自規程で公共調達の適用内と適用外が混在していた様々なPPP契約の枠組みを一つの公共調達法典に統合し、別途これまで法の規程が無かったコンセッションも定めた。2019年にはさらに、コンセッション法を公共調達法典と統合した。

社会的価値の公契約への取り込みも進んでいる。まず、2008年に「公共調達の社会的側面に関するガイド」を発行し、2012年にはこれらの条項がPPP契約にも適用されるようになり、その後も障害者雇用や就職困難者、不利な立場にある人（元受刑者等）の雇用といった側面を取り入れガイドを改訂している。また、公共調達法典にはEU指令に規定されている留保契約等も盛り込まれた。OECP（公共調達経済観測所）によると、2020年に結ばれた公契約のうち社会的な契約条項を含む契約は件数ベースで12.11％に上っているという。同国で「社会的条項」という場合、就職困難者の社会的包摂性や地元雇用を指すことが多い。

2021年に改訂された標準契約約款には、社会的包摂性条項が新たに追加された。契約条項の「ひな形」に項目が盛り込まれたことで今後さらに社会的配慮の項目を含む契約の割合が増加すると考えられる。

5. 日本での現状と今後

日本国内では、1990年代末に総合評価一般競争入札の試行が始まり、2005年に本格的に導入された。PFI手法では、総合評価方式か公募型プロポーザルによる事業

者選定が行われる。いずれも「価格」だけでなく「品質」を評価する形式である。この品質部分には、技術や企業の体制だけでなく環境性能や地元雇用、地元産品の活用など、社会的・環境的項目も含まれる。

① 自治体の取り組み

この価格以外の評価において、より明確に社会的価値の評価を打ち出している自治体もある。例えば、大阪府は「行政の福祉化促進」の一環として府警の光明池運転免許試験場庁舎清掃等業務において、総合評価一般競争入札で価格評価（50点）と技術的評価（14点）に加えて「公共性（施策）評価」（36点）を配点した。障がい者の雇用や就職困難者の雇用、環境問題への取り組みを評価した。また、技術的評価でも研修体制を評価に入れている。同様の方式を府本庁舎、府立病院、図書館などでも広く採用している。

東京・江戸川区は「社会的要請型総合評価一般競争入札」を学校改築事業等に採用している。同方式は、価格点と「社会的要請評価点」を加算して事業者を決めるもので、社会的要請点では「地域社会への貢献、地域環境への配慮」「地域経済の活性化」「品質保証・点検等」を評価する。社会的要請評価点には最低点を定め、それを上回ったもののうち総合評価点が最も高いものを落札者とする。全員が社会的要請点の最低点を上回っていない場合は、総合評価点の最も高い者を落札者としたうえで社会的要請項目の取り組み改善に向けた指導を行うとしている。

このほか、「公契約条例」を制定して公契約の理念や受託事業者の従業員の賃金等の下限を定めている自治体も2000年代後半から増えている。

② PPPへの適用

日本のPPPに社会的価値の評価を導入するにはどうしたらよいだろうか。理想的には、まず事前の検討段階で国等が掲げる政策・重要課題との整合性を評価し、VFMと同時に社会的価値（バリューフォーソサエティー、VFS）を求めて、財政的な効果だけでなく社会的な価値を最大化できる事業を選別する。その上で事業者の審査基準として活用し、それが契約に反映される。

さらに契約期間中の実施状況を報告・モニタリングする仕組みが構築され、管理される状態になることだ。英国が2021年に導入したプロジェクトのアウトカム・アウトプット分析手法（POP）では、第一ステップで政策との整合を確認し、そのうえで社会的価値の特定や評価・管理手法を検討することができるようになっている。また、官民で開発された社会的価値計算ソフトではVFMとSROI（社会的投資利益率）を併せて評価することもできるようになっている。

しかし、日本ではこういった仕組みをそのまま真似しようとしても、評価指標の確立もその裏付けとして使えるデータの蓄積も進んでいないのが現状だ。

政策との整合性

まずは事業の実施に当たって、国の政策や重要課題と整合しており、地域の課題として認識され、計画等に落とし込まれているかの確認を求めるところから始める。その上で、関連して事業者に提案を求める社会的価値を検討することは難しくないだろう。

こういった形で「正しい事業をやる」プロセスを作ることが第一歩だろう。事業分野ごとに、整合性を確認すべき施策・計画

等のチェックリスト等があれば、自治体の助けになると考えられる。ウェールズのように、国が示した重要項目に沿って各機関・自治体が目標・計画を定め報告する仕組みができれば、なおよい。

国内の政策との一致は最重要であるが、同時に世界的な課題への対応も考える必要がある。SDGsは世界言語である。「正しい事業の選択」をする際に、SDGsの達成に資するものを選ぶ視点も重要となる。国連欧州経済委員会はSDGsの達成に資するPPPのガイドとなるPeople-first PPP（PfPPP）という概念を打ち出し、「アクセスと公平性」「経済効果と財政の持続可能性」「環境の持続可能性と強靭性」「応用可能性」「利害関係者の参加」という5つの原則と関連する項目、評価手法を公開している。この「評価手法」は、社会的価値の測定のためのものと言うよりは、事業をSDGsに資するものへ導くのに適していると考えられる。同様に、日本政府が掲げる質の高いインフラ投資（QII）原則もSDGsを促進するものとして国際社会から評価されており、こういった原則を組み込むのも一案である。

審査基準

本稿で紹介した事例では、審査基準として雇用の側面をあげているものが多い。これは、審査基準では「事業と直接関係がある」ことが求められることから、事業者がコントロールしやすく、努力と成果が直接的に結びつきやすい点、上述UNEPの調査の通り多くの公的機関にとって最重要の課題であるためでもあろう。

UNEP調査で上がっている「中小零細企業」「フェアトレード」「コミュニティの参加と開発」「地元産品・生産者」「技術開発

とイノベーション」「労働安全衛生」「技能研修」「多様性」はいずれも重要であるが、これらを審査基準に盛り込む場合、著しく競争を阻害したり要求が事業では直接的に達成できない項目等にまで肥大化したりしないよう注意が必要だ。

かつて、総合評価方式において、過剰な技術が提案され競争が歪められる「技術ダンピング」が頻発し問題化したことがある。社会的価値の評価でも同様のことが起こらないように留意しなくてはならない。

もう一つの考え方は、価値の実現方法、管理・報告方法の仕組み作りの提案を求めるやり方だ。単なる数値ではなく、事業者がいかに価値を作り出し、自らモニタリングし、報告する仕組を作るかを評価の対象とすることで、事業での直接的な対応を確認できること、企業の活動に社会的価値が明確に組み込まれることが期待できる。

筆者が関与しているある自治体の公民館PFIでは、市民の声を反映させるため審査基準の配点割合を市民に決めてもらう方法が当初検討された。しかし、その時点で特定事業の選定や公募開始までの日程に合わせて市民ワークショップを開催する時間が十分になかったため「設計や運営で市民の声を反映させる仕組み」を提案してもらうよう再検討することとした。市民の声を反映させるには十分な期間が必要である。

中小自治体・事業者への柔軟な対応

PPPを今後より小さな自治体や技術者等がいない自治体へ広げる、あるいは地域の中小を含む企業に広めていこうと考えた場合、柔軟なやり方を考える必要もある。

本稿では詳述していないが、英・ウェールズのMIM手法は、PPPの契約管理、資金調達、事業計画等の手間のかかる部分を

大手企業が担い、実際の工事や維持管理は地元企業に請け負わせる形態をとっている。このような中小規模の企業でも参加できる形態を作った上で、職種によっては社会的価値を重視した地元企業の選抜をする方法も考えられる。

また、同国の「ノンコア」のように審査基準としては評価対象とせず、地域の企業が地元に貢献する活動を提案してもらい契約に反映させる仕組みも役立つのではないだろうか。

社会的価値を客観的に評価しようとする試みは多く存在するが、それを事業の評価に落とし込む方法は発展途上である。将来的に、データやエビデンスが蓄積することでVFMとVFSを事前評価でき、さらに事業者の選定から契約、実施に繋げられれば、事業のLCCを下げるだけでなく、LCVを高めることができると期待されており、そのためには、公共、民間、学術が協力して検討していくことが望まれる。

参考文献

Buy Social Canada（2018）A guide to social procurement

EU（2011、2021）Buying social

Maas and Liket（2011）Social Impact Measurement: classification of methods

UNEP（2017）Global review of Sustainable Public Procurement

英財務省（2011、2020）The Green Book

英財務省（2014）Supporting public service transformation: cost benefit analysis guidance for local partnerships

英財務省（2020）Social value model

英IPA（2021）Project/Programme outcome profile

仏OECP（2021）recensement économique de la commande publique

仏財務省（2018）Guide sur les aspects sociaux de la commande publique

仏財務省（2021）CCAG（標準契約約款）

仏政府（2019）Code de la commande Public

大阪府（2019）入札公告

東京都江戸川区（2020）諮問書

第6章 PPPにおける経済的価値と社会的価値の関係についての考察

東洋大学　根本祐二

1. 公共サービス型PPPにおける整理

　PPP事業では、官（国、地方自治体）は、経済的価値と社会的価値の両方の達成を求めている。本特集の他の寄稿でも取り上げている通り、容易には達成しえない難しい問題である。実際の案件では、どのように取り扱っているのだろうか。以下、PPPの3分類（公共サービス型PPP、公共資産活用型PPP、規制・誘導型PPP）[1] にしたがって考察する。

　まず、経済的価値とは金額である。

　サービス購入型PFI、利用料金制を採用しない指定管理者、定額委託料を支払う包括民間委託、補助金対象となる公共資産活用型PPPおよび規制・誘導型PPPなど、〈官から民への支払い〉が行われるPPP事業では官の支払い金額はできるだけ低い方が望ましい。一方、公共施設等運営権事業で運営権対価が期待される事業、指定管理者で一定以上の収入や利益を上げた場合に官への納付を行う事業、公共資産活用型PPP（公的不動産の売却・賃貸）など、〈民から官への支払い〉が行われるPPP事業では官の受け取り金額はできるだけ高い方が望ましい。

　社会的価値は通常は金額で表示されないが、官にとって必要不可欠なものである。

　公共サービス型PPPは公共サービスの全部または一部を民間が実施するものであるため、当然、公共サービスとしての目的の実現が社会的価値の大きな要素である（目的価値）。一定数の蔵書を有し、広く住民の利用に供せられる図書館の設置運営は、それ自体が目的価値と言える。さらに、PPP事業の実施によって副次的に発生する価値がある（派生価値）。図書館によって地域の教育水準があがり起業家が育成される、利用者に憩いと交流の機会が提供される、周辺環境と調和しまちのブランドになる、地域の発信力が強化されるなどは派生価値の例である。

　目的価値と派生価値は厳密に区分できるものではない。また、同じ種類の施設でも施設のコンセプトによって異なる。図書館の場合、静粛な雰囲気で図書を読むことを主眼に置く施設と、子どもたちが走り回ることも許容し多世代が交流できるふれあい空間の創出に主眼を置く施設では、目的価値も派生価値もかなり異なる。

2. 公共資産活用型PPP、規制・誘導型PPPにおける整理

　一方、公共資産活用型PPP、規制・誘導型PPPは、提供されるサービスが民間事業である。つまり、官の期待する社会的価値

1　根本祐二（2011年）「PPP研究の枠組みについての考察（1）」東洋大学PPP研究センター紀要創刊号

図表Ⅰ-6-1　PPPの分類ごとの経済的価値と社会的価値の関係

		公共サービス型PPP	公共資産活用型PPP	規制・誘導型PPP
事業空間		官	官	民
事業内容		公共サービス	民間サービス	民間サービス
経済的価値	官から民への支払い	サービス購入型PFI、利用料金制を採用しない指定管理者、定額委託料を支払う包括民間委託　など	補助金	補助金
	民から官への支払い	公共施設等運営権事業で運営権対価が期待される事業、指定管理者で一定以上の収入や利益を上げた場合に官への納付を行う事業　など	公共資産の買取代金、地代・賃借料	
社会的価値	目的価値	事業内容自体が目的価値	民間サービスなので通常は目的価値とはならない。ただし、子育て支援、福祉、医療などは事業内容自体が公共サービスと言えるので目的価値となる。	
	派生価値	期待される	期待される	期待される

（出典）筆者作成

は主に派生価値となる。たとえば、学校廃校舎にカフェを誘致する場合は、カフェそのものは公共サービスではなく目的価値となりえないが、カフェがあることによる雇用創出、にぎわい創出など派生価値には十分な意義を見出せる。

ただし、子育て支援、福祉、医療などは、内容自体が公共サービスと言えるので目的価値を有していると言える。この整理は、当該サービスが本質的にどのような価値を持つかという絶対的な整理ではなく、補助金や保険制度の充実という日本固有の制度環境を前提にした相対的な整理である[2]。

3. 経済的価値と社会的価値の評価方式

PPP事業において、経済的価値と社会的価値をそれぞれどのように評価するか。以下の3通りの組み合わせが存在する。

第1は、一定の社会的価値を満たすことを前提として経済的価値のみを評価する〈価格競争方式〉である。一定の社会的価値を満たしていることを確認したうえで、もっとも経済的価値が有利な提案を選ぶ。たとえば、技術的仕様を満たす橋りょうの架け替え工事の発注を一般競争入札方式で行う場合が該当する。最終的には価格競争となるため、経済的価値は大きくなるが、一定以上の社会的価値を評価しないことから、民の創意工夫が発揮されにくいという欠点がある。

第2は、一定の経済的価値を満たすことを前提として社会的価値のみを評価する〈提案競争方式〉である。たとえば、学校廃校舎利用事業提案を公募し、土地・建物の賃料を固定したうえで、地域活性化効果（雇用、交流など）のもっとも高い提案を

2　日本では、子育て支援、福祉、医療サービスには、社会全体として補助金・介護保険制度・国民健康保険制度が存在し、それを前提にして、民間法人（社会福祉法人、医療法人などを含む）でも十分に設置運営できるような仕組みが成り立っている。本学の分類では、これらは規制・誘導型PPPに位置付けている。

図表 I - 6 - 2　経済的価値と社会的価値の評価の組み合わせによる評価方式の違い

評価方式	経済的価値	社会的価値
価格競争方式	評価する	固定、それ以上は評価しない
提案競争方式	固定、それ以上は評価しない	評価する
総合評価方式	両者とも評価する	

（出典）筆者作成

選定しようとする場合である。公有地活用などの公募型プロポーザルで多く利用されてきた。民の創意工夫は期待できるが、価格が高止まりしてしまうという欠点がある。

第3は、経済的価値と社会的価値の両者とも評価する〈総合評価方式〉である。価格面でも内容面でも両方努力しなければ選定されないことから、上記2方式の欠点をカバーできる方式と言える。PFI、DBOなどで多く用いられる総合評価一般競争入札方式や公募型プロポーザル方式が該当する。PPP事業で総合評価方式が用いられる理由は、民間の創意工夫によって経済的価値のみならず社会的価値の引き上げも期待しているからである[3,4]。

4. 社会的価値を計算する方法

〈価格競争方式〉では、社会的価値を満たしていることは確認する必要はあるが、技術的にチェックできるので、定量的に計算する必要はない。

一方、〈総合評価〉方式では、経済的価値と社会的価値を何らかの方法で一元的に評価する必要がある。また、〈提案競争〉方式においても、複数の社会的価値の実現が必要とされているならば、異なる社会的価値を何らかの方法で一元的に評価しなければ優劣をつけることができない。

PPP事業が〈総合評価〉方式を原則とするのであれば、社会的価値の計算方法の確立は不可欠である。筆者は、本書各稿で紹介されているような種々の取り組みが行われていることを承知しており、その分野の研究者が必死に取り組んでいることにも敬意を表しているが、現在のところ、それらの成果がPPPの現場で信頼され、抵抗なく取り入れられるような状況にあるかと問われれば、否と答えざるを得ない。PPP事業を推進する側からすれば、自治体、提案企業、地域住民が納得するような計算方法でないと取り入れることは難しいのである。

もちろん、かといって〈総合評価方式〉自体を止めることにはならない。民の創意工夫の能力は非常に高いからである。理論が追い付かないのであれば現場の工夫で対処することになる。

5. 費用ウェイトで按分する方法

PPPの具体的案件では、以下の方法で社会的価値を定量化している。

第1は、PPP事業を官が行ったと仮定した場合に必要と想定される費用を項目別に

3　PFI法1条「この法律は、民間の資金、経営能力及び技術的能力を活用した公共施設等の整備等の促進を図るための措置を講ずること等により、効率的かつ効果的に社会資本を整備するとともに、国民に対する低廉かつ良好なサービスの提供を確保し、もって国民経済の健全な発展に寄与することを目的とする。」

4　PFI事業実施プロセスに関するガイドライン　ステップ4-1（4）①「原則として価格及び国民に提供されるサービスの質その他の条件により評価を行うものとする」

計算し、それと同じウェイト付けを総合評価においても採用する方法〈費用ウェイトで按分する方法〉である。

サービス購入型PFIの場合は、官が行ったと仮定した場合に必要と想定される費用はPSC（public sector comparator）と言われている。民間の知恵はすべての面でのコスト削減に及ぶので民間提案内容でも項目ごとのウェイトは変わらないと仮定していることになる。もし、同じ投入コストで高い点数を得られる項目が存在するならば、提案者は、その項目に提案の重きを置き、結果的にアンバランスな提案となってしまう。この方法は、提案者が全項目に均等に注力することを求めたきわめて合理的な考え方と言える。

多くの事例では、設計・建設費と維持管理運営費の区分、また、維持管理運営費の内訳については、それぞれの内訳に応じたウエィトの目安が設定されている。維持管理は、保守・点検、清掃、警護、備品管理、修繕・更新等に、運営業務は、貸出、自主事業、広報、交流促進等に分解される。複数の公共サービスを実施する複合施設の場合は、それぞれの機能ごとの運営に加えて総合案内や調整業務が入る。なお、設計・建設の内訳について付言すると、設計費は建設費の数％に過ぎないが、配点ウェイトは非常に高いことが通例である。いっけんアンバランスに見えるが、これは、建設という行為は設計を正確に実現する行為であることから、そのもととなる設計において社会的価値の差が大きく形成されると考えていることによる。

このように、設計・建設、維持管理運営は個別に費用を積算することが可能であり、そのウェイトで按分する方法は適用可能である。しかし、計算できない項目もある。具体的には、事業計画、地域活性化効果、民間提案等である。事業計画では、子細に検討されてその根拠が提示され、想定されるリスクへの対応が明確であることが求められる。地域活性化効果は、地元企業の活用、地域雇用の創出、地場資源の活用などが求められる。民間提案は、一定の条件が提示されその条件下で自主的に行う事業を提案する。いずれの場合も、官が見積もることは困難である。これらは別の方法で評価する必要がある。

また、そもそもサービス購入型PFI以外の場合はPSCに相当する費用の計算が行われない。公共資産活用型PPPや規制・誘導型PPPは民間サービスであり費用見積りは現実的に困難である。つまり、〈費用ウェイトで按分する方法〉は、社会的価値の一部にしか役立たない。

6. 類似案件からの微調整を行う方法

第2は、〈類似案件からの微調整を行う方法〉である。

同じ種類の施設で、かつ、自治体規模や立地場所、募集時期などできるだけ似通った例を探す。その審査基準をベンチマークとしたうえで、対象事業との違いの部分だけを微調整する。参考にした基準の合理性を論理に求めるのではなく、実際に選ばれた提案が自治体にとって望ましいものとなっていれば、結果的に正しい基準であったとみなすという考え方である。この考え方も理に適っていると言える。実際には、大多数の案件はこの方法で審査基準を作成している。

もし、実績を見た結果修正を要すると思

われる点があれば、修正提案を誘導できるように調整する。たとえば、参考にした図書館PPPの事後評価で住民同士の交流の場がないという意見が多かったとすると、今回は交流スペースの規模や運営方法の工夫に高い配点をするということが該当する。

ただし、実際には、類似性の高い案件が多数あるわけではないこと、提案が最善であったかどうかは判断しがたいこと、微調整するとしても調整の程度には客観性はなく自治体担当者の主観が入り込む余地が大きいことなど課題も多い。

7. 住民の意思を反映させる方法

第3は、〈住民の意思を反映させる方法〉である。公共サービスの社会的価値を決める議論は、地域住民にとって何が優先すべき社会的価値なのかを決める議論であり、最終的には住民投票で決着すべき問題でもある。

一般論として言えば、各人が自己主張するだけで議論が発散するのではないかという懸念もあろうが、総合評価は満点の範囲内でウェイトを数字で決めるゼロサムゲームという特徴がある。たとえば図書館を例にとると、ある人は静寂な空間を重視する、ある人は多世代の交流を重視する、ある人は建物のデザインを重視する、ある人は防災性を重視する、またある人は地元企業の参画を重視するとしよう。総合評価基準では、これらにそれぞれ何点配点するかを決めないといけない。ある項目の点数を引き上げようとすると、他のいずれかの項目の点数を下げないといけなくなる。総合評価のウェイト付けは、公共サービスはトレードオフの関係にあること、他者の意見にも耳を傾けないと地域の総意にならないことを住民自身が自覚する機会にもなる。

しかし、住民の意見は、事業構想の時点で聴かれることはあっても、審査基準策定の段階で住民の意思を反映させている例はない。この方法は今後検討すべき課題である。

おわりに

以上の通り、現場で行われている社会的価値の計算方法に関して、〈費用ウェイトで按分する方法〉、〈類似案件からの微調整を行う方法〉、〈住民の意思を反映させる方

図表 I-6-3　PPPの現場で行われている社会的価値の取り扱い

方法	内容等
費用ウェイトで按分する方法	PPP事業を官が行ったと仮定した場合に必要と想定される費用を項目別に計算し、それと同じウェイト付けとする。同じ投入コストで高い点数を得られる項目が存在するならば、提案者は、その項目に提案の重きを置き、結果的にアンバランスな提案となってしまうが、この方法であれば、提案者が全項目に均等に注力する。
類似案件からの微調整を行う方法	同じ種類の施設で、かつ、自治体規模や立地場所、募集時期などできるだけ似通った例の審査基準をベンチマークとしたうえで、対象事業との違いの部分だけを微調整する。参考にした基準の合理性を論理に求めるのではなく、実際に選ばれた提案が自治体にとって望ましいものとなっていれば、結果的に正しい基準であったとみなすという思想。
住民の意思を反映させる方法	公共サービスの社会的価値を決める議論は、地域住民にとって何が優先すべき社会的価値なのかを決める議論と考える。総合評価は満点の範囲内でウェイトを数字で決めるゼロサムゲームであり、公共サービスはトレードオフの関係にあること、他者の意見にも耳を傾けないと地域の総意にならないことを住民自身が自覚する機会ともなる

（出典）筆者作成

法〉の三つを紹介した。それぞれに一長一短があり、不十分かもしれないが合理性もあると言える。

筆者が関与した多くの事例では、〈費用ウェイトで按分する方法〉が可能な場合はまず優先的に行った上で、〈類似案件からの微調整を行う方法〉を採用している。〈住民の意思を反映させる方法〉は、現時点では、住民のニーズを把握している自治体の担当部署が作業に参加すること、各分野の専門の審査委員からの意見に基づいて基準を定めることで代えていると言える。市民委員が入る場合はその限りにおいて市民の意見も反映されていると言えるが、より多くの市民の意見を反映させる方法は今後の課題である。

もちろん、多様な社会的価値を客観的に把握できる手法が開発されれば、PPPの現場で大いに役立つであろうことは言うまでもない。

（参考）　廿日市市筏津地区公共施設再編事業

参考として、筆者を含む東洋大学グループ[5]がアドバイザーとして関与した事業における審査基準を紹介したい。対象事業は、広島県廿日市市役所が実施している「廿日市市筏津地区公共施設再編事業」である。

本事業は、同地区に立地し更新期を迎えていた体育館、市民センターに加え、隣接地の図書館、さらに子育て支援施設や食育の機能を付加した多機能複合施設を一体的に整備するものである。同地区は広島市への通勤の便もよくファミリー世代の定住も

増えているというニーズに応えるとともに、公共施設等総合管理計画に基づいて規模の縮減を図り、PPPの導入を目指したものである。手法はDBO（design build operate）を採用し、2023年3月の開業予定である。以下、本稿との関係でいくつかの特徴を述べる。

第1に、本稿のテーマである経済的価値と社会的価値に概ね相当する価格評価点（300点）と性能評価点（700点）の配点ウェイトは、〈類似案件からの微調整を行う方法〉を用いて、全国的な傾向を判断したうえで定めている。

第2に、性能評価点の内訳は、〈費用ウェイトで按分する方法〉を用いて、設計・建設と維持管理運営の配分、維持管理運営内の各機能の配分を定めている。ただし、収入が見込める施設と見込めない施設が両方含まれるため、見込めない施設においても利用者増の工夫と協力を促すため配点を工夫している。事業計画、民間提案に関しては、〈類似案件からの微調整を行う方法〉を用いて、他自治体の類似例および自治体内の先行事例を参考にしつつ、自治体としての期待を込めて定めている。

第3に、複合機能に関する市のそれぞれの担当部長を審査員（公表済、リスト省略）として、各部署で利用者ニーズを反映した意見を集約することで、間接的ではあるが〈住民の意見を反映させる方法〉を試みている。

以上の通り、本稿で示した三つの方法を軸に基準を策定していると言える。

なお、この事業では上記の他にもユニークな特徴がある。

5　学校法人東洋大学、株式会社長大、株式会社ローカルファースト研究所グループ

・大項目ごとに性能評価点とは別枠で加点する独自提案枠を設け、創造性の高い提案を促した。

・性能評価点では、要求水準通りの提案に対しても配点の40％を付与することで基礎点の効果を持たせるとともに、性能評価点の50％未満の場合には失格とする足切りを設けることで、積極的な提案を促した。

また、審査基準以外にも、

・徹底した事前サウンディングを実施し、在京企業を含む多くの企業の関心を集めるとともに（28団体が参加）、最終的な提案書提出も3グループ確保した。

・部分的に参加を希望する企業と代表企業

候補者とのマッチングを行い、ユニークな地元企業に参画機会を提供した。

等他地域の参考になる応用可能性の高い試みが行われている。

図表Ⅰ-6-4　参考1　廿日市市筏津地区公共施設再編事業審査基準（全体）

項目		配点	独自提案に対する加点	備考
価格評価点		300	—	価格評価点＝配点（300点）×提案のうち最低提案価格÷当該参加者の提案価格
性能評価点計	事業計画	100	30	
	設計・建設	280	20	
	維持管理運営	280	50	
	民間提案	40	—	
	計	700	100	
合計		1,000	100	
総合評価点			1,100	性能評価点（700点満点）＋価格評価点（300点満点）＋加点（100点満点）
合格最低点		350		性能評価点配点の5割（性能評価点350点）を獲得できなかった提案は失格

図表Ⅰ-6-5　参考2　廿日市市筏津地区公共施設再編事業審査基準（性能評価点基準）

評価	評価指標	加算割合
A	要求水準よりも非常に優れた提案がなされている	配点×1.0
B	AとCの中間	配点×0.85
C	要求水準よりも優れた提案がなされている	配点×0.70
D	CとEの提案	配点×0.55
E	要求水準を最低限満たしている。	配点×0.4

図表Ⅰ-6-6　参考3　　廿日市市筏津地区公共施設再編事業審査基準（性能評価点）

事業計画に関する審査項目				
審査項目				配点
1 事業計画	①	事業コンセプト		10
	②	長期収支計画		10
	③	リスクマネジメント		10
2 事業実施体制	①	全体		30
	②	維持管理運営		
	③	SPC		10
3 地域貢献				30
計				100
独自提案				30
設計・建設に関する審査項目				
1 配置計画				30
2 平面計画・断面計画				60
3 外観デザイン				20
4 木材利用計画				20
5 色彩計画・サイン計画・インテリア計画・什器備品計画				30
6 環境・エネルギー計画				20
7 安全対策・災害対策				30
8 メンテナンス性の向上				30
9 施工計画				40
計				280
独自提案				20
維持管理運営に関する審査項目				
1 開館準備業務				10
2 統括管理業務				10
3 維持管理	①	保守・点検業務		30
	②	清掃業務		
	③	警備業務		
	④	備品管理業務		
	⑤	修繕・更新業務		
4 運営	①	総合案内・貸館業務		10
	②	広報プロモーション業務		30
	③	交流促進業務		
	健康増進業務	④	スポーツ推進業務	30
		⑤	食育推進業務	20
	⑥	市民センター機能運営業務		30
	⑦	図書館機能運営業務	図書館	30
			こども図書館	30
	⑧	子育てリビング運営業務	子育て支援センター・一時預かり	30
			放課後児童クラブ	20
計				280
独自提案				50
民間提案				
民間提案エリアの運営				40

第7章

第7章 地方公共団体と地域金融機関の本質的な協調関係の構築についての一考察
──インパクトファイナンスとの関連を中心に

東洋大学大学院客員教授　藤木秀明

　地方自治体における「地方創生」をはじめとしたさまざまな行財政上の課題解決への担い手として、地域金融機関への期待が高まっている。また、公民連携（PPP）の活用やまちづくりなど幅広い分野において、地域の関係者と幅広く繋がっているポテンシャルに期待する向きも少なくなく、財務省や金融庁等が形成・推進している「地域経済エコシステム」の重要なプレーヤーとして位置づけられている。

　その一方で、地方公共団体向けの取引についての見直しに向けた交渉の進展が報じられており、両者の変化が見られる状況となっている。

　本稿では、地域金融機関が地域の経済・財政を持続可能とし、共存共栄を図る方途について、PPP（公民連携）を基調とし、現在の地域金融行政のキーワードとなっているリレーションシップバンキング（地域密着型金融）の観点から、本質的な協調関係に向けて何が求められるかインパクトファイナンスの関連を中心に考えていくこととしたい。

1. 地方公共団体と地域金融機関

1）地域と深く結びつく地域金融機関

　地域金融機関にとって、地域の地方公共団体との取引は、地域の企業及び個人取引と並んで経営上重要な業務である。東洋大

学PPP研究センターにおいては、「PPPのトライアングル」において、公共サービスを提供する政府セクター（国・地方自治体）、市場セクター（民間企業）、地域セクター（市民、コミュニィ）の3つの概念整理を行った上で関係性の分析に活用している。社会全体を3つの線（政府／非政府を分ける公権力区分線、営利／非営利を分ける目的区分線、公式／非公式を分ける安定責任区分線）で区分することで、政府、市場、地域およびその中心部の領域NPO/NGO（非政府・非営利・公式）を表現している。筆者も、公民連携（PPP）における地域金融機関の役割についての概念整理を行った論文(1)、CSV（Creating Shared Value）との関係を整理した論文(2)で活用している。

図表 I - 7 - 1　PPPのトライアングル

出所：根本祐二「PPP研究の枠組みについての考察(2)」東洋大学PPP研究センター紀要2012年

　地域金融機関は、貸出取引を通じて市場の領域のプレーヤーである地域企業を支援・育成する使命を負っており、貸出取引

（地方債の引受）や公金の出納業務（指定金融機関）を通じて、地方公共団体とも深く結びついている。さらに、銀行業務の全ての前提となる預金の受入れを通じて、多数の住民とも結びついており、地域の全てのプレーヤーと結びついた中心的存在と言えよう。

2. 出納業務（指定金融機関業務など）を通じた結びつきとその課題

1）指定金融機関業務とは

　地域金融機関と地方公共団体との結びつきを考える上で重要なのが、地方自治法に基づき1つの金融機関のみが受ける「指定金融機関」の契約である。指定金融機関の地位を得ることは、地方公共団体のメインバンクとの地位を得ることによって得られる地域からの信用のみならず、資金不足の経済状況（高度経済成長期など）においては、公金の預金を受け入れることで金融機関の預金・貸出業務への貢献が働き金融機関の競争上有利に働いたことから、公金の出納や管理に係る各種取引を「優遇」することが基調となってきた。指定金制度が導入された1964年当時の契約書には、指定金事務に係る経費は全て金融機関負担と明記されており（『月刊金融ジャーナル』2004年1月号）、行政実務として指定金融機関に対して指定金枠を設定する等の配慮がなされていたことから、社会貢献等の名目で前述の条件に応じることが可能であったとみられる。

指定金融機関を複数の金融機関が希望する場合には、一定の期間で交代する輪番制を導入することも一般的である。地域内での産業育成の担い手として地域内で本店を有する金融機関を誘致・育成する手段として指定金融機関の指定を変更した事例も存在する[1]。併せて、地方公共団体と親密な関係を築くことで情報を活用することができ、地域プロジェクトに構想段階（川上段階）から関与できることのメリットも得ていたことは想像に難くない。

　一方、指定金融機関の業務は地方公共団体が管理する多種多様な公金（税、手数料、使用料、保険料等）の出納と受入れた公金の内容を取り纏める業務が本務である。これに対応すべく、庁内に派出所を設けて行員を無償もしくは廉価で派遣し、公金支出に伴う為替手数料を優遇してきたのである。金融機関としても、預金・貸出の取引でメリットを取る対価として指定金業務を無償で行うことは問題となることはなかったのである。

2）課題①　預金・貸出取引でのメリットの消失

　しかし、低金利の長期化に伴い、預金受入のメリットはデメリットとなり、公金の大口預金の受入れに難色を示したり、辞退が相次いだりして預金金利の入札が成立しない、といったことも生じているようである。融資取引（地方債引受）についても、かつては前述の通り地方公共団体の煩雑な事務を事実上代行する指定金融機関に依頼

1　京都府が蜷川虎三知事在任時に、京都の金融市場が預金吸収地であったことから地元銀行育成を意図し1950年に府本金庫の指定を第一銀行（当時、現在のみずほ銀行）から丹和銀行（当時）に変更したことが知られる。同行は翌年（1951年）に京都銀行に改称し、1953年に本店を福知山市から京都市内に移転した。

2　地方債は、国債と異なり広く流通していない（セカンダリーマーケットが薄い）ため、満期保有による運用を前提として引受を検討せざるを得ないことを指している。

する、入札制を導入する場合でも指定金枠を設定し資金収益を確保できるよう配慮するという慣行であった。しかしながら、行政改革の一環として入札に移行が進んだことに加え、流動性には課題がある[2]もののBIS上のリスクウェイトが低く極めて安全な運用手段であることからJAや他地域の金融機関が入札に新たに参加したことで競争が激化した、等の経緯から、貸出取引によって指定金業務のコストを回収することも難しい状況となった。

3) 課題②　公金出納業務における効率化の遅れ

指定金業務は、銀行における法人や個人に対する業務で進められたインターネットバンキング等ITを活用した効率化が著しく遅れているのが実情である。今や国内で生産されることがなくなったフロッピーディスクや紙ベースでの事務が残存し、そうした現物の集金対応のため日々行員が銀行と地方公共団体の間を往来している現場も少なくない。地方公共団体が扱う公金の収納が今日もなお紙ベースが基本であり、その業務には顧客から納付を受付する金融機関（収納代理金融機関等）、取りまとめを担当する指定金融機関の双方に大きな人的負担が生じている。そのため、旧東海銀行や旧三和銀行を継承していることから東海地区や関西地区で指定金を担当する地方

公共団体が多い三菱UFJ銀行は、指定金手数料の改定交渉[3]を進めるとともに、2021年3月末には194自治体の公金納付書の受付を終了した[4]。筆者取材では、他の主要行や地域銀行も同様の交渉を進めているようである。

以上のように、指定金業務については出納業務に関連したコスト負担が残っている状況である。指定金業務の多くを担う地方銀行の業界団体である地方銀行協会は2004年に「地方公共団体とのお取引の維持・発展に向けて」という文書を公表し改善を関係各所に訴えるとともに、全国銀行協会や信託、協同系金融機関の団体連名で関係省庁に出納業務の効率化に向けた取り組み（例、納付書様式の統一、ITの活用等）を繰り返し要望したものの、顕著な改善には繋がっていない。前述の動向は、今まで「公共性」を理由に我慢をしてきた業界側が、低金利の長期化で余力が低下したことから、地方公共団体であってもビジネスベースで成り立つ関係性へ正常化することを求めていると解することができよう[5]。

こうした状況に政府は、行政のデジタル化の観点から政府は対応を開始した。この課題は昨年度（2020年度）に規制改革推進会議の投資等ワーキンググループの検討課題として取り上げられ、全国銀行協会および地方銀行協会が業務実態を報告し業界と連携した効率化への取組開始を要望した。

3　兵庫県芦屋市に対して派遣する行員の人件費と人数を根拠に1500万円を提示したが、同市は受入れを拒み、輪番制で担当していた他行（三井住友銀行）が単独で継続する結果となった。（2019年2月19日付産経ニュース「銀行、手数料安い「自治体指定金融機関」辞退の動き」等）

4　2020年12月14日付三菱UFJ銀行ニュースリリース「一部自治体さまとの『税公金取扱い』終了に関するお知らせ」

5　このような動きについて、地方公共団体関係者から反発する意見も少なくないところであるが、取引相手が政府部門であることを理由にビジネスベースでは成り立たない取引の継続を、代替収益機会を与えずに求めることは、赤字取引を強制していることと同義であり、PPPの原則から認められないのは言うまでもない。

図表Ⅰ-7-2　総務省「地域経済循環創造事業交付金」（ローカル10000 プロジェクト）

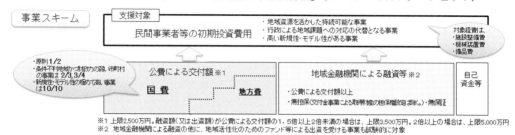

※1 上限2,500万円。融資額（又は出資額）が公費による交付額の1.5倍以上2倍未満の場合は、上限3,500万円。2倍以上の場合は、上限5,000万円
※2 地域金融機関による融資の他に、地域活性化のためのファンド等による出資を受ける事業も試験的に対象

出所：総務省資料

政府内での検討の結果、今後はQRコードの活用により効率化を図る方向で、総務省が関係業界とともに検討を進めている。

3. 地方創生等における期待とその課題

1) 地域金融機関の立場

　近年、地方創生（地域活性化）をはじめとした地方公共団体に関する政策領域において、地域金融機関を巻き込んだ政策推進を志向する動きが相次いでいる。現在政府が推進している地方創生の政策においては、地方公共団体にいて策定する地方版総合戦略の実行に際し、「産官学金労言士」が連携して行うことが求められている。「産官学」は産業界、官公庁、大学の3者を指し、地方創生の取り組み以前からさまざまな地域の施策で連携が行われてきた。「金労言士」は金融機関、労働団体、言論界、弁護士などの士業を表しており、これら7者が中核になるべきとするものである。

　これによって、地域金融機関は地方公共団体からの要請により、地方創生の検討に参加する機会を得ることとなった。こうした役割はとりわけメインバンクと認識されている指定金業務を担っている地域金融機関が地域のビジョンや政策検討に参加することによる地域貢献の可能性を広げたもの

の、負担増を警戒する受け止めも本音では生じているものと思われる。

2) 地域金融機能を活用した関連政策

　地方創生に関連した交付金において、地域金融機関との連携を条件とするものが存在しており、その例として総務省「地域経済循環創造事業交付金」を挙げる（図表Ⅰ-7-2）。具体的には、総務省が推進する「ローカル10,000プロジェクト」に関連して、地域金融機関等から融資等を受けて事業化に取り組む民間事業者が、事業化段階で必要となる初期投資費用等について、地方公共団体が助成する経費に対し、地域経済循環創造事業交付金を交付するものである。産学官金の連携により、地域の資源と資金を活用して、雇用吸収の大きい地域密着型事業が立ち上がることが期待されている。令和2年度末までの実績は423事業343億円に達しているが、公費交付額は122億円に留まり、残りは地域金融機関等からの融資額169億円、自己資金等52億円となっている地域金融機関には事業計画の構想段階から関与することが期待されていると考えられる。

　また、環境省は地域金融機関がESGの要素に着目した地域企業の価値を発掘・支援することにより、地域経済発展につながる

図表 I - 7 - 3　地域循環共生圏の創出に向けた地域経済エコシステムの構築

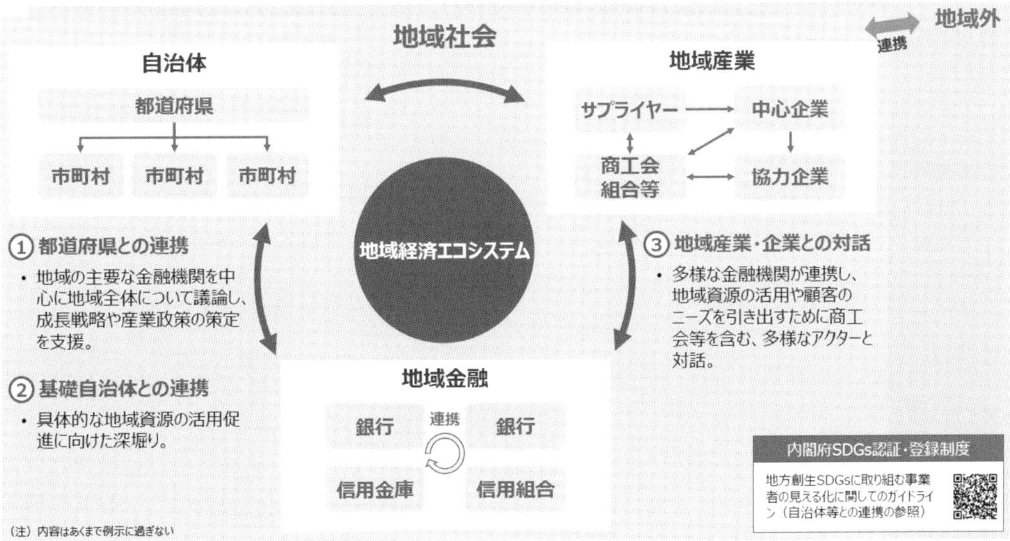

（注）内容はあくまで例示に過ぎない

出所：環境省「ESG地域金融実践ガイド2.0」2021年４月

「地域循環共生圏」に貢献する「ESG地域金融」の取り組みを進めている（図表 I - 7 - 3）。地域内の金融機関、企業、行政が連携して地域経済循環を高め、持続可能（Sustainable）な地域とする行動を目指すことは社会的に望ましいと筆者は考えており、環境省の政策に同意する。

　しかしながら、我が国で地域の内発的発展や地域内経済循環を高めることは理論・実践とも途上段階であることも現実であることを考えれば、理念を実現するためのエコシステムを機能させる状況に達するためには地方公共団体と地域金融機関が本質的な課題解決に向けた協調体制を構築することが必要不可欠であろう。

4. インパクトファイナンスとの関係

1）インパクトファイナンスとは

　前述のように、地域金融機関には地域の将来に繋がるさまざまな役割が期待されている中で、近年注目されているのがインパクトファイナンス（インパクト投資）である。投資活動に社会性を求める社会的責任投資（SRI）や銀行の融資対象に社会性を求めるソーシャルファイナンスと呼ばれる

図表 I - 7 - 4　インパクトファイナンスの定義

本文書における「インパクトファイナンス」とは、次の①〜④の要素全てを満たすものをいう。
要素①　投融資時に、環境、社会、経済のいずれの側面においても重大なネガティブインパクトを適切に緩和・管理することを前提に、少なくとも一つの側面においてポジティブなインパクトを生み出す意図を持つもの
要素②　インパクトの評価及びモニタリングを行うもの
要素③　インパクトの評価結果及びモニタリング結果の情報開示を行うもの
要素④　中長期的な視点に基づき、個々の金融機関/投資家にとって適切なリスク・リターンを確保しようとするもの

出所：環境省「インパクトファイナンスの基本的な考え方」2020年7月

6　小林立明「インパクト投資の発展と研究上の課題」国民経済雑誌2021年7月や多摩大学社会的投資研究所のウェブサイト上の資料などを参照願いたい。

図表Ⅰ-7-5　個別の投融資におけるインパクトファイナンスの基本的な流れ

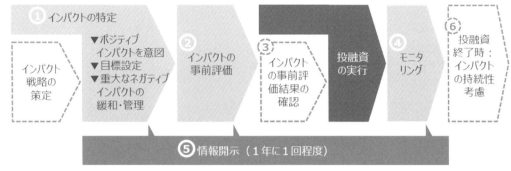

出所：環境省「インパクトファイナンスの基本的な考え方」2020年7月

動向も含め、インパクトファイナンスは環境、社会、ガバナンスへの配慮を金融活動に取り込むESG金融の流れの中で発展してきた。

インパクト投資に関する詳細な解説は紙面の制約上別稿に譲るが[6]、環境省が2021年に纏めた「インパクトファイナンスの基本的な考え方」の定義（図表Ⅰ-7-4）には、社会性（要素①）と併せて、投資結果が収益に連動するインパクトファイナンスの実効を保つために必要なモニタリング（要素②）、モニタリングの前提となる情報開示（要素③）、金融活動としての適切なリスク・リターンの確保（要素④）の4要素全てを満たすものと定義されている。同文書では、インパクトファイナンスを行う意義として、ESG投融資を通じて新たなビジネスを育成すること、社会的支持を獲得することで金融機関や投資家自身の経営基盤を維持・強化すること、等を挙げており、寄付の促進や慈善事業による社会性の発揮を意図する取り組みと異にしている。

インパクトファイナンスを行うための検討から実行に至る流れを示したのが図表Ⅰ-7-5である。インパクトファイナンスは、投資を通じたインパクトを生み出す意図を持って行うことが前提であり、ターゲットとする分野やプロジェクトを選定し、期待されるインパクトを事前に評価し効果が見込まれることを確認した上で投資を実行しプロジェクトを遂行し、結果を評価した上で配当を行い、持続性の確保に向けた検討を行う、という流れで実施する。

2）PFS/SIBやPPP/PFI推進との関係

インパクトファイナンスの流れは、新たな官民連携手法として注目されており、内閣府が「成果連動型民間委託契約方式の推進に関するアクションプラン」を掲げて推進しているPFS（Pay For Success：成果連動型民間委託）及びSIB（ソーシャル・インパクト・ボンド）における検討プロセスと多くの部分で共通である。PFSの一形態として我が国で整理しているSIBの実施についても、SIBの実施を担う民間事業者とともに事業リスクを負う関与の在り方、地方公共団体と地域金融機関の在り方が模索されている。

また、今日の公民連携のベースとなっているPFIにおいてもPFI導入可能性調査などによって事前評価を行うことが求められている。また、「PPP/PFI推進アクション

図表Ⅰ-7-6　東洋大学PPP研究センターのPPPの分類

	公共サービス型	公共資産活用型	規制・誘導型
対象となる事業	公共サービス	民間サービス	民間サービス
その事業が行われる空間	原則、公有地・公有建物	原則、公有地・公有建物	原則、民間地・民有建物
主な形態	PFI、指定管理者、市場化テスト、民営化など BOT、BTO、DBなどを含む	公有地活用、公有建物活用	企業誘致、まちづくり、商店街再生、観光振興、地場産業振興など 構造改革特区・地域再生・都市再生
関連法規	PFI法／地方自治法／公共サービス改革法	国有財産法／地方自治体	構造改革特区／まちづくり三法／地域再生法／都市再生特別措置法

出所：根本祐二「PPP研究の枠組みについての考察(1)」東洋大学PPP研究センター紀要2011年

プラン」に公共サービスの質の維持等に十分な配慮を行いつつ、包括的民間委託や指標連動方式を含むPPP/PFIの導入を推進することが書き込まれた。これは公共施設の運営・維持管理における民間事業者のパフォーマンスに応じて、公的資金を財源に対価が支払われる方法であるアベイラビリティペイメント（A/P）の導入を想定しているものである。すでに、PFI事業においては運営段階にPFSの一手法であるSIBを取り込んだ静岡県島田市の交流施設の事例が生まれており、PPP/PFIとPFS/SIBの併用が今後進むものとみられる。

以上みたように、インパクトファイナンスは、ソフト事業を対象としたPFS/SIB、ハード事業を対象としたPPP/PFI双方に係る資金調達のキーワードであることが確認された。公民連携（PPP）を専門とする唯一の大学院と研究センターを擁し、筆者が所属する東洋大学では、対象となる事業と組み合わせにより「公共サービス型」「公共資産活用型」「規制・誘導型」の3種類に分類している。（図表Ⅰ-7-6）PFIや指定管理者制度など制度面を捉えた公民連携（PPP）と比べて、純粋公共事業（図表Ⅰ-7-6左端の外側に位置）及び純粋民間事業（同右端の外側に位置）以外は全て公民連携（PPP）の領域としていることが特徴である。

公共サービス型にはPFIや指定管理者制度など、行政の活動を効率化する手法が含まれ、公有資産活用型には公的不動産（PRE）を活用した公有地を活用した事業、規制・誘導型には地域企業の支援やまちづくり分野の事業を含んでいる。こうした幅広い公民連携（PPP）に、従来の検討内容（事業構想、事業手法、資金調達）に「インパクト」の要素を取込んで実現する（社会実装する）ことが今後求められていると考えられる。

3) 地域金融機関の関与可能性

地域金融機関にとっては、金融機関の本業である投融資の事業機会になるかどうかということが関心事となるが、公共サービス型のPFIや公共資産活用型の公有地活用事業においては地方公共団体または民間事業者に対する融資機会となり得る。規制・誘導型における地域企業の支援については地域企業において運転資金支援が、まちづくり分野においては中核となるまちづくり会社や事業主体のSPCへの出資・融資が事業機会となる。

しかしながら、インパクトファイナンスについては、すでに見たように、社会変革の意図を持った投資であり成果によって償還や配当が変動する性質を持つがゆえ、金融機関が投融資前に行う債権者としてのリ

スク評価としては慎重に対応せざるを得ないものと考えられる。PFI事業における代表的な資金調達手法であるプロジェクトファイナンスは、石油や鉱山などの資源開発や独立発電事業（IPP）のファイナンスが発展してきたものである。プロジェクトファイナンスの特徴は、事業リスクを徹底的に洗い出した上で、その対応策（保険契約や資金調達に伴う金利や為替の変動リスクをデリバティブによりヘッジすることなど）を練り上げるとともに、収入安定化策（オフテイカーと呼ばれる大口需要家との長期購入契約など）を講じることでキャッシュフローを安定させることである。これにより、事業のスポンサー企業の連帯保証契約に依存しないノンリコースベースでも確実な融資返済を期待できることを確認した上で融資を実行するのがプロジェクトファイナンスである。

　一方で、インパクトファイナンスやそれを活用する公民連携手法であるSIBの我が国への導入・啓発を進めてきた関係者との情報交換を重ねると、事業を推進する民間事業者とともに事業リスクを取ることを求めているように思われる。換言すれば、「どうやったらできるか一緒に考えてほしい」ということである。これは、要求払い預金を資金調達原資としてそれを融資する銀行形態である以上、事業の継続が見通せる事業であるかどうか、見通せた場合に元利金返済の確実性を重視せざるを得ないとする地域金融機関（特に審査部門）の基本的立場と地域の未来を拓くための新事業への協力要請との間で「板挟みとなる」ことに悩む可能性を示唆している。

　同様のリスクには、これまでも地域金融機関は直面しており、地域活性化に対する

事業協力への対応については、寄付や資金拠出などへのみならず、地域活性化目的で取り組まれてきた第三セクター方式による事業で株主や債権者の立場として対応に苦慮してきた記憶も相俟って慎重に検討せざるを得ないのが現実であろう。

4）地域金融機関と地方公共団体の深い相互理解の必要性

　本稿で述べたように、政府施策において地域金融機関への期待が拡大している状況において、従来は都市計画や建築領域の方法論で推進されてきた「まちづくり」領域においても地域金融機関との連携を期待する動きは強まっている状況である。しかしながら、地域金融機関に相談しても反応が冷淡でありその役割を果たしていないという批判は筆者の耳に頻繁に届く状況であり心を痛めている。

　こうした状況に対応するためには、地域金融機関が自らリスクコントロールを行うことが難しい公共領域に関するプロジェクトについて、地方公共団体と地域金融機関が密に連携することが必須であると考える。事業構想から資金調達、運営に至る一連の事業全体のリスクの洗い出しと対応を行っていき、得た結論を基にシニアローン、劣後ローン、優先株出資、そして普通株出資を決めていく優先・劣後関係を設計していくプロジェクトファイナンスの技法（トランチングと呼ばれる）による作業までをも合同で行うくらいの成熟した深い相互理解に基づく関係性に達することが必要であろう。

　こうしたことができれば、リスクのある事業にファンド資金で貢献することが実現性を持つようになるであろう。京都府及び

図表Ⅰ-7-7　地方創生SDGs金融を通じた自律的好循環形成の全体像

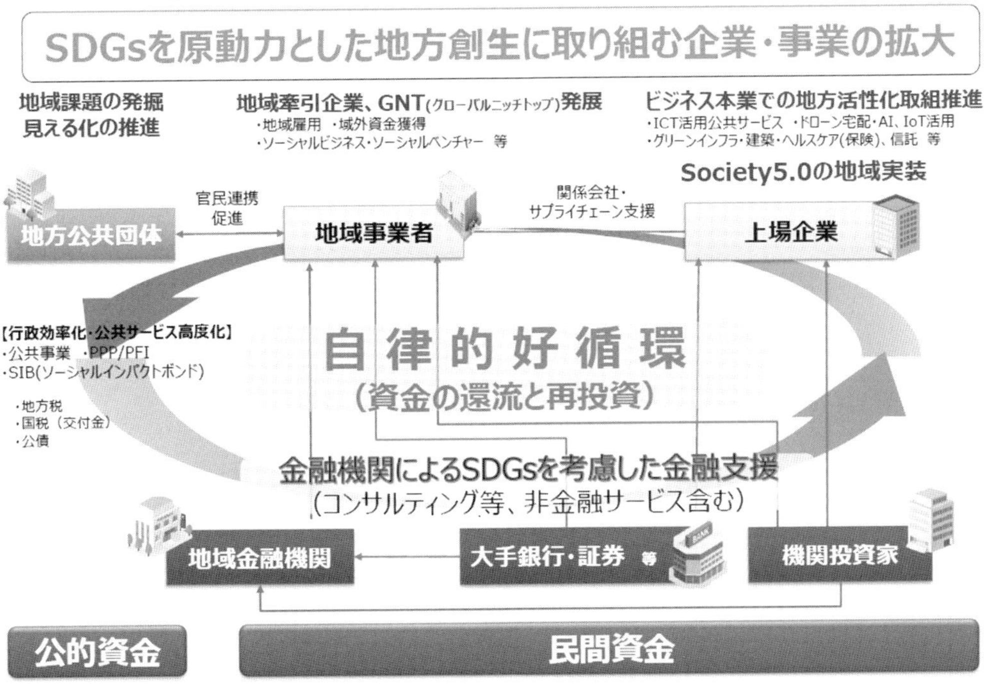

出所：内閣府「地方創生に向けたSDGs金融の推進のための基本的な考え方」2019年3月

府内金融機関による「地域づくり京ファンド」のように公民連携でまちづくりファンドを設立する手法や、民都機構の「マネジメント型まちづくりファンド支援」を活用すること等が考えられる。

5. まとめ

　本稿では、地域金融機関における関係の結びつきを概観したうえで、指定金融機関として直面している課題を整理し、関連する政府施策の検討、新たな金融動向とインパクトファイナンスにより、公民連携（PPP）の観点から地域金融機関と地方公共団体の本質的な協調関係について考察してきた。本稿のまとめとして、関係性の修復と再構築の必要性について述べる。

　地域金融機関は地方公共団体との関係が良好であることを公式の立場で強調するが、ビジネスとしての実態は厳しいことは知られつつある。地方公共団体は地域金融機関側の公共体との取引や関係性についての現状認識を改め、共創のパートナーとして選ばれるよう地域のビジョンや自らの財政状況、公民連携（PPP）の活用などの重要テーマについて熱量を持って金融機関職員の経営や財務、ファイナンスのノウハウを発揮する環境醸成に努めるべきである。

　また、地域金融機関に対しては、すでに述べた通り公金出納業務がQRコードの活用により効率化される前提で、地方公共団体との関係性を戦略的に活用することを提案する。例えば、大量の事務作業を電算化して効率化することにより経営を持続させてきた事務ノウハウを地方公共団体に提供すれば、地方公共団体の行政コストが削減

し感謝されるであろう。官民双方で進められているDXにより、非効率であった公共取引を抜本的に効率化することで、地域の本質的対応に当たる人的資源を捻出することが、地域課題解決に関する地方公共団体との連携する金融機関側の前提になるのではないだろうか。これまで、地方公共団体の指定金融機関取引は、受信（預金の受入や出納事務受託）におけるメインバンクの役割に留まっていた。これを、与信面をも含む民間並みのメインバンクの役割に昇華・発展することができれば、関連する公民連携ファイナンスへの投融資資産を創造することで、今後の地域を支える金融機関としての貸出資産の蓄積にもつながる。

　併せて、銀行形態が故に制約から解き放ち、多様な金融手法の活用能力を持つことも望まれる。融資はローリスク・ローリターンの信用供与手法であり、取れるリスクは限定的であることを述べたが、異なる業務形態の銀行（主要行、政府系金融、信託銀行）やノンバンク（証券会社、リース会社、カード会社）、新たな金融プレーヤー（クラウドファンディングやフィンテック事業者）の持つ金融手法や技術を勉強し、地域への導入を先導することを勧めたい。これは、内閣府が進めている「地方創生SDGs金融」（図表Ⅰ-7-7）において構想されている方向性を先取りすることとなる。地域の課題解決に貢献する姿が地域の行政や企業、住民に理解されれば、「共創のパートナー」として積極的に選ばれる金融機関となり、新たな事業機会に恵まれることで競争を勝ち抜くことにも繋がるであろう。

参考文献

(1)藤木秀明「金融機関と「地域」の関わり方についての一考察—地域経営の危機に対する責任ある対応の有り方について—」東洋大学PPP研究センター紀要2012年、藤木秀明「金融機関のPPPのコーディネーター としてのポテンシャル」日経研月報2017年11月　等

(2)藤木秀明「地方自治体におけるPPP（公民連携）とCSV（共有価値の創造）の関係についての一考察」東洋大学PPP研究センター紀要2018年

第8章 個人へのインセンティブ提供における成果連動型民間委託(SIB/PFS)の取り組み

つくばウエルネスリサーチ　鶴園卓也

1. 民間委託の背景

日本健康会議によると、「個人へのインセンティブの提供の実施（一般住民の予防・健康づくりの取り組みや成果に対しポイント等を付与し、そのポイント数に応じて報奨を設けるなどの取り組み）」を実施している自治体は1024/1716自治体（2021年10月1日時点）とされている[1]。また、個人へのインセンティブの提供は自治体の保険者努力支援制度の加点対象として実施することが推奨されている[2]。この背景には住民の約7割は今後も健康づくりを開始する意思の無い無関心層であり、無関心層は健康的な生活を送るための情報収集や試行をしていないという先行研究[3]（図表Ⅰ-8-1）に基づき、無関心層の行動変容を促す取り組みとして推奨されていることが『個人の予防・健康づくりに向けたインセンティブを提供する取組に係るガイドライン』[4]等で確認することができる。

図表Ⅰ-8-1　健康づくり無関心層の実態

	生活習慣病の予防に必要な運動量不足（67.5%）		運動充足（32.5%）
	運動実施意思なし（71.0%）	運動実施意志あり（29.0%）	
健康的な生活を送るための情報収集・試行	していない	している	している

筑波大学久野研究室住民調査（2010）有効回答1914名

一方で、現状の多くの自治体における、個人へのインセンティブ提供の取り組みにおいては以下の課題があると考えている。

①現状の個人へのインセンティブの提供の実施における課題

(1)事業規模：事業の参加者数が少なくポピュレーションアプローチにつながっていない。

(2)評価手法：事業の質を評価する仕組みが組み込まれていない。

(3)アウトカム志向：成果に焦点を定めた取り組みになっていない。

(4)民間活用：事業の成果が出ていても出ていなくても、委託先の民間に支払われる報酬は変わらない。

(5)成長産業の育成：その結果質の高い民間サービスが成長産業として育たない。

これらの課題に加えて、内閣府では"公共サービスの質を高めること"を目的として「成果連動型民間委託契約方式（PFS：Pay For Success）共通的ガイドライン」を策定し、成果に基づく報酬の支払いによるさまざまな公共サービスを対象とした質の向上の普及が進められている[5]。

こうした背景に基づき、筆者が所属するつくばウエルネスリサーチは、個人へのインセンティブ提供におけるサービスの質を向上するために、自治体、筑波大学、株式会社タニタヘルスリンク、金融機関と連携し、国の支援を受けて取り組む、成果連動

図表Ⅰ-8-2　参画16自治体（2021年度）

※人口はプロジェクト開始前後を参照

図表Ⅰ-8-3　事業スキーム図

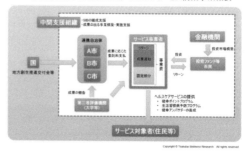

型民間委託契約による飛び地連携型大規模ヘルスケアプロジェクトに参画している（プロジェクトリーダー：久野譜也　筑波大学人間総合科学学術院教授）。この取り組みは2018年度の第1期（川西市、見附市、白子町）を皮切りに、現在4期まで組成され、16自治体が参画している（図表Ⅰ-8-2）。

②プロジェクトの概要

次に、これらの背景をふまえた、本プロジェクトの事業スキームは以下の通りである（図表Ⅰ-8-3）。

2. プロジェクトの事業スキームと狙い

①プロジェクトの事業スキーム
(1)人口規模の異なる複数自治体で連携していること。
(2)13府県16市町の飛び地型で連携していること。
(3)自治体から民間へ成果連動型で委託を行っていること。
(4)ICTを活用して成果をモニタリングできる仕組みを組込んでいること。
(5)単年度のKPI、5カ年のKGIを設定して

事業を評価していること。

これらの事業スキームは、以下のような効果を狙いとしている。

②事業スキームの狙い
(1)複数自治体の連携①：複数自治体が連携することで、全体の事業費を拡大し民間が参画しやすい仕組みとする。
(2)複数自治体の連携②：定期的な合同ワーキングを行い、各自治体の取り組みを横展開する機会を設けている。
(3)飛び地連携型：連携できるエリアを限定せず、飛び地連携型とすることで、自治体の中でも特にやる気のある連携自治体を組成することができる。
(4)成果連動型での民間委託：また、成果連動型により成果につながる施策に焦点をあて、結果的に質の高いサービスを住民に提供していく。
(5)ICTの活用：ICTにより成果を常時モニタリングすることで成果の出ない施策を廃止、改善し、かつそれらを評価できるデータの収集コストを低減する。
(6)KPI・KGIの設定：最後に、最終的なKGIの結果が出る前に、毎月、毎年度KGIにつながるKPIを評価し、事業のPDCAサイクルを回しながら展開する。

図表Ⅰ-8-4　住民の参加の流れ

次に住民が実際にどのようにプロジェクトへ参加するのかの流れを記載する（図表Ⅰ-8-4）。

③住民のプロジェクトへの参加の流れ

(1)参加申込：まず住民が自治体に参加申し込みを行い、スマートフォンの歩数アプリのインストールや歩数計・活動量計の購入又は自治体から貸与を受ける。

(2)日常生活での歩行：日常生活の中で歩く取り組みを行い、歩いた歩数に応じてポイントが付与される。

(3)運動・スポーツプログラムへの参加：次に、自治体から指定されている運動・スポーツプログラムに参加し、参加するごとにポイント付与を受ける。

(4)体組成の測定や健診結果の提出：体組成を測定しBMIや筋肉率の改善や、健診結果を自治体に提出すると、ポイント付与が行われる。

(5)データの送信：参加者の歩いた歩数や獲得したポイントは、スマートフォンや自宅のPC及びデータ送信を行う自治体の会場等で確認できる。

(6)ポイント交換と利用：獲得したポイントは地域商品券等に交換され、地域で使用することができる。

④インセンティブ設計

住民に付与されるインセンティブは、先行研究[6]より「努力を基本とし、成果の要素を加えたポイント付与方法が望ましい」ことから、歩く行動等への努力に対す

図表Ⅰ-8-5　健幸ポイントプロジェクトにおけるポイント付与例

ポイント名称	ポイントの説明	貯まるポイント	
		期間最大	年間最大
入会したよ ポイント	健幸ポイント参加と同時に有料プログラムに入会した場合にポイント付与	—	3000pt
がんばってます ポイント	基準歩数に比べて一定量の歩数が増加した場合、及び推奨される歩数を達成した場合にポイントを付与	800pt/月	9600pt/年
行きました ポイント	指定のプログラムに参加した日数に応じてポイント付与	200pt/月	2400pt/年
変わりました ポイント	3カ月ごとのBMI、筋肉率が改善した場合、およびそれらの数値が基準範囲内の場合にポイント付与	1000pt/月	4000pt/年
続けたよ ポイント	6カ月連続で健幸ポイントの獲得が確認できた場合にポイント付与	500pt/6カ月	1000pt/年
健診受けたよ ポイント	健康診断のデータにより健診受診が確認できた場合にポイント付与	1000pt/年	1000pt/年
健康になったよ ポイント	1年ごとの健診データが改善した場合、およびそれらの数値が基準範囲内の場合にポイント付与	3000pt/年	3000pt/年
合計			24000pt/年

るポイントと、健康度改善という、成果に対するポイントを組み合わせている。個人へのインセンティブにおけるポイント付与の例を図表Ⅰ-8-5に示す[7]。

3. 社会的インパクト評価

①KGI・KPIによる社会的インパクト評価

本プロジェクトにおける社会的インパクト評価方法を以下に示す（図表Ⅰ-8-6）。成果連動型の評価対象の指標はKGIとKPIに分けて設定している。

次にこれらのKGI・KPIを設定した背景を記述する。

KGI（複数年度評価）

(1)医療費の抑制効果：国全体では42.2兆円（2020年度）[8]に上る国民負担増加の抑制

(2)介護給付費の抑制効果：国全体で12.4兆円（2020年度）[9]に上る国民負担増加の抑制及び家族による介護等のイン

フォーマルケアコストの低減

KPI（単年度評価）

(1)事業への参加者数：ポピュレーションアプローチにつながる大規模の事業を行うため、少なくとも事業最終年度では、対象年齢人口の5～10%以上の目標が設定されている。

(2)参加者数に占める運動不充分層の割合：運動・スポーツに既に取り組んでいる関心層を集めるだけではなく、それらの取り組みへの関心の低い層を集める必要がある。

(3)参加者の継続率：参加者数を大規模に集め、その参加が継続する必要がある。

(4)参加者の国の推奨歩数の達成：医療費や介護給付費の抑制効果及び健康度改善効果につながる、国の推奨歩数を達成する必要がある。

(5)75歳以上又は80歳以上の参加者数：フレイル（加齢により心身が衰えた状態）の高齢者を一定数集めることで、介護認定率の抑制効果につながる。

次にこれらのKGIとKPIを設定したエビデンスを記載する。

②KGIとKPIを設定したエビデンス

新潟県見附市健康運動教室の参加者において、参加群と性別、年齢、参加前医療費をマッチングさせた3倍の非参加群を抽出して4年間の医療費の推移を分析したところ、参加群は非参加群と比較して3年後の医療費104,234円の抑制効果が確認された（図表Ⅰ-8-7）[10]。また2014年から3年間にわたり、国と連携して健康づくりにおけるインセンティブ効果を検証するために、6自治体（福島県伊達市、栃木県大田原市、千葉県浦安市、新潟県見附市、大阪

図表Ⅰ-8-6　成果連動型のKGIとKPIの設定

項目			条件
KGI項目			医療費・介護給付費の抑制効果
指標①	KPI	参加者数	新規参加者と継続参加者のそれぞれが目標値の90%以上
指標②	KPI	参加者属性	新規参加者の60%以上が運動不充分層
指標③	KPI	継続率	歩数データのアップロード（送信）率が85%以上
指標④	KPI	歩数の変化	新規参加者の運動不充分層のうち、推奨歩数の達成又は1,500歩以上の歩数増加者が60%以上 継続参加者のうち、推奨歩数の達成者の割合が55%以上
指標⑤	KPI	参加者年代	75歳以上又は80歳以上の参加率15%以上

図表Ⅰ-8-7　新潟県見附市の医療費抑制効果

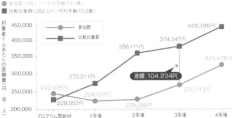

医療費抑制・削減効果

プログラムを数年間にわたって継続していくと、医療費の抑制効果が統計的にも認められている。

M市運動継続者一人当たりの医療費の推移　*：p＜0.05（U検定）

※1 参加者228人中4か年継続で国民健康保険の被保険者であった者
※2 運動群と比較のために、性・生年月日別医療費を合わせ、国民健康保険4か月継続加入者から3倍の人数を抽出

図表Ⅰ-8-8　総合特区6市における経済的効果（シミュレーション）

1人当たり医療費抑制額（万円）	5
2014、2015年度参加者数（人）	12,616
医療費抑制額（億円）	5.3
地域経済波及効果（億円）	1.2
事業費（運用費＋ポイント原資）（億円）	1.8
効果額（億円）	4.7

府高石市、岡山県岡山市）の連携による大規模なインセンティブ実証事業が行われ、約1万2600人が参加し、1人当たり5万円という医療費抑制効果も確認された（図表Ⅰ-8-8）[11]。

また、国土交通省の「まちづくりにおける健康増進効果を把握するための歩行量（歩数）調査のガイドライン」によると、歩数1歩当たりの医療費抑制効果は0.045〜0.061円／歩／日とされており（図表Ⅰ-8-9）[12]、歩数増加と医療費抑制効果の関連性に基づいて、KPI及びKGIを設定している。

さらに「健康づくりのための身体活動基準2013（厚生労働省）」における推奨する身体活動量基準では「歩行又はそれと同等以上の強度の身体活動を毎日60分以上行う。歩数に換算すると1日当たり約8,000

図表Ⅰ-8-9　歩数1歩当たり医療費の抑制効果

医療費抑制額	研究機関等	算出方法
0.045円／歩／日	辻一郎 他 東北大学大学院医学系研究科教授	1日10分間歩行（1,000歩）で1,341円／月の医療費抑制効果より試算
0.061円／歩／日	久野譜也 他 筑波大学大学院人間総合科学研究科教授	新潟県見附市における健康教室参加者の医療費抑制効果から算出
0.030円／歩／日（入院外医療費）	駒村康平 他 慶應義塾大学経済学部教授	1日当たり歩行量（歩数）が一歩違うことにより年間の医療費（入院外医療費）11円／歩の医療費抑制効果より試算

〜10,000歩となる。」「量反応関係に基づいた現状に加える身体活動量の基準として、現在の身体活動量を、少しでも増やす。（今より毎日10分ずつ長く歩くようにする。）」基準が示されており、システマティックレビューとメタ解析の結果により、様々な死亡リスク減少や健康度改善が認められている[13]。

これらをまとめると、歩数を増加することは医療費抑制効果につながる一定のエビデンスがあり、かつ死亡リスク減少や健康度の改善についてはほぼ確実なエビデンスがあり、最終的なKGIを達成するためのKPIとして適切な指標であるといえる。

引き続き各地域における、医療や介護データを用いて、詳細な分析を行うことが計画されている。

4. 自治体の取り組み状況

①ポピュレーションアプローチにつながる対象人口参加率

プロジェクトに参画している16自治体の対象人口、対象人口参加率を図表Ⅰ-8-10に示す。

図表Ⅰ-8-10　16自治体の開始時期、人口や対象人口参加率等

連携プロジェクト開始年度	インセンティブ事業開始年度 ※1	自治体	対象年齢（歳以上）	対象年齢人口（人）※2	参加者数（人）※2	対象人口参加率（％）
2018（1期）	2015	兵庫県　川西市	30	116,672	5,732	4.9
	2014	新潟県　見附市	30	30,330	1,845	6.1
	2015	千葉県　白子町	40	8,044	1,893	23.5
2019（2期）	2019	山口県　宇部市	20	136,736	3,519	2.6
	2016	岩手県　遠野市	40	18,423	1,587	8.6
	2019	京都府　八幡市	20	58,870	2,980	5.1
	2015	鹿児島県　指宿市	20	33,606	1,961	5.8
	2017	埼玉県　美里町	20	9,418	3,012	32.0
2020（3期）	2014	大阪府　高石市	20	47,217	3,561	7.5
	2020	福岡県　飯塚市	20	105,253	1,782	1.7
	2020	奈良県　田原本町	40	20,093	927	4.6
	2018	鳥取県　湯梨浜町	20	13,666	491	3.6
2021（4期）	2021	兵庫県　西脇市	40	26,063	769	3.0
	2021	福井県　大野市	40	21,829	700	3.2
	2021	京都府　南丹市	20	26,450	355	1.3
	2021	岩手県　金ケ崎町	18	12,880	470	3.6

※1　自治体によっては連携プロジェクト開始前にインセンティブ提供を行っている自治体もあるため開始年度を記載
※2　2021年8月作成（対象年齢人口は2021年1月時点、参加者数は2021年8月時点を参照）

②努力と成果を組み合せたインセンティブ設計

努力と成果を組み合せた16自治体におけるインセンティブ設計を図表Ⅰ-8-11に示す。

③各自治体の特筆すべき成果

(1)新潟県見附市の実証事業の成果：前述の6自治体と取り組んだ実証実験において、医療費抑制効果と地域経済波及効果を合計した金額から健幸ポイントの運営費を差し引いても、6自治体合計で年間4.7億円の効果額があるという検証結果が得られた[11]。

(2)兵庫県川西市の運動不充分層の参加と歩数増加：初年度の2015年度は72.6％の運動不充分層が参加し、平均歩数は約

2,000歩増加し、国の推奨歩数8,000歩を上回った。2016年度以降も同様の成果が得られている。2015年度参加者の年間1人当たり生活習慣病医療費は78,406円で、国保全体の120,847円より42,441円少ない結果であった[14]。

(3)千葉県白子町のKPI達成度と医療費抑制効果：参加者数は2015年度から6年間で1,893人に達し、対象の40歳以上人口の23.5％が参加している。一方で推奨歩数のKPI達成率は6年間で31％から55％まで増加し、連携自治体の中で最も高い達成率であった。白子町全体の総医療費は2015年度で14億2,300万円であったが、事業開始後は13億3,100万円に減少した[15]。

(4)山口県宇部市の地域住民との協働：健康

図表Ⅰ-8-11　16自治体のインセンティブ設計（2021年度）

自治体	インセンティブ内容	インセンティブの対象となるポイント種別							
		歩数（月）	歩数（日）	イベント参加	体組成測定	体組成改善	継続	健診受診	入会
川西市	地域商品券	○	○	○	—	○	○	○	—
見附市	地域商品券、寄付	○	○	○	—	○	—	○	○
白子町	QUOカード、地域商品券等	○	○	—	—	—	—	○	—
宇部市	QUOカード、図書カード等	○	○	○	○	○	○	○	○
遠野市	地域商品券	○	—	○	—	—	○	○	—
八幡市	QUOカード、寄付等	○	○	—	—	—	—	○	—
指宿市	地域商品券	○	○	○	—	—	—	—	—
美里町	地域商品券	○	○	○	—	—	○	○	—
高石市	ギフト券、地域商品券、寄付等	○	○	○	○	○	○	○	○
飯塚市	QUOカード	○	○	○	○	○	—	—	—
田原本町	地域商品券	○	—	○	○	—	○	—	—
湯梨浜町	カタログギフト等	○	○	○	—	—	○	○	—
西脇市	地域商品券	○	○	○	○	○	○	○	—
大野市	QUOカード、入浴券	○	○	○	○	○	—	—	—
南丹市	地域商品券	○	○	○	○	○	○	—	—
金ケ崎町	イオン、アークス商品券	○	○	○	○	○	○	○	—

づくり無関心層を含めた市民のヘルスリテラシー（健康情報を活用する能力）を向上させ、各種健康施策や健康サービスの活性化につなげることを目的として、健幸アンバサダーを養成し、同取り組みを主催するスマートウェルネスコミュニティ協議会より表彰を受ける[16]。

(5)岩手県遠野市の事業参加者の医療費抑制効果：2021年度の医療費分析の結果において年間1人当たり医療費・介護給付費13.4万円の抑制効果が確認され、2016年度からの参加者において、5年間総額でおよそ1億300万円の医療費と介護費の抑制効果があった[17]。

(6)京都府八幡市の住民活動との相乗効果：地域で健康情報を届ける健幸アンバサ

ダー76人における医療費が、未受講者（541人）と比較して養成後2年目の一人当たり医療費が2.5万円低く、地域活動に取り組む住民への相乗効果が確認された[18]。

(7)鹿児島県指宿市の口コミによる参加者の集客：取り組みをはじめてから歩数の増加や健康意識の向上が図られ、1人当たり医療費が減少するなど、効果がみられている。2018年より健康や運動に関する情報を口コミで広める健幸アンバサダーの養成を行い2020年までに330人が認定され、参加者を口コミで集客している[19]。

(8)埼玉県美里町の対象年齢人口の32%が参加するポピュレーションアプローチの実

施：対象年齢人口20歳以上の32%が参加、65歳以上人口では約5割の住民が参加し、開始2年後における1人当たり医療費の抑制額は開始2年後に4.4万円であった[20]。これらの実績により、埼玉県が行う県内63市町を対象とした健康長寿優秀市町村表彰では2019年度から2021年度まで3年連続で優秀賞を受賞した。

(9)大阪府高石市の国民健康保険の総医療費の伸び率の低下：「健幸ポイント事業」を2014年に開始してから2021年まで、本事業による医療費の削減効果において、2015年度「高石市国民健康保険1人あたりの医療費」を基点に、国の傾向を踏まえ毎年3%ずつ上昇すると仮定した場合、高石市の上昇率は2017年度以降、年1%台に抑制され、2019年度には実質マイナスに転じ、国民健康保険の1人当たり医療費で前年度より2,457円、想定額より11,500円下回った。これらにより、国保会計の累積赤字も改善が進み、2021年度には解消する見込みとなった[21]。

④本プロジェクトの副次的効果

(1)地域におけるインフルエンサー（健幸アンバサダー）の育成：KPIとして設定されている参加者数や、健康づくりに関心の低い運動不充分層を集めるためには、自治体の広報や民間のプロモーションだけでは不足しており、口コミが有効であることが先行するプロジェクトから確認されている[22]。地域の中で情報を口コミで届けるインフルエンサー（健幸アンバサダー）の育成を各自治体で行っている。

(2)地域への経済波及効果：獲得したポイントは地域商品券や寄付などに交換され、地域の特産品や商店などで利用される。多くの自治体が地元商店と地域振興につながる取り組みとして連携を行っている。

(3)既存の健康づくり事業への波及効果：既存の健康づくり事業への参加、特定健診、がん検診に対する受診にポイントを付与していることから、各自治体でこうした既存事業への波及効果が確認されている。

(4)地域運動・スポーツプログラムへの波及効果：既存の健康づくり事業だけでなく、地域運動・スポーツプログラムへの参加にポイントを付与していることから、これらの参加先への波及効果が確認されている。

(5)事業所との連携による健康経営の取り組み：各自治体に立地している事業所と連携を行い、事業への参加周知や合同でのイベント等、地域産業の健康経営を支援する取り組みにもつながっている。

5. 今後に向けて

本プロジェクトのこれまでの取り組みをふまえて、今後に向けて以下の課題に取り組んでいく。

①本プロジェクトの今後に向けた課題

(1)ステークホルダーの役割分担：個人へのインセンティブの提供は、従来保険者である自治体が取り組んできたものであるが、今後自治体がどの部分の業務を担い、民間にどの部分の業務を委託するのか全体最適を検討していかなければならない。

(2)さらなるエビデンスの構築：一定のエビデンスに基づきプロジェクトを推進する一方でプロセスを通じて得られた結果を、新たなエビデンスとして構築していかなければならない。

(3)人材育成：当該分野におけるプロジェクトを推進するリーダー、PDCAサイクルを回すマネージャー、専門的な知識と経験を有する専門職を、自治体及び民間それぞれの各階層で育成していかなければならない。

②民間企業として成果連動型民間委託に取組む背景

結びとして、筆者が所属するつくばウエルネスリサーチが本プロジェクトに取り組む背景を記載する。

1996年、茨城県大洋村（現　鉾田市）と筑波大学久野研究室の協働により、筋力トレーニングなどを取り入れた高齢者向け健康増進プロジェクト（大洋村プロジェクト）が開始された。当時は高齢者への筋力トレーニングはリスクが大きいと否定的な見方が主流とされていた。しかしながら、科学的根拠に基づくプログラムであれば、安全であることとともに体力の維持促進に効果があり、高齢者の健康度、特に生活機能が高まり、さらに医療費の削減効果があることも確認された。これらの研究成果を全国的に広めていくには学術的アプローチと民間ビジネスの両輪での展開が必須であると考えられたことから、2002年7月つくばウエルネスリサーチが設立された。

これらの背景から、民間企業としてこのプロジェクトに参画することにより、質の高い健康づくりサービスを成長産業として発展させ、日本発のイノベーションとして世界に発信し、更にその実績を、地域住民に還元することを目的として、取り組みに参加している。

参考文献

[1] 日本健康会議ポータルサイト

[2] 厚生労働省：「2020年度　保険者努力支援制度（市町村分）について」、2020

[3] 久野譜也、塚尾晶子：「ヘルスケアポイントとソーシャルインパクトボンド（SIB）の活用」保健師ジャーナル vol74：858-863、2018

[4] 厚生労働省：「個人への予防・健康づくりに向けたインセンティブを提供する取組に係るガイドライン」、2016

[5] 内閣府：「成果連動型民間委託契約方式（PFS：Pay For Success）共通的ガイドライン」、2021

[6] 久野譜也：「健康づくり無関心層の行動変容をもたらす新しいアプローチ—健幸ポイント—」月刊保険診療　第70巻、2015

[7] スマートウェルネスシティ地域活性化総合特別区域協議会：「複数自治体連携型」大規模健幸ポイントプロジェクト実証の実施について」、2014

[8] 厚生労働省：「令和2年度　医療費の動向」、2021

[9] 厚生労働省：「介護費等の動向」、2021

[10] 新潟県見附市：「健康運動教室の医療費抑制効果」、2008

[11] 筑波大学：「複数自治体連携型大規模健幸ポイントプロジェクト」実証結果について最終成果を発表」、2017

[12] 国土交通省：「まちづくりにおける健康増進効果を把握するための歩行量（歩数）調査のガイドライン」、2017

［13］厚生労働省：「健康づくりのための身体活動基準2013」、2013

［14］兵庫県川西市：「平成27年度かわにし健幸マイレージ実施報告書」、2016

［15］千葉県白子町：「ポイント事業に住民の１割参加、町の売りに」日経グローカルNo. 341、2018

［16］山口県宇部市ホームページ

［17］岩手県遠野市：「遠野市健幸ポイント事業の実施による医療費・介護費抑制効果について」、2021

［18］スマートウェルネスコミュニティ協議会ホームページ

［19］鹿児島県指宿市：「日常生活における「歩数」と「医療費」の関連性に着目した健康づくり」国保かごしまNo. 610、2019

［20］埼玉県美里町：「ICT & SIBの活用により健康長寿化と扶助費の増加抑制を可能とする飛び地連携型大規模ヘルスケア事業」、2019

［21］大阪府高石市、阪口伸六：「命とくらしを守り育む都市政策 コロナに負けるな！がんばろう高石！健康二次被害防止・高石版ネウボラの推進」全国都市問題会議、2021

［22］スマートウェルネスシティ地域活性化総合特別区域協議会「複数自治体連携型大規模健幸ポイントプロジェクトの実証結果を発表」、2015

第II部

公民連携の動き
2021〜2022 年

PPP推進政策の動き
——PPP/PFI推進アクションプランを中心に

東洋大学　根本祐二

本稿は、2021年6月18日に民間資金等活用事業推進会議[1]が策定した「令和3年度PPP/PFI推進アクションプラン（アクションプラン）」を中心に、わが国のPPP推進政策の最近の動きを整理したものである。文中に示された意見部分は筆者の個人的見解である。

1. アクションプランの歴史

そもそも、アクションプランは2013年民主党政権時に制定された。1999年のPFI法制定、2003年の地方自治法改正による指定管理者制度の導入、2006年の公共サービス改革法による市場化テストの導入と一連のPPP推進政策を進めたそれまでの自公政権の流れを止めることなく、さらに政治主導で推し進めるために、数値目標を導入した。画期的と評価できる。その後、再び自公政権への交代はあったが、PPP推進政策に変化はない。これは、人口減少、少子高齢化が進み国・地方とも財政の制約が厳しくなる中で、インフラ老朽化問題への対応、感染予防、SDGsの実現などの政策課題に対応するためには、従来型の手法だけでなくPPPを積極的に推進すべきことが、わが国経済社会のコンセンサスとなっていることの現れと言えよう。

もはや、PPPが必要かどうかではなく、どのようにPPPを導入することがもっとも望ましいかを論じるべき時代だと言える。どのような政権の枠組になろうともPPPへの期待は変わらない。PPPは政治イシューではなく政策イシューになったのである。

2. 事業規模目標の達成及び新たな目標の設定の検討

現在のアクションプランでは、2013年度から10年間のPPP/PFIの事業規模を21兆円以上とする数値目標が設定されている。内閣府は、2019年度末までの7年間の実績が約23.9兆円であり、期間内に目標を達成したと報告している。数値目標は、類型1（公共施設等運営権事業）、類型2（収益型事業）、類型3（公的不動産利活用事業）、類型4（その他PPP/PFI事業　サービス購入型PFI事業等）ごとに設定されていたが、特に、類型1は、2015年度に関空コンセッションという超大型案件があったこともあり目標を大幅に上回っている。他の類型もいずれも概ね順調である。数値目標は政府の行動を制約するものであるが、自ら掲げ達成できたことは大いに評価すべきである。

もちろん、目標を達成して終わりという訳ではない。内閣府でも、新たにどのような目標を設定するか検討中としている。

筆者は、数値目標は国民が客観的に政府

1　PFI法に基づき内閣府に設置された組織。内閣総理大臣が会長を務め、全国務大臣が委員として参加。

図表Ⅱ-0-1　PPP/PFI推進アクションプランにおける事業規模目標の達成状況

PPP/PFI推進アクションプランにおける事業規模目標（H25〜R4年度：10年間）	H25年度	H26年度	H27年度	H28年度	H29年度	H30年度	R元年度	計
類型Ⅰ　公共施設等運営事業	7兆円（目標）	0.0兆円	5.1兆円	0.5兆円	0.2兆円	3.0兆円	2.9兆円	11.6兆円
類型Ⅱ　収益型事業	5兆円（目標）	0.4兆円	0.3兆円	0.9兆円	0.8兆円	0.8兆円	0.9兆円	0.8兆円	4.9兆円
類型Ⅲ　公的不動産利活用事業	4兆円（目標）	0.3兆円	0.3兆円	0.3兆円	0.5兆円	0.7兆円	0.4兆円	0.6兆円	3.0兆円
類型Ⅳ　その他PPP/PFI事業（サービス購入型PFI事業等）	5兆円（目標）	0.6兆円	0.5兆円	0.5兆円	0.6兆円	0.7兆円	0.9兆円	0.6兆円	4.4兆円
合計	21兆円（目標）	1.3兆円	1.0兆円	6.7兆円	2.4兆円	2.3兆円	5.2兆円	4.8兆円	23.9兆円

（出典）2021年6月18日民間資金等活用事業推進会議参考資料1

の行動を把握できるものであり引き続き設定すべきであるとともに、もっと踏み込んだ規模設定が必要だと考えている。理由は、潜在的な市場に比べて非常に小さいと考えるからだ。今回クリアした数値目標7年間で約23.9兆円は1年間に換算すると約3.4兆円である。一方、日本の名目GDP（2019年度実績）は約560兆円、うち政府支出は約140兆円である。国はもちろん日本全国の自治体や民間企業が知恵を絞ってPPP/PFIの推進に努めた結果が、政府支出の2〜3％程度にとどまるということはないだろう[2]。

現在、日本経済では、新型コロナの影響もあり公的支出への圧力が高まっているが、わが国の国と地方の負債依存度はすでに250％を超え、他の国を大きく上回っている[3]。一般政府負債残高と家計金融資産残高の比率を見ても、1994年時点で35.5％であったものが、2019年時点では70.9％と急増している（図表Ⅱ-0-2参照）。政府の

負債は日本人が支え続ける図式が今後も成り立つと期待するのは楽観的過ぎる。政府負債を少しでも減らすためにも、PPP/PFIの推進は不可欠であろう。そういう意味では、今後は何倍もの数値目標を設定するぐらいの気概が必要ではないか。2〜3割増やすなら従来の方法の延長線上でも可能かもしれないが、数倍となると方法論から変革する必要がある。次は、格段に高い数値目標とそれを実現させる大胆な施策の導入を期待する。

3. 優先的検討規程の推奨を行う対象団体の拡大

優先的検討規程とは、公共事業の実施を検討する際に、PPP/PFIの採用を優先的に検討することを定める規程のことであり、国および地方自治体が策定主体となっている。このうち人口20万人以上の自治体（都道府県、政令市を含む178自治体）に関しては、内閣府が直接策定を求めてきてお

2　事業規模およびGDPは別々の計算方法によって計算されており単純な比較は困難である。本稿ではあくまでも目安として用いている。

3　IMF World Economic Outlook Database

図表Ⅱ-0-2　わが国の一般政府負債残高と家計金融資産残高の推移

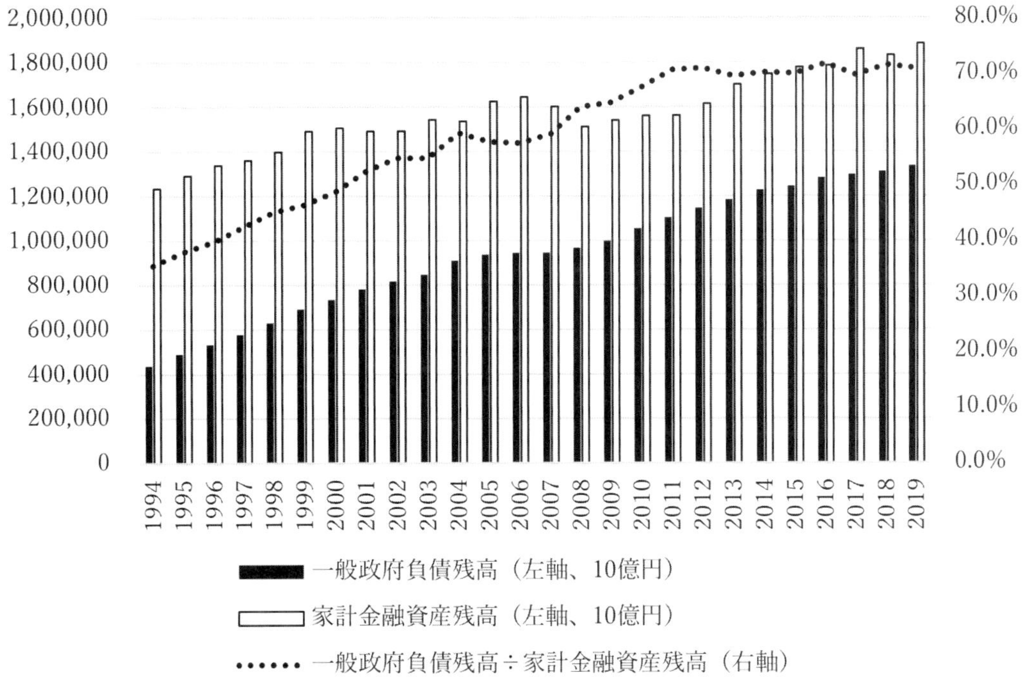

（出典）国民経済計算年報

り、2020年3月末時点で策定率は84.3％となっている。人口規模が大きな自治体は、相対的に事業の規模が大きく導入効果が出やすいこと、組織内でのノウハウの蓄積も進んでいることなど推進しやすい条件がある。一方、人口規模が小さな自治体では、導入は低水準にとどまっていた（策定率2.7％）。

　今回、国として要請する対象自治体の人口規模を「人口20万人以上」から「人口10万人以上」に引き下げた。これによって、新たに156自治体が要請の対象となった。これらの自治体は相対的には事業規模も大きく、実際にPFIを実施した経験のある自治体も少なくない（156のうち61が経験あり）。

　ちなみに、「小規模な自治体にはPPP/PFIを導入できる事業がないのではない

か」という意見があるが、これは間違いである。確かに、PPP/PFIは官民間契約であることから契約や財務に関する専門家の助言に要する固定費用が必要となるため、ごく小さい規模の事業では固定費負担を賄えない。優先的検討規程でも10億円以上の事業費を検討の対象として求めている。一見規模が大きすぎて関係ないように思えるかもしれない。しかし、10億円という事業規模は決して大きなものではない。どの自治体にも存在する本庁舎、小中学校は通常工事費だけで10億円を超える。本庁舎は、現在最も老朽化が進んだ施設であり、各地で更新の予定が発表されている。小中学校は少子化の影響もあり統廃合を進めることは必要だが、逆に、残すべき学校は教育環境としても地区の拠点としてもしっかりと十分な規模で更新する例が多い。庁舎、小中

図表Ⅱ-0-3　建設コストが10億円以上となる施設規模の目安

対象施設	施設規模	備考
事務庁舎	2,500m² 以上	・「公共施設状況調」（総務省）によると、人口３万人以上のほぼ全ての地方公共団体（１団体除く）が所有する本庁舎の面積は2,500m² 以上。また、全地方公共団体（1,788団体）の約85％（1,512団体）が所有する本庁舎の面積は2,500m² 以上。
公営住宅	3,572m² 以上	・戸当たり住戸面積を70m² 程度（戸当たり延べ面積を95m² 程度）と仮定した場合、約40戸の公営住宅で3,572m² を超える。
小中学校	3,031m² 以上	・「義務教育諸学校等の施設費の国庫負担等に関する法律施行令」の面積基準によると、おおむね複式学級にならない規模の小中学校であれば3,031m² を超える。なお、当該数値は、学級数に応じた教室面積並びに屋内運動場の面積を加えたもの。

（出典）PPP/PFI手法導入優先的検討規程運用の手引き

学校、さらに40戸程度の公営住宅でも施設規模は簡単に10億円を超える。つまり、全国すべての自治体に、優先的検討規程の対象になる事業があるのである。庁舎建て替えや学校統廃合が進められている今がその機会なのである。

4. 新型コロナウイルス感染症に対する対応

コロナ禍は、わが国の経済社会のあらゆる分野に影響を与えた。PPP/PFI事業も例外ではない。事前にこれほどまでの感染拡大は予見されていなかったため、多くの事業で官民間のリスク分担に関して大きな議論が起きた。この点に関しては、2020年９月に内閣府からガイドラインが出されている。特徴は、第１にコロナ禍は不可抗力であること、第２に具体的な調整時には官民が誠実に協議すること、第３に経済的な打撃を受けるPFI事業者に対する経済的支援のために現在整備されている各種補助金等を活用することの３点である。具体的な事業で官民間の調整を行う上での前提となる整理である。

内閣府では、その後、2021年１〜３月に具体的な案件に対してヒヤリングを行い、その対応策をガイドラインに追記している。

（1）不可抗力の定義

もともとのガイドラインの趣旨も同様であるが、不可抗力であることが契約上明記されていなくても不可抗力と認めることが可能という点が明記された。

（2）不可抗力の前提となる対応

PFI事業者はさまざまな対応を行う。どのような対応を行えば不可抗力となるのか、逆に言えば不可抗力として認められない対応とは何かは明確ではなく、個別の調整に委ねられていた。この点に対しては、「具体的状況下で、契約内容、協議内容、公的指針、社会状況等を考慮して、通常必要と認められる注意や予防方法を尽くしてもなお防止しえないものか個別に判断する」と明記した。一般的に払うべき注意義務が尽くされていれば不可抗力と認めることが示されることで、調整における不安定要因を取り除く効果がある。

（3）損害の定義

自然災害と異なり感染症は施設そのものに影響を与えるものではない。しかし、予め想定していた利用収入の著しい減少には大きな影響を受けうる。利用収入の占めるウェイトが高いほど、事業を不安定なもの

にする。この点に関しては、利用収入減も「不可抗力としうる」ことを明記している。

（4）軽微な変更でも議会議決が必要

不可抗力として自治体の支出が必要となると、そのたびに議会議決を要することになり、機動性を失い、事業の再開や再開後の運営の足かせになりかねない。この点に関しては、今後については、「軽微な変更では予め専決処分事項としておくことが望ましい」という見解を示している。

感染症拡大は大きなリスクだった。PPP/PFI事業関係者にとって、想定の範囲を超えていた、つまり事前準備が不十分だったことは間違いない。この貴重な経験を生かすために課題の解決方法を共有していく必要がある。引き続き内閣府には情報収集と開示を望む。

そもそも、コロナ禍の経済への影響は甚大である。地域経済の落ち込み、地方財政のひっ迫は過去の様々なショックに匹敵もしくは超えるものである。こうした時期にPPP/PFIは不可欠だ。その不可欠な政策ツールをいかにスムーズに導入するか知恵が問われているのである。

5. 民間提案の推進

PPP/PFIは基本的に官が企画し、要求水準を定めたうえで、もっともすぐれた提案を行う民間を募集するプロセスを踏む。公共サービスの全部または一部の実行を民に委ねるという役割から考えると当然のプロセスである。しかし、この方法には欠点がある。それは、民間の方が得意と思われる事業にPPP/PFIを導入するにもかかわらず、前提としての事業内容、規模、時期

等を決定するのは、不得意なはずの官だということである。その結果、民から見ると、条件を少し変えれば格段に費用対効果が上がるにもかかわらず、当初示した条件に縛られるため、望ましくない事業になってしまう。さらに、明らかにPPP/PFIを活用できるにもかかわらず活用しないケース、逆に、PPP/PFIに適していないにもかかわらず無理にPPP/PFIを活用するケースまで起きる。このように、官が決定する権限を有していることから生じる諸問題を筆者は「官の決定権問題」と呼んでいる。

官の決定権問題を解決する方法の一つが民間提案である。得意な民間がまず提案する。不得意な官が企画することによって生じる問題の多くはクリアされる。特定の民間の提案だけを聞いて採用することは利益誘導としてルール違反となるため、民間提案には透明かつ公平なルール設定が必要となる。この背景には、1999年に法制化されたPFIの透明性、公平性原則が大きく影響している。PFI法では当初より民間提案を盛り込んでいる（法6条）。

2021年4月に公表されたPPP/PFI事業民間提案推進マニュアル（以下「マニュアル」）では分かりやすい手続きフローが示されている。これによると、事業発案を民間が行う場合、個別事業の募集要項または事業リストの公表を受けて民間提案を行う場合の両方が示されている。

その後のプロセスは通常と同様であり、民間提案に基づく事業が実施される場合は再度公募手続きが行われる。その際、「提案者には加点する場合もある」と明記された点が大きい。民間提案は、潜在的な民間提案者すべてにとって事業参画可能性を高めるうえで望ましいものであるが、もとも

図表Ⅱ-0-4　PFI6条による民間提案手続きフロー（想定）

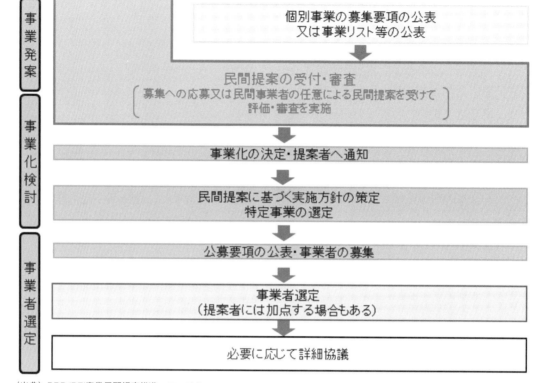

事業発案

個別事業の募集要項の公表
又は事業リスト等の公表

民間提案の受付・審査
[募集への応募又は民間事業者の任意による民間提案を受けて
評価・審査を実施]

事業化検討

事業化の決定・提案者へ通知

民間提案に基づく実施方針の策定
特定事業の選定

事業者選定

公募要項の公表・事業者の募集

事業者選定
（提案者には加点する場合もある）

必要に応じて詳細協議

（出典）PPP/PFI事業民間提案推進マニュアル

図表Ⅱ-0-5　一般の民間提案手法

分類	概要
a.マーケットサウンディング型	事業案の作成前において、参加事業者を募り（任意・無償が原則）、指定の場所に来てもらい、一定の時間の意見交換・対話を行う個別ヒアリング又はワークショップ等によって、様々なアイディアや意見を把握する調査（マーケットサウンディング）を実施し、事業案の策定及び事業者選定への手続きへ移行するもの。
b.提案インセンティブ付与型	事業化に対する民間事業者によるアイディア・工夫を含んだ提案を募集し（事業発案時の官民対話）、提案採用決定後、提案採用事業者に対して公募に向けた条件整理のためのヒアリングを行い（公募条件検討時の官民対話）、事業者選定の評価において、提案採用事業者へのインセンティブ付与を行うものである。募集要項を公表し、これについての提案者からの質問に回答する必要がある。
c.選抜・交渉型（随意契約）	事業リスト又は個別具体の案件を示して、民間事業者のアイディアと工夫を含む提案を募集し、提案内容を審査して優先順位付けを行い、事業内容について競争的対話による協議を行い、協議が調った者と契約するものである。

（出典）PPP/PFI事業民間提案推進マニュアル

との提案者は応募する際に提案費用を回収する必要があるため不利になってしまう。他の誰かが提案するのを待つことがもっとも合理的な行動となり、制度が機能しなくなる。民間提案者にインセンティブを与え

るものが提案者加点である。加点の幅は、事業規模、民間提案者に求める提案の詳細度等によるものであり、ケースバイケースで設計する必要がある。

マニュアルでは、PFI以外のPPP手法に

ついても整理されている。これについて
は、すでに2016年10月に内閣府・総務
省・国土交通省「PPP事業における官民対
話・事業者選定プロセスに関する運用ガイ
ド」が公表されている。本マニュアルはこ
れに基づき、民間提案方式を、a.インセン
ティブのないマーケットサウンディング
型、b.公募時に加点する提案インセンティ
ブ型、c.事業リストまたは個別案件を示し
たうえで提案された優秀な提案を優先順位
付けを行い個別に交渉する選抜・交渉型
（随意契約）の3種類を提示している。

　提案インセンティブ型に加えて、選抜・
交渉型が認められていることは、潜在的な
民間提案者の知恵を誘導する上できわめて
大きな効果を期待できる。

　一方、一般的に用いられているタイプと
してはマーケットサウンディング型がもっ
とも多い。インセンティブがない代わり
に、必ずしも提案を求めるものではないな
どの民の負担軽減を行っており、官民とも
ハードルが低く広く普及している。しか
し、この方式も壁にあたっている。理由
は、官側が提示する条件が未定だと民間も
意見を出しようがない一方、条件を決めた
うえでサウンディングに臨んでしまうと民
からどのような反応があっても変えられな
くなってしまうということである。筆者の
印象では後者が多いように思う。

　非公開の場であったとして、部外者であ
る民に条件を提示する以上、役所内の機関
決定を経る必要がある。往々にしてトップ
の了解や議会への根回しも行われる。そう
した行為を経て提示した条件が民からみて
不合理であるとしても、政治的に変えられ

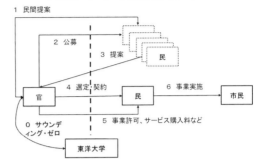

図表Ⅱ-0-6　民間提案のスキーム

ない。民からすれば、不合理な条件には不
合理としか言いようがなくなる。

　東洋大学PPP研究センターでは、この問
題をクリアするために、事前の機関決定を
必要としない「サウンディング・ゼロ」[4]
という自主事業を行っている。相談に対す
る助言者は対象となる分野の経験を有する
東洋大学の教員およびPPP研究センターリ
サーチパートナーである。機関決定はもち
ろん不要で担当者のジャストアイデアでも
良い。大学側も組織の責任ではなく個人の
感触を率直に伝える。参考にするかどうか
は相談者に委ねられる。地域金融機関の仲
介も受け付けているので、是非ご相談いた
だきたい。

4　サウンディング・ゼロ問い合わせ先　www.pppschool.jp　ml-ppp@toyo.jp

第1章 公民連携の動き（公共サービス型）

本章では、公共サービス型PPPの動きを取り上げる。公共サービス型PPPは、公共が保有する施設等を利用して公共サービスを民間との連携で実施するものを指す。

1. PPP/PFI

国内でのPPP/PFIの普及は進んでおり、第Ⅱ部序章でも紹介されている通り、政府がPPP/PFIの推進のためのアクションプランで掲げていた2013〜22年度の事業規模数値目標は3年前倒しで達成された。特に、空港コンセッションのような大型事業が相次いで実施されたこともあり国は今後、新しい目標策定を進める。

21年5月、会計検査院は「国が実施するPFI事業について」という報告書をまとめた。この報告書では、PFI事業の実施を検討する際に行われるバリューフォーマネー（VFM）の計算に当たって、VFMを現在価値化する際に使われる割引率が特定事業選定時の金利情勢を反映せず高く設定され、それによってVFMが過大に評価されている案件や、民間事業者が実施した場合のライフサイクルコスト（PFI-LCC）と従来手法で実施した場合のコスト（PSC）を比較する際に、PFI-LCCに反映されている「競争効果」がPSCでは見込まれていないなど算定条件が異なる形でVFMが算定された案件があることを指摘し、改善を求めた。また、中には債務不履行が繰り返し発生し

ている事例やSPCの財務状況の悪化が見られる事例、公共施設が利用できない状態が続いている事例などが存在することも指摘したほか、事業終了後の事後評価を適切に行うことも提言している。一方、独立採算型で行われる空港コンセッション等では、従来方式で実施した場合に比べて収支が大きくプラスとなる可能性も評価している。

会計検査院の報告書では空港コンセッション等の収支改善効果を評価していたものの、新型コロナウイルスの感染拡大によって各空港の収支は大きく悪化し、先が見通しづらい状況になっている。コンセッションの開始から5年経過した仙台空港は、2019年度に利用旅客数が372万人を記録するなど3年連続で過去最高旅客数を更新していたが、20年度には122万人に落ち込み、これは津波被害を受けた11年度を下回る水準となった。一方、事業者の努力によって国内線の新規就航や増便が決定した路線もあり、また今後の24時間化に向けて立地自治体の同意も取り付ける等、明るい材料も出てきている。その他のコンセッション空港も苦しい状況となっており、国土交通省はコンセッション空港や民営化会社が管理している成田空港に対する無利子貸し付けの実施や、コンセッションの運営権対価が分割払いとなっている場合の年度を超えての猶予、コンセッション期間の1年延長などの支援を行っている。

宮城県が進めていた上工下水一体型コンセッション事業では、メタウォーターを代表とするコンソーシアムが選定され、契約が締結された。事業者の提案によると、20年間の事業期間では現行の方式で運営した場合の費用（3314億円）に比べて337億円の削減が見込まれている。

愛知県西尾市は、公共施設の更新・維持管理などを行うための30年契約を結んでいた「西尾市方式PFI事業」について、地元企業で構成するSPC「エリアプラン西尾」に対し21年度末をもって事業契約を解除することを通知したと発表した。しかし、SPC側とは既に複数の訴訟を抱え、調停も不成立となっており、一方的な契約解除通知に対してSPCは反発している。

図表Ⅱ-1-1　PPP／PFIの動き

年月日	見出し	内　　容
2020/11/11	「空飛ぶクルマ」官民連携会議＝40社参加、23年度の実用化目指す―大阪府	大阪府の吉村洋文知事は、人を乗せて空中を移動する「空飛ぶクルマ」の実用化に取り組む官民連携会議を設立すると発表した。航空機メーカーや航空会社、大手商社など約40社が参画して、2023年度の事業化を目指す。
2020/11/13	官民連携などで特別枠＝21年予算編成方針―富山県	富山県の新田八朗知事は、部局長らに2021年度予算編成方針を示した。新田県政初の当初予算は、新型コロナウイルスの影響で大幅な税収減が見込まれるが、官民連携や成長戦略の特別枠設置などを通じて、新田氏の公約を反映させる。特別枠では、民間活力を生かして官民連携を促す「民需主導特別枠」、県の新しい創造に向けた「新成長戦略枠」を設置。
2020/12/10	関西エア民営化後初の赤字＝コロナで旅客数減―9月中間決算	関西国際空港などを運営する関西エアポートが発表した2020年9月中間連結決算は営業収益が前年同期比78％減の266億円、純損益は178億円の赤字となった。中間期として赤字を計上するのは16年の民営化後初めて。
2021/ 2/ 5	市町村の公民連携事例を紹介＝大阪府	大阪府は、企業や自治体関係者らと公民連携の可能性を考える「公民連携フォーラム」を開催し、市町村における事例を紹介した。参加者からは「多様化する住民ニーズや社会課題に対応するのに必要」といった声が上がった。
2021/ 2/ 9	新琵琶湖文化館、27年度開館目指す＝滋賀県	滋賀県は、老朽化で休館中の県立琵琶湖文化館について、後継施設となる新・琵琶湖文化館の基本計画原案を有識者懇話会に示した。原案は新施設を大津市の大津港周辺に整備し、2027年度の開館を目指す方針を打ち出した。PFIの導入を検討する。
2021/ 2/15	国スポプール、落札者決定＝滋賀県草津市	滋賀県草津市は、2025年開催予定の国民スポーツ大会と全国障害者スポーツ大会の水泳競技会場となる「草津市立プール」の落札業者が決定したと発表した。4月に事業契約を締結。24年6月に供用を開始する。落札金額は142億6100万円で、落札率は95％。PFI方式で整備し、運営・維持管理期間は24年6月から14年10カ月。
2021/ 2/22	公共施設をLED化＝北海道石狩市	北海道石狩市は省エネ政策の一環で市内すべての公共施設の照明をLEDに切り替える。2カ年計画で約150カ所が対象。LEDは通常の蛍光灯に比べ、電気使用量を6～7割程度削減できるとされる。市は今夏までにリース業者を公募。学校や市役所、地区会館などを対象にLED設備の導入を進める計画だ。
2021/ 3/17	市営住宅跡地に複合拠点オープン＝大阪府大東市	大阪府大東市で、市営住宅の跡地を活用し、木をテーマとした複合拠点「morineki（もりねき）」がオープンする。市営住宅跡地の整備としては、全国で初めて官民連携の手法を導入。民間が建物を所有し、基本設計から参画することで一体的なデザインを可能とした。
2021/ 5/ 7	契約書の弁護士確認制度導入＝広島県	広島県は、県が結ぶ大規模事業などの契約書について、弁護士が事前に内容を確認する制度を導入した。対象は、ハード事業で総事業費10億円以上、ソフト事業で全体のコストが5億円以上になると見込まれるものを目安とする。また、PFI、DBOなど、前例が少ない枠組みで行う事業―などに関しても行う。
2021/ 6/30	政府に財政支援100億円要請＝コロナ禍で資金繰り悪化―北海道エアポート	新千歳空港など北海道内7空港を運営する北海道エアポートは、政府に財政支援を要請する方針を明らかにした。約100億円の無利子融資が柱。7空港を民営化した初年度の2020年度は乗降客数が前年度比7割減の821万人。21年3月期連結決算は純損益が261億円の赤字に陥った。22年3月期の純損益も301億円の赤字を見込んでいる。

2021/6/30	コロナ後の旅客回復へ布石＝仙台空港、民営化5年	仙台空港の運営が民営化されて5年。利用旅客数を順調に伸ばしていた直後、新型コロナウイルス禍の逆風に見舞われた。運営会社は赤字決算を強いられたが、ワクチン接種の進展に伴う航空需要の回復に期待。「東北の空の玄関口」として、コロナ後の巻き返しを見据えて動きだしている。
2021/7/1	広島空港が完全民営化＝活性化へ県と運営会社が協定	広島空港が、完全民営化された。2021年2月からターミナルビルなどの運営を始めた特別目的会社の広島国際空港が、この日から滑走路の運用といった空港運営もスタートした。国との契約期間は20年12月から50年12月までの30年間。
2021/7/2	水道運営委託の議案を可決＝5日成立へ―宮城県議会建設企業委員会	宮城県議会建設企業委員会は、上水道の運営権を民間に委ねる全国初のコンセッション方式の導入に向けた事業者への運営権設定の承認を求める議案を可決した。5日の本会議で成立する見通し。水大手「メタウォーター」など10社でつくるグループへの運営権設定に承認を求める議案などを提出した。議決が得られれば厚生労働相に許可を申請する。
2021/7/27	空調・照明管理を民間委託＝石川県能美市	石川県能美市は、公共施設の省エネ化を進める「ESCO（エスコ）事業」として、市役所本庁舎の空調・照明設備の整備と維持管理を民間事業者に委託する。委託先は「北陸電力ビズ・エナジーソリューション（北電BEST）」。委託期間は22年2月から15年間で、同社は空調と照明設備の更新や保守管理を担う。
2021/8/16	公民連携のガイドライン策定＝大阪府大阪狭山市	大阪府大阪狭山市は、民間企業や大学との連携事業が増えてきたことを踏まえ、公民連携に関するガイドラインをまとめた。公民連携に当たる市の基本姿勢や連携プロセスなどを明記し、協業を検討する事業者向けの説明資料として用いる。
2021/9/8	五輪会場「負の遺産化」懸念＝5施設が赤字見通し―東京都	先に閉幕した東京五輪・パラリンピックで、東京都は約1400億円を掛けて新たに六つの恒久競技施設を整備した。このうち今後黒字運営が見通せるのは1施設のみ。新型コロナウイルスの影響で来場者が想定を下回る可能性もあり、「利用が低迷すれば負のレガシー（遺産）になる」との懸念も出ている。
2021/9/27	OSAKA公民連携推進協議会を設立！！さらなる公民連携の推進をめざす！！＝大阪府	大阪府は、2015年4月に企業・大学のワンストップ窓口として「公民戦略連携デスク」を設置し、これまで多くの企業・大学と、互いにwin-winとなる連携を進めてきた。このたび、オール大阪で、多様化する社会課題の解決、地域活性化、及び持続可能な社会の実現に向け、府と府内市町村で構成するOSAKA公民連携推進協議会を設立する。
2021/10/1	大規模PFI、契約解除へ＝198億円、協議を断念―愛知県西尾市	PFI事業を活用して市の公共施設を維持運営する契約について、愛知県西尾市は、事業を担う特定目的会社との契約を、来年の3月末で解除すると発表した。西尾市が周辺3町と合併したことで、公営住宅やプールなど市が管理する公共施設が増えたため、効率的な維持運営に向け導入。14施設の解体、5施設の新設、12施設の改修、167施設の運営・維持管理を30年間委託するもので、17年6月に市とSPCとで約198億円の契約を結んだ。
2021/10/21	廃棄物処理に民間資金＝兵庫県相生市	兵庫県相生市は、民間資金を活用した廃棄物処理施設の建設・運営に向け、神鋼環境ソリューションなど3社と公民連携協定を締結した。今後設立する特別目的会社（SPC）が事業主体となり、2029年度からの施設稼働を目指す。

2. 委託／指定管理者／市場化テスト

21年2月に内閣府は「成果連動型民間委託契約方式（PFS：Pay For Success）共通的ガイドライン」を公表した。これは、成果連動型の民間委託を行おうとする自治体や参加しようとする民間事業者、中間支援組織、資金提供者の共通理解や実務の参考としてもらうことを目的としたもの。近年、ソーシャル・インパクト・ボンド（SIB）のような成果によって民間事業者への支払いを変動させる取り組みが全国で増加してきているが、その評価指標の設定のあり方や案件形成の手順などが定まっていないため、成果連動によって支払い額の変動等を使用した場合の根拠に乏しい。同ガイドラインでは、英国で実施されている社会的費用対効果分析の手法の紹介をしながらも、国内においては現時点ではこの根拠となるデータの蓄積が進んでいないことから、事前の事業効果額の算出等は求めないとしている。一方で、成果指標の設定に当たってはマーケットサウンディングや小

規模のパイロット事業を実施することによって合理的な成果指標値の設定を確認することが有効であるとしている。英国では、SIB等が導入される以前から公共サービスの行政コスト単価評価などが長年行われてきた実績があり、公共サービスの実施に当たっての行政コストだけでなく、経済的便益、費用などの金銭価値化の手法検討が行われ、データが蓄積されている。国内でPFSやSIBが進んでいくためには、こういったデータの蓄積が欠かせない。これは、PFI等でも検討されている指標連動方式（アベイラビリティペイメント等）にも共通した課題である。

栃木県矢板市は、完全成功報酬型の償却資産の申告漏れ調査を委託した。未申告の償却資産を見つけた場合、新たに課税する税額の50％を報酬として支払う。委託先は栃木県内の企業で行政事務支援などを行っているアクリーグで、市の償却資産台帳や同社の独自システムを活用して未申告者を発見する。

指定管理者制度では近年、従来の3〜5年の管理の指定では民間事業者の創意工夫の余地が少なく、事業採算性も見込みづらいことから長期の賃貸借やコンセッションに切り替えたり、より長期の指定とする等の取り組みが行われたりするようになってきている。岡山県津山市では、元々指定管理者を想定して設計を行った市所有の町家の改修・運営にコンセッションを取り入れた。このほか、大阪府は府営の「大阪府民の森」の魅力向上のため、9園地のうち7園地で指定管理期間を従来の5年から10年に延長することに決めた。これにより、指定管理者がアスレチック施設などを設置しやすくなると期待している。

図表Ⅱ-1-2　委託／指定管理／市場化テストの動き

年月日	見出し	内容
2020/10/2	5000円の飲食店向け商品券＝高校生以下の子ども対象－千葉県多古町	千葉県多古町は、高校生以下の子どもを対象に、町内の飲食店で利用できる1人当たり5000円の商品券を5日に発送すると発表した。事業費は900万円で、町商工会が商品券の作成や広告宣伝、発送を担う。
2020/10/13	委託、ヤフー納税導入などで効果38億円＝神奈川県平塚市	神奈川県平塚市は、2016〜19年度の行財政改革で、小学校給食調理場の民間委託や、ヤフーを使った納税などで市税徴収に取り組み、歳出削減と新たな歳入確保の効果が計38億3700万円あったと公表した。民間委託したのは、給食調理のほか、粗大ごみ収集運搬、図書館の窓口対応などで、市が直営するより委託のほうが費用が安いと試算した計9業務。
2020/10/28	ふるさと納税、ゲーム形式で用途明確化＝長野県御代田町	長野県御代田町は、ゲーム形式でふるさと納税の使い方を紹介する特設サイト「みよたんクエスト」を開設した。町の事業を「クエスト」と見立て目標金額を設定し、到達するごとに町観光協会公認キャラクター「みよたん」が成長する。サイト制作費は約90万円。町内の広告会社や長野市の専門学校の学生らが制作した。
2020/11/11	遠隔手話通訳で問い合わせ対応＝東京都	東京都は、聴覚障害者の問い合わせに対応するため、遠隔手話通訳を導入した。手話通訳者を介したテレビ電話や文字チャットのシステムを利用し、聴覚障害者が在宅のまま都の職員とやりとりできるようにした。遠隔手話通訳は民間事業者に委託。
2020/12/7	図書館、美術館運営を民間委託へ＝熊本県宇城市	熊本県宇城市は、併設する市立の図書館と美術館が改修時期を迎えるのを機に、改修後の運営をレンタル大手「TSUTAYA」を展開するカルチュア・コンビニエンス・クラブに委託することを決めた。委託期間は2022年4月1日から5年間。
2020/12/16	通学バスと乗り合いタクシーを実証運行＝長野県茅野市	長野県茅野市は、通学バスと人工知能が経路を設定するオンデマンド型の乗り合いタクシーの有料実証運行を始めた。実効性を検証する。事業費は5000万円。5社に委託し、JR茅野駅周辺の32平方キロメートルの範囲で行う。

2021/ 2 / 1	ドクターヘリの財政支援強化＝人件費増などに配慮ー厚労、総務両省	厚生労働省と総務省は、全国的に配備が進むドクターヘリの運航経費に対する財政措置を拡大する方針を固め、都道府県に通知した。地方負担分は交付税で財政支援する。特別措置法に基づき都道府県が導入し、都道府県から委託を受けた活動拠点病院の「救命救急センター」が運営を行う。
2021/ 3 / 4	ワクチンをタクシー移送＝安全性向上、業界支援もー鹿児島県指宿市	鹿児島県指宿市は、新型コロナウイルスワクチンの高齢者、一般向け接種で、公用車の代わりにタクシーを使い、市保健センターから医療機関にワクチンを移送する。市内交通を熟知するドライバーに運転を委託して安全性を高めるほか、新型コロナの影響を受ける業者の支援も兼ねる。
2021/ 3 / 8	町内会活動のリモート化推進＝札幌市	札幌市は、町内会の会議や回覧板作業のリモート化を推進する。モデル事業は、市内10区の町内会から一つずつを選び実施。ズームやSNSの操作方法は、市が委託する民間企業が説明する予定。事業費は約1300万円。
2021/ 3 /23	障害者テレワーク、民間2社でモデル＝奈良県	奈良県は、民間企業2社で障害者のテレワーク就労をモデル的に実施する。県が委託する事業者が、就労体験をする障害者と受け入れ先企業の双方をサポートし、県内での障害者のテレワーク促進に生かす。
2021/ 3 /30	災害時医薬品の備蓄を市内薬局に委託＝埼玉県蓮田市	埼玉県蓮田市は、地震や豪雨などの災害に備え、医薬品を市内の処方箋薬局に分散備蓄する事業を始めた。備蓄先の選定などは市薬剤師会に委託。市内10カ所の処方箋薬局に分散させる。各薬局は専用の大型バッグに入れて保管し、災害時に市の要請を受けて、そのまま避難所に持ち込む。
2021/ 4 /20	県産品販売ポータルサイト開設へ＝和歌山県	和歌山県は、県産品を購入できるポータルサイト「おいしく食べて和歌山モール」（仮称）を開く。サイトの構築やサーバーの管理、インターネット交流サイト（SNS）などでのサイトの広告は、IT会社「BEE」に委託する予定。
2021/ 4 /20	たき火が売りのキャンプ場開業＝福岡県八女市	福岡県八女市は、2012年の九州北部豪雨で被災、流出した黒木町の夏季限定のキャンプ場を再整備し、通年営業のキャンプ場「奥八女焚火の森キャンプフィールド」を完成させた。運営は行政区長らでつくる指定管理者「奥八女自然楽校」が行う。
2021/ 6 / 3	成功報酬型で申告漏れ調査＝栃木県矢板市	栃木県矢板市は、5月から民間企業に委託し、償却資産の申告漏れ調査を開始した。未申告の償却資産を見つけた場合のみ、委託先に税額に応じて報酬を支払う完全成功報酬型を取り入れた。
2021/ 6 /14	自宅療養者のごみ出し、買い物を代行＝福岡県古賀市	福岡県古賀市は、自宅療養や自宅待機を指示された新型コロナウイルス感染者や濃厚接触者を対象に、ごみ出しや買い物を無料で代行する。親族や知人らから支援を受けられない対象者の依頼に応じ、代行を業者に委託する。
2021/ 6 /24	孤立支援に自宅以外の居場所＝神奈川県座間市	神奈川県座間市は、ひきこもりなどの社会的孤立状態にある人が無料で滞在できるフリースペースを開設した。県内の生協など3者で構成する共同企業体が、市から委託を受けて運営する。
2021/ 7 /14	ホール運営を劇団に委託＝福岡県芦屋町	福岡県芦屋町は、町の競艇場「ボートレース芦屋」の施設内にあるイベントホールの運営を福岡市の「劇団ショーマンシップ」に委託した。同劇団代表の仲谷一志氏によると、ホール運営の委託先に劇団が選ばれるのは珍しいという。
2021/ 7 /16	協力金支給を迅速化＝神奈川県	神奈川県は、新型コロナウイルス対策のまん延防止等重点措置などに伴う営業時間の短縮要請に応じた飲食店などへの協力金の支払いを迅速化させた。従来は申請後、50営業日程度かかることもあったが、6月30日以降の申請分については9営業日後の支給を始めた。
2021/ 8 / 6	ワクチン接種時の託児サービス開始＝岐阜県大垣市	岐阜県大垣市は、新型コロナウイルスのワクチン接種時に託児サービスを無料で利用できるサービスを始める。子どもの世話などを理由に接種会場へ赴くことに悩む子育て世代を支援する。NPO法人に業務委託し、既決予算で対応する。
2021/ 8 /13	自然公園の指定管理10年に＝アスレチック施設の整備促進ー大阪府	大阪府は、府営自然公園施設「大阪府民の森」の魅力を高めるため、7園地で指定管理者の申請条件を見直した。5年間だった指定管理期間を10年間に延長し、指定管理者がアスレチック施設などを整備しやすくする。
2021/ 8 /25	証明書交付、郵便局に委託＝北海道白老町	北海道白老町は、住民票の写しの交付など行政事務の一部を地元郵便局に委託する。委託するのは、戸籍謄抄本や納税証明書の交付、国民健康保険の被保険者資格取得・喪失届の収受、飼い犬の登録など14業務。現在、役場本庁や出張所で取り扱っているが、今後は町内4郵便局でも手続きを可能とする。
2021/ 8 /27	自宅待機者の観察を民間委託＝中間治療施設開設もー鹿児島県	鹿児島県の塩田康一知事は、新型コロナウイルスに対応する保健所業務の負担を軽減するため、自宅待機者の健康観察の一部を民間に委託すると発表した。同日からコールセンターを設置し、特に待機者が多い鹿児島市の患者への聞き取りを中心に運用を開始した。
2021/ 9 / 1	市広報車を代行運転に委託＝栃木県矢板市	栃木県矢板市は、新型コロナウイルスの感染拡大で打撃を受ける運転代行業者を支援しようと、感染防止対策などを市民に呼び掛ける広報車の運転業務を委託している。現在4人の代行運転手が担当し、1日1〜2人が広報車を運転している。

| 2021/10/28 | 下水分析でコロナ流行状況把握へ＝大阪府貝塚市 | 大阪府貝塚市は、新型コロナウイルスの流行状況を早期に把握するため、下水の分析を開始した。週1回、市内の広範囲から下水が集中するマンホール1カ所で採水。採取した水は、島津製作所の子会社で調査・分析を手掛ける島津テクノリサーチ社に分析を委託。 |

3. 民営化

　宮城県仙台市が事業者選定を進めていた市営ガスの民営化事業は、事業継承者として応札した1者が選定に至らず、振出しに戻った。民営化推進委員会によって行われた事業者の審査で最優秀提案者の該当なしとの答申が市に提出された。事業方針や安定供給体制・保安体制、地域経済への貢献としての新たな事業等は評価されたものの、民営化後5年で約2万件の顧客減少を見込んでいることが事業者募集の趣旨に整合せず、民営化のメリットが実感できないとした。

　これを受けて仙台市は優先交渉権者なしとしたことを発表した。郡和子市長は、公営事業では制約が多く民間の知恵やビジネスの多角化によってガスの永続的な発展が可能だという考え方を示しており、記者会見でも「今後も民営化が必要である、事業形態を変えていく必要があるということには全く揺るぎがございません」と述べ、今回の公募で応募者が1者に留まった背景や事業環境、募集条件なども検証し、新たな公募に向けた検討を行うとの考えを明らかにした。

　国土交通相の諮問機関である社会資本整備審議会は、高速道路の維持管理・更新・改良投資の財源を確保するため、現在2065年までとしている料金徴収期間を延長することが妥当であるとする中間答申をまとめた。建設費が償還されても大規模更新や維持管理にかかる費用を確保することが必要だと判断した。民営化当初は民営化後45年間の料金徴収を行うとしていたが、その後笹子トンネルの崩落事故等もあり65年まで延長された。高速道路の混雑具合に応じて料金を変動させる「変動料金制」の導入も提言している。変動料金には、夜間や休日等の料金を平日昼間の料金と変動させるものや、実際の車線の混雑具合に合わせてリアルタイムで変動させるものがある。中間答申では交通需要に応じて、一定時間ごとに変動する機動的な料金の導入を目指すべきであるとし、また建設に係る資材や労務単価の変動に合わせて調整する仕組みも必要であるとした。

図表Ⅱ-1-3　民営化の動き

年月日	見出し	内　　容
2020/11/6	村立幼稚園を民営化＝沖縄県中城村	沖縄県中城村は、村に2園ある村立幼稚園を廃止し、民間の認定こども園に移行させる。子どもを幼稚園よりも保育園へ通わせたい村民の需要の高まりを背景に、運営費削減が狙いだ。村立幼稚園の人件費などの運営費用は、昨年1年間で約5000万円だったが、民間に移行することで約3900万円に抑えられるという。
2020/12/24	ドコモ、25日上場廃止＝NTTが完全子会社化	NTTドコモの株式が、親会社のNTTによる株式公開買い付けの成立を受け、上場廃止となる。NTTは約4兆3000億円を投じて「稼ぎ頭」のドコモを完全子会社化し、海外展開の加速に向け、グループ経営を強化する。ドコモ株は1998年10月、東証1部に上場した。

2020/12/25	JR北海道に1300億円支援＝異例の増額、四国は1000億円－政府	国土交通省は、経営難のJR北海道に2021年度から３年間で1302億円の財政支援を実施すると発表した。JR四国には５年間で1025億円を支援する。新型コロナウイルスの影響で旅客収入が落ち込んでおり、地域交通インフラ維持のため異例の大幅増額による支援継続が必要と判断した。
2021/ 1 /23	車両取得費を支援＝JR北に、国と－北海道	北海道は、経営難のJR北海道への支援策として、観光列車に活用できる車両の取得費を国と共同で支援する方針を明らかにした。車両は第三セクターが所有し、JR北に無償貸与して鉄道の利用促進を後押しする。
2021/ 3 /23	ゆうちょ銀に「フラット35」認可へ＝郵政民営化委が容認、地銀反発	政府の郵政民営化委員会は、ゆうちょ銀行が新規業務として申請した長期固定金利の住宅ローン「フラット35」の取り扱いについて、「利用者利便の向上につながる」として容認する意見書を決定した。これを受け、総務省と金融庁は認可手続きに入る。
2021/ 4 / 7	JR東・西、20年度鉄道収入半減＝コロナで民営化後最悪	JR東日本とJR西日本は７日までに、2020年度の鉄道営業収入が前年度と比べて半減したと発表した。新型コロナウイルス感染拡大で鉄道利用が低迷し、下落幅は両社とも1987年の旧国鉄分割民営化以降で最悪。
2021/ 4 /27	JR東海、民営化後初の赤字＝コロナで利用者減－21年３月期	JR東海は、2021年３月期の連結純損益が2015億5400万円の赤字（前期は3978億8100万円の黒字）に転落したと発表した。通期での赤字は1987年の民営化後、初めて。
2021/ 5 /20	大阪メトロ、民営化後初の赤字＝コロナで乗客３割減－21年３月期	大阪市を中心に地下鉄を運行する大阪メトロが20日発表した2021年３月期連結決算は、純損益が43億円の赤字（前期は271億円の黒字）に転落した。赤字は18年の民営化後初めて。
2021/ 5 /27	成田空港会社、民営化後初の赤字＝コロナ直撃	成田国際空港会社は、2021年３月期連結決算の純損益が714億円の赤字（前期は244億円の黒字）に転落したと発表した。赤字は04年の民営化以来初めて。
2021/ 6 /11	昨年度、４社が民営化後初の赤字＝外出自粛響く－高速道路６社	高速道路６社の2021年３月期連結決算が出そろった。新型コロナウイルス感染拡大による外出自粛で料金収入が減少し、純損益は阪神高速を除く５社で赤字となった。うち首都高以外の４社が05年の民営化以降初めて赤字に転落。サービスエリアとパーキングエリア事業の減収も響いた。
2021/ 7 / 6	料金徴収、債務返済後も継続＝高速道、永続化は結論見送り－国交省	国土交通省は、2065年までとしている高速道路の通行料金徴収について、同年に建設費が償還された以降も継続して徴収する方向で検討する。将来的に大規模更新や維持管理の費用が見込まれることから財源を確保する必要があると判断。徴収期間を延長する案が出ており、今夏に方向性をまとめる。
2021/ 9 / 8	仙台市ガス、22年度民営化見送り＝公募で継承者決定せず	仙台市は、ガス事業の2022年度中の民営化に向けて実施していた継承者の公募について、優先交渉権者を決定せず終了すると発表した。東北電力を代表とし、東京ガスや石油資源開発、カメイで構成するグループのみが応募していたが、市は有識者委員会の答申を踏まえて決定を見送り、22年度中の民営化は実質困難となった。
2021/10/25	郵政株、売却収入8367億円＝震災復興財源に充当－政府	財務省は、政府が保有する日本郵政株の追加売却価格を１株820.6円に決めたと発表した。売却株式数は約10億2747万株で、証券会社に支払う手数料を差し引いた売却収入は約8367億円となる。政府による日本郵政株の売却は３回目で、収入はすべて東日本大震災の復興財源に充てる。

4. 第三セクター

　総務省がまとめた第三セクター等について地方公共団体が有する財政的リスクの状況に関する調査結果によると、2019年度の調査対象となった1112法人のうち、債務超過となっているのが222法人で前年から６法人減少した。

　コロナ禍の影響を受けた地方公営企業の資金不足を補うための「特別減収対策企業債」の20年度の発行実績は90団体782億円に上った。交通事業が10団体532億円、病院事業が70団体247億円。当初は20年度に限った措置として導入されたが、21年度も継続して発行され、交通事業者などからはさらに継続を要望する声が上がっている。

　総務省が調査した市町村などが運営する簡易水道事業と下水道事業の公営企業会計適用の取り組み状況によると、2021年４月１日時点で人口３万人以上の団体では、簡易水道事業、公共下水道事業・流域下水

道事業とも、適用済みまたは取り組み中とした団体が100％となった。人口３万人未満の団体では簡易水道事業の適用済みまたは取り組み中と回答した団体が87.8％、下水道事業では同90.6％だった。

　徳島県と高知県を結ぶ三セクの阿佐海岸鉄道は、道路と線路の両方を同じ車両で走行できるデュアル・モード・ビークル（DMV）の21年中の営業運行開始に向けて準備を進めている。DMVは自動車のタイヤと鉄車輪を備えたマイクロバスで、約15秒で切り替えが可能。室戸岬などの観光地へのアクセス向上や燃料費の削減、鉄道ファンの集客が期待されている。

図表Ⅱ-1-4　第三セクターの動き

年月日	見出し	内　　容
2020/11/30	DMV開業で鉄道車両引退＝世界初の営業運行へ－徳島	徳島・高知両県を結ぶ第三セクターの「阿佐海岸鉄道」（8.5キロ）で、鉄道車両が引退した。運休期間を経て、今年度中を目標に、道路と線路を同じ車両で走行できる「デュアル・モード・ビークル（DMV）」の世界初の営業運行を目指す。
2020/11/25	公立病院に活用、34団体166億円＝コロナ対策の特例企業債－総務省	新型コロナウイルス感染拡大の影響で生じた地方公営企業の資金不足を補う「特別減収対策企業債」について、９月末までに38団体が発行手続きを終え、同意等実績額の合計は約238億円となったことが分かった。総務省によると、このうち34団体は病院事業への活用で、同意等実績額は約166億円に上った。
2020/12/25	くま川鉄道再生協議会設立＝地元10市町村、同社と－熊本県	熊本県は、県南部を中心に襲った７月豪雨で被災し、全線運休中の第三セクターくま川鉄道の復旧に向け、人吉市など地元10市町村と同社とともに「くま川鉄道再生協議会」を設立した。
2021/1/3	三セク鉄道、運転再開に決意＝同業者、住民ら後押し－熊本豪雨半年	昨年７月、熊本県南部などを襲った記録的豪雨から半年。車両や鉄橋などに大きな被害を受けた第三セクターくま川鉄道は、現在も全線運休が続く線路への土砂流入や駅ホームの流失など、被害総額は概算で46億円に上った。くま川鉄道は全線復旧に向け、国が復旧費の97.5％を負担する支援制度の適用を見込んでいる。
2021/3/26	社長に県土木部長の小川氏＝並行在来線準備会社－福井県	2024年春の北陸新幹線福井県内延伸開業に併せ、JR西日本から経営分離される並行在来線を運行する第三セクターの準備会社は取締役会を開き、西村利光社長の後任に県土木部長の小川俊昭氏を選任した。
2021/4/12	追加経費の全額措置を＝並行在来線、赤羽国交相に－杉本福井知事	福井県の杉本達治知事は、赤羽一嘉国土交通相と福井市内で面談した。杉本知事は、北陸新幹線県内延伸開業の遅延に伴い発生する県並行在来線準備会社の追加経費について、国が全額措置することなどを改めて求めた。開業後は第三セクター会社が運行を担う。
2021/6/1	アドバイザー派遣、申請370件＝公営企業の経営改善支援－総務省	総務省が2021年度に創設した地方公営企業の経営改善などを支援するためのアドバイザー派遣事業の１次募集に、370件の申請があった。派遣事業は地方公共団体金融機構と共同で実施。６月に２次募集を開始する。
2021/7/19	97％が経営戦略策定＝公営企業、今年度末までに－総務省	水道や下水道事業など地方公営企業の97％が2021年度末までに、中長期的な基本計画に当たる「経営戦略」を策定する見通しであることが分かった。総務省は、取り組みが遅れている団体に公認会計士や経営コンサルタントらをアドバイザーとして派遣する事業などを通じ、21年度末までにすべての事業について経営戦略策定にめどを付けたい考えだ。
2021/8/26	譲渡額約70億円でJR西と合意＝経営分離の並行在来線－福井県	2024年春の北陸新幹線金沢―敦賀間の延伸開業に伴い、JR西日本から経営分離される並行在来線について、杉本達治知事はJR西日本の長谷川一明社長とオンラインで会談し、JR西から鉄道資産や車両を約70億円で譲り受けることで基本合意した。県の実質負担額は、約39億円となる見通し。
2021/9/24	アドバイザー派遣555件＝公営企業の経営改善支援－総務省	総務省は、経営戦略策定や公営企業会計の適用といった経営改善の取り組みが遅れている市区町村・公営企業を支援するため、地方公共団体金融機構と共同で今年度創設したアドバイザー派遣事業について、申請状況をまとめた。申請数は１次、２次募集を合わせて555件。
2021/10/29	「済み・取り組み中」９割近くに＝簡易水道の公営企業会計適用－総務省	総務省は、市町村などが運営する簡易水道事業と下水道事業の公営企業会計適用の取り組み状況をまとめた。人口３万人未満の団体で見ると、４月１日時点で「適用済み」または「適用に取り組み中」だったのは、簡易水道が全体の87.8％（2020年４月１日時点は68.0％）、下水道が90.6％（同68.0％）。

第2章

公民連携の動き（公共資産活用型）

　本章では、公共資産活用型のPPPの最近の動きを紹介する。この類型は、資産を公共が保有し、その空間を民間事業者が利用して事業を行うものを指す。

1. 公共施設活用

　各地方公共団体は「経済・財政再生計画改革工程表2017改訂版」において「固定資産台帳が整備され保有する財産の状況が網羅的に把握された時点で、保有する財産の活用や処分に関する基本方針について検討」することとされており、これまでに都道府県のうち36団体、20ある政令市のうち16団体が基本方針を策定し公表している。一方で固定資産台帳の整備・公表は都道府県のうち23団体、政令市のうち9団体が総務省のホームページで公表されている。

　埼玉県寄居町は、中心市街地にある旧役場跡地で今後広場として整備される予定地での使い方を検討するための社会実験として「GOOD PARK」を民間主導で整備した。主催したのは都市再生推進法人に指定されている「まちづくり寄居」。農業用パレットを活用して寄せ植えやベンチ、カウンターを整備し、飲食店や物販店の出店、イベントの開催などを可能にした。

図表Ⅱ-2-1　公共資産活用の動き

年月日	見出し	内　容
2020/10/12	公用車をオークション出品＝茨城県東海村	茨城県東海村は、古くなった村バスと副村長車をインターネットオークションで売却する。公有財産を活用し、財源確保の一助としたい考えだ。滞納で差し押さえた財産の出品はこれまでも行っていたが、公有財産のオークションは村として初。
2020/10/27	マイナス入札第2弾を実施へ＝埼玉県深谷市	埼玉県深谷市は、2019年10月に廃止となった「旧本郷農業総合センター」敷地について、建物の解体などを条件としたマイナス入札を行う。敷地の地目は宅地で、面積は約1500平方メートル。土地価格から解体費用を除いた予定価格は、マイナス約1700万円。
2020/11/20	旧庁舎を貸し出し＝青森県南部町	青森県南部町は、まもなく完成する統合庁舎に役場機能を移した後、旧庁舎を起業家や町内の各種団体などに有償で貸し出す。起業家の支援とともに、独自財源を捻出する効果を見込む。契約期間は最長1年間で、その後は自動更新される。
2021/1/4	ワーケーション施設を整備＝沖縄県名護市	沖縄県名護市は、観光地で余暇を楽しみながら働く「ワーケーション」の拠点施設を整備する。内閣府沖縄総合事務局の研修所だった築28年の建物が、8年間使われていないことに着目し、改修して使用し、一部は新築する。
2021/1/7	県営施設にテレワークルーム＝福井県	福井県は、働き方改革や新型コロナウイルスでテレワークの需要が高まっている現状を踏まえ、中小企業産業大学校にテレワークルームをオープンした。
2021/1/15	「砂丘ホテル」、コロナで開業延期＝鳥取市	鳥取市は、市が保有する鳥取砂丘西側の未利用地を民間事業者に売却し、高級ホテルを誘致する計画を約2年延期すると発表した。整備事業者とホテルブランドとの交渉が難航しているためで、事業者側から昨年末、計画変更の申し出があった。

2021/ 4 /14	官民連携による実証実験の取り組み－公共空地を活用した広場GOOD PARK第2弾スタート－＝埼玉県寄居町	埼玉県寄居町では、中心市街地活性化事業によるまちづくりを進めている。中心市街地の旧役場跡地で、暫定的な「つくる前につかう」広場として、民間主導により設置された「GOOD PARK」で実証実験を実施した。
2021/ 5 /11	合葬式墓地の整備を開始＝名古屋市	名古屋市は、市営墓地公園に、一つの墓に複数の焼骨を埋葬する合葬式墓地の整備を始めた。市民や利用者にアンケートを実施。「墓を管理する人がいない」「継承しない墓地が欲しい」といった声が多く聞かれたとして、整備を決めた。清掃などは公園の指定管理者が行うため、利用者の負担軽減につながる。
2021/ 6 /30	未利用財産活用へサウンディング調査＝鳥取県	鳥取県は、県が管理する未利用財産について、民間事業者の購入や借り受けの意向をサウンディング調査する取り組みを今夏から始める。未利用財産の一覧も作成し、県ホームページに掲載する。
2021/ 8 / 2	旧分校を宿泊施設に改修＝福島県玉川村	福島県玉川村は、廃校の旧四辻分校を大規模改修し、体験型宿泊施設としてオープンした。改修費用は3億3700万円。村の地域創生事業などを担う「たまかわ未来ファクトリー」が指定管理者として運営する。
2021/ 8 /10	企業の独自技術に公共施設＝大阪府岸和田市	大阪府岸和田市は、独自の技術やアイデアを持つ民間企業を呼び込もうと、ビジネスの場などとして市内の公共施設を提供する実証事業を始めた。企業からの提案を踏まえ、提供可能な公共施設などを選定する。市管理以外の施設についても、関係機関との調整を経て、事業に活用できるようにする。
2021/ 8 /18	市営住宅、空き駐車場をシェア＝名古屋市	名古屋市は、駐車場事業を行う「タイムズ24」と、市営住宅駐車場の空き区画をシェアリング事業などに活用する実験を始めた。事業を行うのは12団地86台分で、ウェブサイトから事前予約すると1日当たり200～500円で駐車場を利用できる。
2021/10/15	中学校跡地で実験的事業＝土地活用の可能性探る－静岡県島田市	静岡県島田市は、地域のにぎわい創出などを目的として、民間事業者が公共施設などを一時的に活用する「トライアル・サウンディング」に取り組んでいる。来年1月末までの期間中、市内の旧金谷中学校跡地を無償で提供することにしており、希望する事業者を随時募集。

2. ネーミングライツ（命名権）／広告

　ネーミングライツは、施設等に名前を付ける権利を希望者に与え、その対価を受け取ることで施設の維持管理等に係る費用を負担するもの。近年は大規模な施設だけでなくバス停や歩道橋等にネーミングライツを募集する案件も増えている。小規模な案件はネーミングライツを獲得する企業が見つからないものも多くなる。このため、自治体によっては、ネーミングライツを設定したい施設や場所を民間事業者から募集するところもある。

　21年9月に開幕した女子サッカーのプロリーグ「WEリーグ」の浦和レッズレディースは、チーム名にネーミングライツを設定した。三菱重工業がネーミングライツを獲得し、チーム名は三菱重工浦和レッズレディースに変更した。

　東京都は、5Gのアンテナ基地局やWi－Fi等の機能を持つ「スマートポール」に電子広告を表示することで保守・運営経費を賄うことができるかの検証を行った。複数の企業が異なるデザイン、搭載機能のポールを設置して実現性、デザイン性、サービス有用性、収益性を20年度に検証した。21年度には面的に5Gを設置して運用する事業者を新たに募集した。

図表Ⅱ-2-2　ネーミングライツ（命名権）／広告の動き

年月日	見出し	内　容
2020/10/ 5	ビーチの命名権募集＝沖縄県豊見城市	沖縄県豊見城市は、所有するビーチなど３施設のネーミングライツを企業から募集し、財源確保に生かす計画を進めている。命名権を募集したのは「美らSUNビーチ」や市民体育館、テニスコートの３施設。年額はそれぞれ300万円、250万円、100万円からで、契約期間は３年間とした。
2020/11/20	「レモンガススタジアム平塚」に＝平塚競技場の命名権	神奈川県平塚市は、平塚競技場の命名権で、市内のエネルギー販売会社レモンガスと契約締結、愛称を「レモンガススタジアム平塚」に決定したと発表した。期間は５年。同社は年2021万円を市に支払う。市が交わした命名権契約では最高額。
2020/11/27	沖縄市、J2サッカーで冠試合＝ホームタウン10周年記念	沖縄市は、サッカーJ2「FC琉球」の試合の名称に自治体名を使用する冠試合「沖縄市GOスペシャルマッチ」を開催する。冠試合は、企業が公共施設などのネーミングライツを取得するのと同様、試合の名称に企業名などを使用するもの。今回の冠試合に関し、沖縄市が負担する協賛金はない。
2020/12/10	来年から「バンテリンドーム」＝ナゴヤドーム、初の命名権	プロ野球中日が本拠地球場とするナゴヤドームは、2021年から名称を「バンテリンドーム　ナゴヤ」に変更すると発表した。ネーミングライツの導入は1997年の開場以来初めて。興和が命名権を取得することで合意した。期間は５年間。
2020/12/23	バス停の命名権販売＝石川県野々市市	石川県野々市市は、市が運行するコミュニティーバス「のっティ」が止まるバス停のネーミングライツを販売する。４路線121あるバス停のうち、本名称約80カ所、副名称約100カ所が対象。本名称が年間20万円、副名称が同10万円で、契約は５年ごとに更新する。
2021/ 2 / 2	J2甲府、本拠地「JITス」に	J2甲府は、本拠地とする山梨県小瀬スポーツ公園陸上競技場の名称が「JIT　リサイクルインク　スタジアム」に変更されると発表した。期間は３月１日から５年間。プリンター用インクカートリッジの製造や販売などを行うジットが命名権を獲得した。
2021/ 3 / 5	三菱重工に命名権＝WEリーグの浦和	９月開幕のサッカー女子プロリーグ「WEリーグ」の浦和は、チームの呼称を浦和レッズレディースから三菱重工浦和レッズレディースに変更すると発表した。三菱重工業がリーグが認めているネーミングライツを取得した。契約は３年間。
2021/ 3 /24	「中部電力ミライタワー」に名称変更＝名古屋テレビ塔	名古屋テレビ塔は、中部電力に命名権を有償で付与し、名古屋テレビ塔の名称を「中部電力 MIRAI TOWER（ミライタワー）」に変更すると発表した。５月１日から新名称の使用を開始する。期間は３年間。
2021/ 4 /27	路上変圧器にデジタル広告＝財源確保へ社会実験―那覇市	沖縄県那覇市は、路上の変圧器にデジタルサイネージ（電子看板）を取り付け、企業広告などを表示している。財源確保を目指したもので、官民協働の社会実験を３月から始めた。広告収入のめどが立てば、規模を拡大し事業化を検討する。
2021/ 4 /30	SDGs企業のマンホール広告＝愛知県豊橋市	愛知県豊橋市は、中心市街地２カ所に広告付きマンホールふたの設置を始める。広告主は、市の「豊橋市SDGs推進パートナー」に認定された企業２社で、自主財源の確保、下水道事業と企業のPRが目的。
2021/ 5 / 6	広告収入を保守・運営費に＝スマートポールで検証―東京都	東京都は、高速大容量規格「5G」のアンテナ基地局やWi－Fiなどの機能を備えた「スマートポール」について、搭載するデジタルサイネージ（電子看板）の広告収入などで保守や運営に必要な経費を賄う検証に着手する。スマートポールの展開方針の明確化に役立てる考えだ。
2021/ 6 /11	子育てハンドブックを刷新＝香川県さぬき市	香川県さぬき市は、子育て世帯向けに役立つ行政や民間サービスを紹介する子育てハンドブック「すくすくさぬきッズ」を３年ぶりに刷新した。2800部発行し、妊娠届け時に手渡しするほか、市内の児童館や図書館でも受け取れるようにした。行政情報誌を発行するサイネックスと広告費を募って作製したため、事業費はゼロ。
2021/ 7 /27	マンホールに企業広告＝福岡県中間市	福岡県中間市は、歩道にあるマンホールのふたを広告媒体として企業に活用してもらう事業に乗り出した。老朽化したマンホールふたを取り換える費用などに充当する。広告料は月8250円。２カ所以上に広告を出す場合は、１カ所月5500円。

第3章 公民連携の動き（規制・誘導型）

本章では、規制・誘導型のPPPを取り上げる。規制・誘導型は政策目的や公共の福祉に利する活動を民間に行ってもらうように規制や誘導を行う事業を指す。

1. 雇用／産業振興

東京商工リサーチによると、コロナ禍の経済対策等による支援で2020年度の倒産件数は30年ぶりに8000件を下回る7163件の低水準となったものの、コロナ禍の影響が長引く中で企業の過剰債務につながっている。また、負債1000万円以上の倒産が減少した一方で1000万円未満の倒産は初めて600件台にのぼり、また、後継者難で倒産した企業も過去最多の354件だったという。この傾向は21年度上半期も継続し、全体の倒産件数はバブル期末期に次ぐ低水準となったものの、倒産企業に占める中小の割合が高く、事業再建を諦め破産を行う企業が増加しているという。政府や自治体からの手厚い支援が倒産回避に効果を発揮した一方で、中小企業にとっては厳しい状況となっているといえるだろう。

広島県福山市は、大都市などから市内の企業へ転職を希望する人を対象とした社会人向けインターンシップ事業を始めた。コロナ禍で大都市圏から地方部への移住を検討する人たちが増えていることを受けて、市が主催することとした。運営はインターンシップサービス「プロキャリ」を運営するIKIGAIが手掛けている。対象は広島県外の転職希望者で新卒は除く。福山市内の約30社での受け入れが予定されているという。

図表Ⅱ-3-1　雇用／産業振興の動き

年月日	見出し	内　容
2020/10/ 1	スタートアップ企業と課題解決＝兵庫県川西市	兵庫県川西市は、スタートアップ企業から地域課題の解決策を募集し、共同で実証実験を実施する。民間企業のノウハウを取り入れ、官民連携でより良いまちづくりを進める狙い。実証実験の対象に選ばれた提案には、開発支援金として最大25万円を支給する。
2020/10/ 9	政投銀、中小企業の事業承継支援＝ファンド設立、経営者育成にも	日本政策投資銀行は、企業のM＆Aを仲介する日本M＆Aセンターなどとともに、中小企業の事業承継を支援するサーチファンド運営会社を設立したと発表した。後継者不足が深刻化する中、経営に関心がある優秀な人材と中小企業をつないで事業承継を実現させるとともに、経営に興味のある若者を支援し、日本経済の活性化につなげる。
2020/10/12	信金・信組と「共創宣言」＝コロナ下で創業や事業承継支援－群馬県	群馬県と県内の信用金庫、信用組合の各団体は、新型コロナウイルスの感染が続く中で地域経済を支え、創業や事業承継などを連携して支援しようと、共同で「ぐんまの地域づくり共創宣言」を発表した。山本一太知事は会見で、「信金・信組の方々は地域に愛情があり、中小・零細企業に一番近いところにいる。役割が一層大事になってきている」と強調した。

2020/10/14	都内にサテライトオフィス＝栃木県宇都宮市	栃木県宇都宮市は、東京圏の人や企業を市内に呼び込む拠点として都内に「宇都宮サテライトオフィス」を開設した。ベンチャー企業などの育成を支援する施設「CIC東京」に設け、異業種との交流や市の魅力発信を通して、市内企業との事業連携を後押しする。
2020/10/16	東京都、金融企業誘致へ香港に窓口	東京都は、香港の金融企業や人材を誘致するため、現地に相談窓口を開設した。情報発信や市場動向の調査も担う。都はこれまで、東京での事業展開を目指す海外の金融企業向けに、ワンストップの支援サービスを行ってきたが、外国に窓口を設置するのは初めて。
2020/10/19	伝統産業支援に1000万円＝茨城県結城市	茨城県結城市は、新型コロナウイルスの影響で販売が低迷している高級絹織物「結城紬」など地元の伝統工芸品を生産する業者を支援するため、総額1000万円の補助金を支給する。対象は、結城紬、きり製品、繭工芸品の生産業者で、材料費など経費の一部を出す。
2020/10/20	異業種交流にeスポーツ大会＝「Ieリーグ」月1ペース＝茨城県	茨城県は、県内の企業や団体の異業種交流を目的としたeスポーツの交流戦を行う。「Ibaraki esports League」の頭文字を取り、「Ieリーグ」と名付けた。今後も月1回のペースで継続する予定だ。
2020/10/26	遊休資産活用の中小製造業支援＝山口県など	山口県と県産業技術センターは、新型コロナウイルスの影響で、売り上げや工場稼働率が低下した製造業の中小企業を対象に、使われなくなった生産設備などを有効活用して新商品の開発に取り組む場合、最大225万円を補助する。
2020/10/26	海外での県産品通販支援＝沖縄県	沖縄県は、県内事業者の海外通販サイトでの県産品販売を支援する。新型コロナウイルスの感染拡大で、海外の実店舗の特設コーナーなどで販売するのが困難な中、通販での輸出拡大を図る。
2020/10/30	社会人向けインターンシップ＝広島県福山市	広島県福山市は、大都市などの転職希望者を対象に、市内の企業への就職を促進するため、社会人向けインターンシップ事業を始めた。市によると、自治体が主催する社会人向けインターンシップは全国初という。
2020/11/2	大規模オフィス移転・整備に各10億円＝和歌山県	和歌山県は、100人以上の大規模なオフィスの移転と建設整備に対し、それぞれ最大10億円を補助する奨励金を創設する。県内では例が少ない大型の企業誘致実現を目指す。
2020/11/4	地元商店街の弁当配布＝新型コロナ宿泊療養者に＝神奈川県	神奈川県は、新型コロナウイルスに感染した宿泊療養患者に対し、関内まちづくり振興会加盟の飲食店による弁当の配布を始めた。1人で約1週間療養する患者の不安を和らげるのが狙い。配布するのは1個1500円程度の弁当で、火・金曜日に出す。
2020/11/4	コロナ対策事業者に支援金5万円＝大阪府柏原市	大阪府柏原市は、府の新型コロナウイルス「感染防止宣言ステッカー」を掲示している市内事業所、店舗などを対象に支援金5万円を支給する取り組みを始めた。感染拡大防止と事業継続の両立支援が目的。
2020/11/5	金魚関連事業者に支援金＝奈良県大和郡山市	奈良県大和郡山市は、新型コロナウイルスの影響で苦境に立つ金魚関連の事業者に20万円を交付する金魚産業支援金制度を設けた。対象は、県郡山金魚漁業協同組合の組合員か、市内に養殖池か販売用の店舗のどちらかを持つ業者。
2020/11/9	中小企業のDX事業を支援＝新潟市	新潟市は、新型コロナウイルスの感染拡大で顕在化したビジネス課題に対し、デジタル技術を活用したDXで解決に取り組む中小企業を支援する。3件程度の採択を見込み、1件当たり500万円を上限に経費の3分の2を補助する。
2020/11/9	中小企業の新規雇用に奨励金＝大阪府門真市	大阪府門真市は、新型コロナウイルス感染拡大に伴う景気悪化に対応する緊急経済対策を始めた。中小企業が市民を新規に正規雇用した場合に1人につき20万円を奨励金として支給するほか、小規模事業者のIT導入費用を20万円を上限に3分の2以内で補助する。
2020/11/10	企業の県内移転に助成金＝山梨県	山梨県は、県外から移転してきた企業や県内で創業した企業を対象に、オフィス設置費用や施設の借り上げ費用などを助成する制度を始めた。オフィスや研究施設、社宅などの整備に掛かる費用について、1500万円を上限に10%分を助成する。
2020/11/12	先払いアプリで飲食店支援＝大阪府柏原市	大阪府柏原市は、新型コロナウイルス感染拡大で打撃を受けている市内飲食店支援のため、代金を先払いできるアプリを公開する。非接触で売り上げが事前に入るようにし、飲食店を下支えするのが狙い。市内の古賀印刷が開発と運用に当たる。
2020/11/12	2拠点活動の地域おこし隊員＝静岡市	静岡市はこのほど、市内と首都圏の二つの拠点で活動する地域おこし協力隊員を委嘱した。テレワークによる活動などを通じて首都圏からの移住促進や企業誘致を強化する狙い。同市の協力隊員で二地域居住者は初めて。
2020/11/24	ネット商店街を開設＝埼玉県所沢市	埼玉県所沢市は、所沢にまつわるポータルサイト「所沢なび」内に、市内店舗の通販サイトをまとめた「所沢ネット商店街　とこモール」を民間に委託して開設した。所沢の商品を多くの人に知ってもらうことが目的。事業費は300万円。

2020/11/26	県産品の消費促進などで協定＝滋賀県と楽天	滋賀県と楽天は、県産品の持続可能な消費促進やデータ利活用を通じた地域活性化などに関する包括的連携協定を締結した。環境に配慮した県産品の販売促進や楽天のデータを活用した施策立案などにつなげる。
2020/12/10	市内限定のプレミアム電子商品券＝兵庫県川西市	兵庫県川西市は、新型コロナウイルス感染拡大の影響を受けた市内の事業者を支えようと、12月から「電子プレミアム付き商品券」の販売を始めた。今回はLINE（ライン）を活用。スマートフォンで支払う非接触型とした。
2020/12/15	リニア駅周辺整備、産業用途で「共同歩調」＝山梨県と甲府市	山梨県の長崎幸太郎知事と甲府市の樋口雄一市長は、2027年開業予定のリニア中央新幹線の新駅周辺の整備について、企業誘致など産業用途として開発していく方針で一致した。県と市は今後、事務レベルの会議を設置して協議していく方針だ。
2021/1/15	航空機産業支援へ協議会＝コロナ禍で需要急減－経産省	経済産業省は、新型コロナウイルス感染拡大で需要の急減に見舞われた航空機産業を支援するため、関係機関による協議会の初会合を開いた。川崎重工業やIHIをはじめとする大手企業や業界団体に加え、政府系金融機関の幹部らが出席。
2021/1/21	コロナ廃業店舗での新規事業に奨励金＝山口県萩市	山口県萩市は、新型コロナウイルスの感染拡大で廃業した店舗の再利用を促進するため奨励金を創設した。物件の取得費や施設改修費が5000万円以上の事業で、新設であれば経費の5％、改修なら5％の3分の2について、5000万円を上限に補助する。新たに従業員を5人以上雇用することも条件とする。
2021/1/22	ソニー損保と立地協定＝事業所増設で50人新規雇用へ－熊本市	熊本市は、ソニー損害保険が市内の事業所を増設することを受け、熊本県の立ち会いのもと立地協定を結んだ。投資額は1000万円。1月に操業を始め、50人の新規雇用を予定している。
2021/1/25	地元食材を町外飲食店に無償提供＝高知県中土佐町	高知県中土佐町は、新型コロナウイルスの感染拡大で需要が減少した地元産の農水産物や加工食品を買い取り、町外の飲食店に無償提供している。町内生産者や都市部にある飲食店の支援、販路拡大が目的。
2021/2/5	デリバリー配達料を全額負担＝熊本市	熊本市は、出前などで飲食宅配代行業者を利用する際、注文者が負担する配達料を全額補助する。市内の飲食店のデリバリーを利用する際、注文者が支払う配達料を、市が直接、指定業者に支払うことで全額負担する。配達先は市内のみ。
2021/2/10	高校卒業生にスーツ購入クーポン券＝広島県福山市	広島県福山市は、市内に本社を置く紳士服大手の青山商事と連携し、3月に卒業する高校生に対して、スーツなどの購入に利用できるクーポン券を発行している。クーポンは2万円分で、税込み計2万5000円以上の商品を購入する際に利用できる。
2021/2/17	郊外の企業立地に補助拡大＝横浜市	横浜市は、市内に本社や工場を新設する企業を支援する「企業立地促進条例」を改正し、郊外への立地補助を拡充する。企業が本社や研究所、工場を整備するため、土地、家屋、設備などの固定資産を取得する際の助成について、これまで費用の8％と比較的低く設定していた郊外地域の補助率を10％に引き上げる。
2021/3/11	企業誘致へ「お試しワーク」＝静岡県焼津市	静岡県焼津市は、首都圏の企業で勤務する人を対象に、市内に宿泊して地場産業などを体験してもらう「やいづお試しワーク」を実施する。市の魅力を知ってもらい、企業やサテライトオフィスの誘致につなげる狙い。
2021/3/16	ANAグループ社員3人受け入れ＝任期付き職員として1年間採用＝三重県	三重県は、ANAホールディングスのグループ企業の客室乗務員1人とグランドスタッフ2人を県職員として受け入れると発表した。県からの提案に基づくもので、任期付き職員として4月1日から1年間採用する。
2021/3/17	「空箱」の上場解禁検討＝新興企業支援で－成長戦略会議	政府は成長戦略会議で、創業間もないスタートアップ企業の育成策として、特別買収目的会社（SPAC）の株式上場の解禁に向けた検討を開始した。「空箱」とも呼ばれるSPACは、将来有望な企業に成長資金を供給する手段として期待される。今年夏にまとめる成長戦略への盛り込みを目指す。
2021/3/23	事業承継対象者のデータベース構築＝長崎県	長崎県は、事業承継を必要とする対象事業者を抽出したデータベースを新たに構築する。併せて、持ち株会社の設立や事業承継を行う事業者に補助金を支給する。新型コロナウイルス感染症の影響による廃業を防ぎ、地域の雇用を維持する狙い。
2021/3/26	中小企業と大学の共同研究支援＝岡山県	岡山県は、製造業などの分野で大学との共同研究に乗り出す中小企業に補助金を支給する。従業員100人未満で、これまで大学との共同研究をしたことがない中小企業が対象。50万円を上限に経費の2分の1を補助する。
2021/4/2	事業承継費用に補助金＝沖縄県	沖縄県は、小規模事業者の事業承継に掛かる費用に補助金を支給する制度を創設する。親族間の事業引き継ぎや、企業の合併・買収を進め、廃業する事業者を減らすのが狙い。
2021/4/14	先端技術の実証実験を支援＝島根県益田市	島根県益田市は、IoTなど先端技術を使った実証実験を支援するため、市内外の企業を対象に補助金を交付する。市内で実証実験を行う企業や団体に対し、旅費や実験で使用する消耗品、企業への委託費などを経費として想定している。30万円を上限に2分の1を補助するもの。

2021/ 4 /22	サテライトオフィス開設に補助＝石川県珠洲市	石川県珠洲市は、新型コロナウイルス感染拡大で導入が進むテレワークを実施する企業を呼び込むため、サテライトオフィスの開設を支援する。開設関連経費に対して、1社につき補助率25％で最大1500万円を交付。2人以上雇用を増やすことなどを条件としており、増加数に応じて1人当たり50万円を追加で支給する。
2021/ 5 /14	企業誘致の助言で副業募集＝京都市	京都市は、企業誘致や官民連携に関して外部のアドバイザーを募集する。対象は副業や兼業の希望者で、本人の人的ネットワークや経験を生かし、企業への営業や市のブランディングに携わってもらう。勤務地は東京事務所で、テレワークを認める。
2021/ 5 /24	中小企業の新事業支援＝新潟県長岡市	新潟県長岡市は、新型コロナウイルスの影響を受けた市内の中小企業や個人事業主に対し、新事業への転換や販路の拡大を支援する。①営業形態の変更といった「業態転換」②電子商取引サイトへの出店やウェブ広告といった「販路拡大」―に区分。50万円が上限。
2021/ 6 / 1	ドイツ州と中小企業支援で覚書＝東京都	東京都は、ドイツのノルトライン・ウェストファーレン州と中小企業支援に関する覚書を締結した。双方の中小企業進出や、両都市を拠点にした販路開拓の拡大などを目指す。
2021/ 6 / 1	若手人材獲得へ地方の企業支援＝市町村参加でコンソーシアム―経産省	経済産業省は、都市部から地方に移住する若手人材の流れをつくるため、デジタル技術を利用した採用活動に積極的な地域企業の支援に乗り出す。移住を後押しする市町村と地域の中小・中堅企業4〜8社程度、人材採用のコンサルティング企業でコンソーシアムを形成し、地域でまとまって人材確保に取り組んでもらう。
2021/ 6 / 4	中小製造業にデジタル化補助金＝宮城県	宮城県は、中小の製造業者の生産性向上やオンライン商談を支援するため、生産現場のデジタル化に必要な機器や人工知能技術の導入に補助金を交付する事業を始めた。500万円を上限に経費の3分の2を補助する。最大10件の支援を予定。
2021/ 6 / 9	商店街5000円利用で抽選＝東京都東大和市	東京都東大和市は、商店街で5000円以上を購入した人を対象に、抽選で商品券を贈呈する取り組みを始めた。応募する人には、商店街の飲食店や菓子店、総菜店などの小売店41店舗で購入したことを示すレシートの提出を求める。
2021/ 6 /17	産業用ドローンセミナーを開催＝千葉市	千葉市は、産業用ドローンの活用に携わる事業者や自治体に向けて「ドローン産業セミナー」を幕張メッセで初開催した。市の取り組みを広く周知し、新たな企業の参入を後押しする狙い。
2021/ 6 /28	ドローン宅配運用目指し実証実験＝物流新ビジネスを応援―新潟市	新潟市は、2022年に施行される改正航空法に合わせ、市内でドローンを使った宅配運用の開始を目指し、実証実験を重ねる。新潟発から全国に広がる企業の新しいビジネスを応援し、実用化に向け、課題を洗い出すことが狙いだ。
2021/ 7 /12	サテライトオフィス整備に補助金＝北海道函館市	北海道函館市は、サテライトオフィス整備などに取り組む民間企業に対し、補助金の給付を始める。市内にサテライトオフィスを3カ所整備することを見込んでおり、市内企業も含めオフィスを整備する企業には、1社当たり1900万円を上限に半額補助。
2021/ 8 /12	社会課題解決へ実証実験＝公募開始、最大250万円補助―北九州市	北九州市は、スタートアップ企業支援の一環として、社会課題の解決やイノベーションの創出などに寄与する製品・サービスの実証実験の公募を始めた。最大250万円の補助金を交付するほか、実証場所の確保に向けた調整などを行い、市内企業の成長加速や市外企業の誘致につなげたい考えだ。
2021/ 8 /16	事業承継を官民でサポート＝愛知県豊橋市	愛知県豊橋市は、事業承継を課題とする地元中小企業経営者を官民が連携してサポートするプラットフォーム「とよはし事業承継ひろば」を立ち上げた。経営者からの相談内容を共有して、効果的な支援策の検討につなげるほか、啓発セミナーの開催を予定している。
2021/ 8 /17	ふるさと納税寄付増へ新ポスト＝新潟県三条市	新潟県三条市は、ふるさと納税の寄付金を増やすため、戦略づくりを担う最高マーケティング責任者のポストを新設する。公募を通じ外部から人材を起用する。
2021/ 8 /17	中小M＆A実態把握の仕組み構築＝支援機関登録制度で質確保―中企庁	中小企業庁は、中小企業の合併・買収を支援する金融機関やファイナンシャルアドバイザーの登録制度を創設し運用を始める。毎年行う登録更新時に仲介手数料の金額を含むM＆Aの実績報告を義務付け、実態把握につなげる。
2021/ 8 /18	市民雇用の中小企業に補助金＝大阪府和泉市	大阪府和泉市は、新型コロナウイルスの影響による離職者の支援策として、新たに市民を雇用した中小企業に補助金を交付する事業を始めた。交付対象は、21年2月以降に新たに市民を従業員として雇用した市内の中小企業や一般社団法人など。3カ月以上継続して雇用することを条件とする。正規雇用であれば1人当たり20万円。
2021/ 8 /26	新規開業に最大200万円支援＝北海道士別市	北海道士別市は、新型コロナウイルスの感染拡大で地元経済が冷え込む中、市内で新規開業する事業者らへの応援金を創設した。幅広い業種に対応した支援策で最大200万円を支給し、地域経済の活性化につなげる狙い。
2021/ 8 /26	県産品のネット販売を支援＝宮城県	宮城県は、県産食品のインターネット販売の拡大を目指す中小企業に対し、専門家の分析費やウェブサイト改修費を補助する事業を始めた。対象は、県産食品を取り扱う中小の食品製造事業者。50万円を上限に、経費の2分の1を助成する。

2021/ 8 /27	中小企業の再生人材育成＝47都道府県で研修へ一政府	コロナ禍で打撃を受けた中小企業の事業再生を支援するため、政府が専門人材の育成に乗り出すことが分かった。地方銀行や信用金庫など全国の金融機関から、産業競争力強化法に基づき47都道府県に設置している「中小企業再生支援協議会」に2、3人ずつ計100人程度を派遣してもらい、研修制度を2022年度に創設する。
2021/ 8 /27	企業版ふるさと納税3.3倍＝制度改正で寄付拡大一内閣府	内閣府は、自治体の地方創生事業に寄付した企業が税優遇を受ける「企業版ふるさと納税」について、2020年度の寄付額が前年度比3.3倍の110億1100万円だったと発表した。
2021/ 8 /30	事業承継税制、延長へ議論＝コロナ禍で申請件数が減少一経産省	経産省は、中小企業の事業承継時の贈与税と相続税を猶予する「事業承継税制」について、2022年度末に特例の申請期限を迎えることから延長に向けた議論に着手する。新型コロナウイルスの感染拡大の影響で20年度の申請件数が減少したため。
2021/ 9 / 7	企業誘致でシェアオフィスに助成＝広島県	広島県は、官民が連携して企業を誘致する実証事業に取り組む方針だ。シェアオフィスやコワーキングスペースを手掛ける事業者に、オフィス利用料をはじめ、顧客の宿泊費や移動費の9割を補助する方向。協力費も支給し、低料金の利用プランを企業に提供してもらう。
2021/ 9 /13	商店街空き店舗のマッチング支援＝松山市	愛媛県松山市は、市中心部商店街の空き店舗を出店希望者に紹介するマッチングアプリの開発を支援する。空き店舗の所有者が情報を掲載し、登録した出店希望者が条件に合わせて物件を検索できるようにする。来年4月からの利用開始を目指す。
2021/ 9 /16	名古屋事務所を開設＝福井県	福井県は名古屋事務所を開設した。県への企業誘致やUIターン就職、観光情報の発信などを担う。事務所の開設は、東京、大阪、京都に続いて4カ所目で、所長を含め県職員3人とUIターンアドバイザー1人が対応する。
2021/ 9 /29	バスツアー誘致で補助金＝熊本県荒尾市	熊本県荒尾市は、バスツアーの誘致を推進するため、旅行業者に補助金を交付する。補助額は旅行の参加者1人当たり1000円。
2021/10/ 5	中小企業支援でクーポン券＝京都府	京都府の西脇隆俊知事は臨時記者会見で、新型コロナウイルスの感染拡大で影響を受ける中小企業を支えるため、「京の小売・サービス応援クーポン」を発行すると発表した。店内で飲食ができないテークアウトなどが専門の店舗で利用できる。
2021/10/11	商店街に拠点設置、高齢者の就業支援＝広島県竹原市	広島県竹原市は、市商工会議所などと連携し、高齢者の就業支援に乗り出す。中心市街地の竹原駅前商店街に支援拠点となる「AAサポ」を開設。希望する高齢者の就業支援などを一元的に担う。厚生労働省の委託事業で、期間は2024年3月まで。

2. まちづくり

国交省は、災害ハザードエリアと呼ばれる危険地域からより安全な地域への移転を促すための対策を導入した。災害ハザードエリア（災害レッドゾーン、浸水ハザードエリア等）から安全な区域への移転を促進するため、市町村がコーディネートして策定した防災移転支援計画に基づき施設又は住宅を移転する場合、移転先として取得する土地建物について、登録免許税、不動産取得税の負担を軽減する。特例措置は2021〜2022年度末まで。

また、低未利用の空き地や空き家などの取引を仲介する活動を行う「ランドバンク」の活動を普及させるため、税制面での特例措置を検討している。ランドバンクが土地や建物を購入した際にかかる不動産取得税を減額する。流通を阻害する要因がある物件をランドバンクが取得して阻害要因を解消し再流通させやすくするための措置。また、所有者不明土地の特措法改正を検討しており、22年にも所有者不明土地の利用範囲に防災施設や再生可能エネルギー施設設置を可能にする法改正を行いたい考えだ。

名古屋市は22年度から、身寄りのない高齢者が死亡した際の家財処分方法などを生前に決めて社会福祉協議会などに委ねる「死後事務委任」の利用料補助を始める方針だ。単身高齢者等が居住する賃貸住宅の貸主の負担などを軽減するのが狙い。

図表Ⅱ-3-2　まちづくりの動き

年月日	見出し	内　容
2020/10/ 1	スタートアップ企業と課題解決＝兵庫県川西市	兵庫県川西市は、スタートアップ企業から地域課題の解決策を募集し、共同で実証実験を実施する。実証実験の対象に選ばれた提案には、開発支援金として最大25万円を支給する。
2020/10/ 7	危険地域からの移転に税優遇＝住宅、施設の被災防止―国交省	国土交通省は、土砂災害や洪水などの危険性が高いエリアから街中の安全な地域へ施設や住宅の移転を促すため、税制優遇措置を創設する方針だ。近年頻発する自然災害では危険なエリアで被災するケースが相次いでいるが、移転先の確保や費用負担を理由に移転が十分進んでいないため、税制面から後押しする。
2020/10/ 8	車道沿いに休憩施設＝市街地のにぎわいづくり―静岡市	静岡市は、中心市街地のにぎわいづくりを目指し、繁華街の車道沿いの一角で買い物客らが休憩する施設「パークレット」を設置した。屋外で気軽に飲食や休憩ができる場所を増やすことで、新型コロナウイルス感染症により低迷している消費を活性化させたい考えだ。
2020/10/15	リニア開業後のまちづくり研究＝今年度末に中間意見―静岡市	静岡市は、リニア中央新幹線開業後のまちづくりについて検討する有識者研究会を設置した。開業による市へのメリット、デメリットを検証して長期的視点に立った見解をまとめ、今後のまちの発展に役立てる狙いだ。
2020/10/21	建物への防犯カメラ設置費補助＝福岡県芦屋町	福岡県芦屋町は、町内の建物の屋外に防犯カメラを設置する費用を補助する。5万円を上限に経費の2分の1を助成する。設置工事着手前の申請が必要で、防犯カメラの購入や工事には町内業者を利用してもらう。維持管理費は対象としない。
2020/11/ 9	空き家をテレワーク施設に＝奈良県桜井市	奈良県桜井市は、市がまちづくりを進める地区の指定エリア内で、古民家などの空き家を利用し、テレワーク施設を整備する法人に対し、経費の一部を補助する。1000万円を上限に工事費や備品費といった経費の3分の2を補助する。
2020/12/ 3	テークアウト用ベンチ設置に補助＝名古屋市	名古屋市は、新型コロナウイルス対策として都心部の公開空地へのベンチ設置に助成する。民間ビルの敷地内にある公開空地の工事経費について、敷地1カ所当たり50万円を上限に支援する。
2020/12/ 7	九州大都市研究センターと連携＝持続可能なまちづくりで―福岡県中間市	福岡県中間市は、九州大都市研究センターとの間で、持続可能なまちづくりに向けた連携協定を結んだ。センターの知的資源を活用して、市民の健康寿命を延ばし、医療に関する行政負担を減らす仕組みの構築を目指す。
2020/12/11	山下ふ頭に定期借地権＝横浜市のIR実施方針	横浜市は、誘致を進めるカジノを含む統合型リゾート施設について、事業者の公募条件などを定める実施方針案を、市議会の建築・都市整備・道路委員会に示した。事業予定地の山下ふ頭（43ヘクタール）に定期借地権を設定し、事業期間を35年とし、延長も可能。
2020/12/15	水害備え「高台まちづくり」＝東京7区をモデル地区に―国交省と都	国土交通省と東京都は、激甚化する水害に備え、空中通路などを通って住民らが避難できる「高台まちづくり」の推進に関するビジョンを取りまとめた。空中通路や建物の上層階への避難スペース整備のほか、堤防の拡幅、公園などのかさ上げといった対策を盛り込んだ。
2020/12/16	葬式・家財処分を事前取り決め＝死後事務委任契約で補助―名古屋市	名古屋市は、身寄りのない高齢者が死亡した後の葬式や家財の処分方法などを生前に取り決めて、社会福祉協議会などに委ねる死後事務委任契約について、2022年度から利用料の補助を始める方針。委任先として社協などを想定している。
2020/12/28	「まちづくり」を柱に条例化＝大阪府・市	大阪府と大阪市は副首都推進本部会議で、「まちづくり」や「成長戦略」を柱とした広域行政の一元化に関する条例案を作成していくことを決めた。
2021/ 1/ 6	市街地再生で「スマート・プランニング」＝静岡県沼津市	静岡県沼津市は、沼津駅周辺の市街地をヒト中心の魅力ある場所に再生するため、個人単位の行動データを基に空間形成や交通施策を検討する計画手法「スマート・プランニング」を取り入れている。
2021/ 1/20	警察署と連携強化へ新協定＝市長と署長が定期協議―滋賀県大津市	滋賀県大津市は、安全で安心なまちづくりに関する協定を見直し、滋賀県警大津署と大津北署との間で再締結した。両者との連携を強化し、協定の実効性を高めるため、市長や両署長が定期的に意見交換する政策協議の実施を盛り込んだ。
2021/ 1/22	大型商業施設の土地を買収＝新潟県刈羽村	新潟県刈羽村は、村唯一の大型商業施設の土地を買収する。運営元の会社から営業不振のため、撤退の相談があったことを受けたもの。村は、複数の個人から土地を買収した後、運営元から施設の建物の贈与も受ける。同店の土地と建物を運営元に貸し出す方針。
2021/ 1 /26	「スマートシティ」実現へ三者協定＝広島県東広島市	広島県東広島市は、先端技術を活用した次世代型都市「スマートシティ」の形成に向けた取り組みを実施するため、広島大学と住友商事との間で包括的な連携推進を目指す協定を締結した。持続可能なまちづくりを進めるため、大学の研究や総合商社の技術を活用して地域の課題解決につなげていきたい考えだ。

2021/2/1	子ども版のまちづくり副読本＝栃木県真岡市	栃木県真岡市は、小学校6年生を対象に市の総合計画の内容を紹介する副読本を作製した。市政に興味を持ち、将来はまちづくりに積極的に参加してもらいたいとの願いを込めた。
2021/2/8	「不適格」住宅の解消推進＝災害危険区域の指定、改修で－国交省	国土交通省は、水害や土砂災害の危険性が高い「災害危険区域」内にある住宅・建築物の改修に取り組む自治体を支援する制度を設ける。浸水被害を軽減するため、床面の高さなど建築基準を満たさない「既存不適格」住宅の解消を図る。区域の指定に向けた自治体の計画作りもサポートする。
2021/2/23	トヨタが実証都市の起工式＝静岡の工場跡、自動運転など検証	トヨタ自動車は、静岡県裾野市の工場跡地で、自動運転技術などの実証都市「ウーブン・シティ」の起工式を開いた。
2021/3/24	球磨川治水案、流域12市町村に提示＝ダム建設調査へ－九州地方整備局、熊本県	九州地方整備局と熊本県は、20年7月の豪雨で大規模に氾濫した球磨川水系の「流域治水プロジェクト」案を流域12市町村に示した。川辺川へのダム建設に向け調査・検討するほか、宅地かさ上げや高台への居住誘導など、中長期のまちづくりと絡めた総合対策となる。
2021/3/30	新駅のまちづくりで基本協定＝神奈川県と藤沢、鎌倉市、UR	神奈川県と藤沢市、鎌倉市、都市再生機構は、東海道線の大船－藤沢駅間に2032年ごろに開業予定の「村岡新駅（仮称）」周辺のまちづくりで、役割分担などを定めた基本協定を締結したと発表した。
2021/4/15	マイナカード活用で地域課題解決＝スマートシティ具体化－兵庫県三田市	兵庫県三田市では、「さんだ里山スマートシティ構想」の実現に向けた取り組みが具体化している。構想は、デジタル技術を活用した地域間格差の緩和が目標。このほど、デジタルの身分証アプリを手掛ける企業と連携協定を結び、地域の課題解決にマイナンバーカードを活用する方策の検討に乗り出した。
2021/4/16	「流域治水」推進へ適正利用＝改定土地基本方針に明記へ－国交省	国土交通省は、土地の適正な利用や管理に関する国の施策の方向性を定めた「土地基本方針」を初めて改定する。河川沿いに遊水機能を持つ農地を確保するなど、「流域治水」の推進に向けた土地利用に取り組むことを明記する。
2021/4/19	空き家登録地区に交付金＝兵庫県新温泉町	兵庫県新温泉町は、過疎化で増える空き家の利活用を促そうと、所有者の同意を得るなど「空き家バンク」の登録に協力した地区の区長や町内会長に交付金を支給する事業を始めた。地域にある利用可能な物件の所有者に自ら連絡を取り、空き家バンクに登録することが条件で、1件につき2万円を支給する。
2021/4/22	空き家改修費を助成＝地域活動拠点に利用－横浜市	横浜市は、地域の活動拠点やコワーキングスペースとして市民団体や事業者が空き家を借りる際に、空き家の改修に掛かる費用の助成を始めた。市民団体などが市内で空き家となっている一戸建て住宅を借りる場合で、200万円を上限に改修経費の2分の1を補助する。
2021/5/20	空き家対策を強化＝担当課新設で－富山県滑川市	富山県滑川市は、空き家対策を強化するため、建設部に「空家等居住対策課」を新設した。人口減少や高齢化に伴い増加傾向にある空き家の活用に本腰を入れ、地域活性化を目指す。
2021/6/4	町民主体で新街区の整備計画＝北海道ニセコ町	北海道ニセコ町は、人口増加による住宅不足に対応するため、町民主体の新しい街区を造設する。新街区の事業主体は、町や地元事業者などが出資するまちづくり会社「ニセコまち」。町の中心部約9ヘクタールに、賃貸・分譲住宅を最大228戸建設。
2021/6/17	結婚・出産・子育てに直接給付＝和歌山県有田市	和歌山県有田市は、市民の結婚や出産、子育てを直接給付で支援する。子育て世帯の移住・定住を促すのが狙い。結婚や出産時に祝い金を支給したり、住居や子育てに掛かる費用を補助したりする。結婚して子どもを3人出産し、育てた場合の支給額は計544万円となる。
2021/6/22	テレワークで空き家活用へ協定＝宮城県加美町	宮城県加美町は、サテライトオフィスの開設やテレワーカーの誘致に向け、県内企業や銀行など4者と協定を結んだ。空き家をオフィスや滞在型の創作拠点として整備し、首都圏の企業や移住者の呼び込みを図る。
2021/7/1	住宅地でシェアオフィス容易に＝立地特例、許可基準を明確化－国交省	国土交通省は、主に戸建て住宅が立地する「低層住居専用地域」内に地域住民向けのシェアオフィスを整備しやすくする。同地域内では原則立地が認められていないが、特例で自治体が許可するための基準を明確化。新型コロナウイルス禍でテレワークが普及したことを受け、オフィス整備しやすい環境を後押しするため自治体向けの通知を出した。
2021/7/19	不明土地、防災・再エネに活用＝自治体関与も強化、特法改正へ－国交省	国土交通省は、所有者が分からない土地を公共目的に利用できる範囲を広げ、防災施設や再生可能エネルギー発電施設の整備を促す方針だ。管理が行き届いていない土地の所有者に対し、自治体が指導や勧告、代執行できる仕組みも検討。所有者不明土地に関する特別措置法改正案の2022年通常国会への提出を目指す。

2021/8/13	スマートシティ・パークを整備＝石川県加賀市	石川県加賀市は、廃業した旅館の跡地を先端技術が体験できる次世代型の公園「スマートシティ・パーク」として整備する。拡張現実を活用し、スマートフォンの画面を通して園内に動物を映し出す「AR動物園」のほか、3Dプリンターやドローンの体験教室を開催する予定。
2021/8/18	「町版RESAS」を構築＝島根県海士町	島根県海士町は、町に関するさまざまな分野のデータを一元管理して見える化する「海士町版RESAS（地域経済分析システム）」を構築した。官民連携による政策立案や事業検証の推進に役立てるのが目的。現在、町職員ら関係者のみの利用に限定しているが、今後は一般公開することも視野に入れている。
2021/8/26	AIによる解体費用シミュレータで空き家除却を促進＝愛知県南知多町	愛知県南知多町は、解体工事の一括見積もりWebサービス「くらそうね」を運営する株式会社クラッソーネと「空き家除却促進に係る連携協定」を締結し、同社が持つサービスやノウハウを本町の空き家対策に活用することで、「特定空家等」の除却の促進を図る。
2021/9/3	民間の宅地開発にインセンティブ制度＝静岡県湖西市	静岡県湖西市は、未利用地などを活用した住宅用地の開発を進めるため、土地の提供者と開発事業者に、面積に応じて奨励金を交付するインセンティブ制度を創設する。誘導区域内の土地所有者が宅地の開発事業者に土地を売却する場合、1平方メートル当たり2000円の奨励金（上限1人当たり200万円）を支払う。
2021/9/6	空き地活用、税制で支援＝「ランドバンク」普及拡大＝国交省	国土交通省は、活用されていない空き地などの取引を仲介する地域の法人「ランドバンク」の取り組みを普及させるため、税制上の支援に乗り出す。ランドバンクが土地や建物を購入する際にかかる不動産取得税を軽減するといった特例措置の創設を、2022年度税制改正要望に盛り込んだ。
2021/9/9	都市再生へビルの建て替え促進＝新潟市	新潟市は、市街地整備を推進する「都市再生緊急整備地域」に指定されたのを受け、オフィスビルの建て替え促進に向けた取り組みに力を入れる。年間3件以上のビル開発を目指し、建て替えを支援する補助制度の創設を検討している。
2021/9/14	駅舎を「移住お試し住宅」に＝山口県萩市	山口県萩市は、解体が決まっていた鉄道駅舎を譲り受け、田舎暮らしを体験できる施設「お試し住宅」に改修する。JR西日本は当初、老朽化を理由に撤去しホームのみを残す方針だったが、市が地域の景観が損なわれるとして、待合室の整備などを条件に無償で譲り受けることにした。

3. 人口増加

　コロナ禍によってリモートワークが急速に広がり大都市中心部への通勤の頻度が減ったことが地方部の移住促進策に勢いを与えている。政府も、従来の職も住居も新たに探す必要がある移住とは違い、首都圏の企業に勤務したまま移住することが可能となっていることを好機ととらえて、自治体がサテライトオフィス等を開設するのを支援する交付金制度を創設した。

　高校への「島留学」で知られる島根県海士町は、島留学の卒業生たちが大学を卒業し社会人経験を積んだ年齢となってきていることから、卒業生らのUIターンを支援

するため「大人の島留学」制度を創設した。半年から1年程度シェアハウスに同居してもらい、島内で仕事をしながら移住を体験してもらう。

　地域おこし協力隊の制度をユニークに活用する事例も出てきている。宮崎県新富町は、同町の女子サッカーチームでプレイしたい選手を地域おこし協力隊や会計年度任用職員として雇用する。選手は農業やイベント、広報、施設管理等の分野で仕事をしてもらいながら週最大10時間を練習に充てることができる。若年女性の流出に悩む自治体とスポーツに打ち込みたい選手との思惑が一致した。21年夏までに選手17人とコーチ2人が隊員となっている。

図表Ⅱ-3-3　人口増加の動き

年月日	見出し	内　容
2020/10/ 1	従業員移住に各200万円＝コロナ受け企業誘致強化＝広島県	広島県は、新型コロナウイルスの感染拡大で地方移転に関心を持つ企業が増えているため、期間限定で新たな助成制度を設け、IT企業などの誘致を強化する。県内に本社機能を移転・分散したり、研究開発部門を設けたりする企業を対象に、県外から移住する常勤雇用者と家族1人につき200万円を助成する。
2020/10/14	ワーケーションでのレンタカー費用補助＝奈良県	奈良県は、県南部・東部の奥大和地域で、休暇を楽しみながら仕事もする「ワーケーション」を実践する人に対し、レンタカー利用に掛かる費用の一部を補助する。レンタカーを利用する場合、1泊につき2000円を補助することにした。上限は5泊分。
2020/10/14	定住促進へ奨励金最大100万円＝茨城県美浦村	茨城県美浦村は、活力あるまちづくりを進めるため、定住する人に対し、最長5年間で最大100万円の奨励金を交付している。対象は、村に新築または中古住宅を購入し、住民として定住する人。土地・住宅に課税される固定資産税相当額を奨励金として交付する。
2020/10/16	お試し移住に月最大10万円補助＝兵庫県	兵庫県は、移住希望者の体験居住を支援するため、県有施設を対象に宿泊費など1カ月当たり最大10万円を補助する。対象は、自炊設備がある西はりま天文台公園など4施設。宿泊費と施設までの移動費の半額を補助し、上限を月額10万円に設定。
2020/10/20	移住検討時の移動費を支援＝兵庫県豊岡市	兵庫県豊岡市は、新型コロナウイルスの感染拡大を契機に地方移住への関心が高まっていることを受け、市への移住を検討する際に現地を下見する移動費の一部を補助する。移住者には地元産の無農薬米も支給。
2020/11/12	関係人口拡大へファンクラブ＝広島県竹原市	広島県竹原市は、市に愛着を持ち継続的に関わる「関係人口」を増やすため、「たけはらファンクラブ」を本格的にスタートさせた。今年度中に登録した人全員に町並み保存地区の周遊券を特別価格で販売するほか、抽選で特産品をプレゼントする。
2020/11/20	返礼品に移住体験ツアー＝長野県小諸市	長野県小諸市は、ふるさと納税の返礼品に市内での移住体験ツアーの参加券を加えた。16万7000円寄付すると、3泊4日の移住体験が可能。
2020/11/25	定住促進へ「大人の島留学」制度＝島根県海士町	島根県海士町は、若者のUIターンを促進するため、就業しながら体験移住する「大人の島留学」制度を創設した。町内には島留学として国内各地から生徒を受け入れている県立隠岐島前高校があり、卒業生を中心に体験移住を呼び掛ける。
2020/12/23	2人以上の出産で車両無償提供＝滋賀県竜王町	滋賀県竜王町は、2人目以上の子どもが生まれるなど、一定の条件を満たした世帯に、町内のダイハツ滋賀工場で生産された車両を無償で3年間提供する。町民は、駐車場代やガソリン代、追加整備費用、修理費用、任意保険料を負担。リース料のほか、自動車税・軽自動車税などの新規登録諸費用などはメーカーが負担する。
2021/ 1 /21	テレワーク移住世帯に家賃補助＝新潟県燕市	新潟県燕市は、テレワークを機に移住した世帯への家賃補助を始めた。20年1月以降に県外から転入し、住民登録日から1年以上、テレワークでの勤務が見込まれることなどが条件。月1万5000円を上限に、家賃から就業先の住宅手当を引いた金額の2分の1を助成する。
2021/ 2 /12	ふるさと住民制度を創設＝和歌山県かつらぎ町	和歌山県かつらぎ町は、町に縁のある人や町を応援する人を対象とする「かつらぎ町ふるさと住民制度」を創設した。町外在住者向けで、登録費や年会費は無料。「ふるさと住民」には、ふるさと住民カードを発行し、定期的にイベントのお知らせや広報誌を送付。メールマガジンも発行する。
2021/ 3 / 8	県民参加型の移住相談AI＝山口県	山口県は、県外の人の移住相談に自動で応答する「移住AIチャットボット」を、県民参加型で開発している。おいしい食べ物に関する情報など県民が入力した質問と回答を人工知能が学習。多様なやりとりを可能にすることで、魅力発信を図る。
2021/ 3 /15	デジタル人材のUIJターン支援＝沖縄県	沖縄県は、デジタル関連技術者の県内へのUIJターンを後押しする事業を始める。企業と技術者のマッチングイベントを開いたり、業務移転を検討する企業の試行費用を助成したりして、希望者が移住しやすい環境を整える。
2021/ 3 /17	赤ちゃん誕生で10万円支給＝新潟県佐渡市	新潟県佐渡市は、4月2日以降に赤ちゃんが生まれた世帯に1～2人目は10万円、3人目以降は20万円を支給する。3人目以降にはさらに18歳の誕生日に100万円を提供する。
2021/ 4 / 1	テレワーク移住で1世帯100万円＝石川県	石川県は、県内への移住定住を促進するため、首都圏から移り住み、テレワークで業務を続ける移住者に支援金を交付する。1世帯当たり100万円、単身者には60万円を支給する。
2021/ 6 / 2	親に10万円の入学応援金＝山形県天童市	山形県天童市は、今年度から市内の小中学校に入学した児童生徒に、入学応援金として独自に1人当たり10万円を支給する「エール天」事業を始める。出費の多い時期の子育てを支援し、若年層の移住・定住を促進する。

2021/6/25	「あつ森」でシティープロモーション＝岐阜県瑞浪市	岐阜県瑞浪市は、任天堂ゲームソフト「あつまれ　どうぶつの森」や、インスタグラムを活用したシティープロモーションに乗り出す。職員と学生らが市内を巡り、観光名所だけでなく、感動した景色を「あつ森」のゲーム上で「みずなみ島」として制作。
2021/7/1	地域おこし隊任期後の定住支援＝新潟県柏崎市	新潟県柏崎市は、地域おこし協力隊として移住してきた若者らが任期後も市内に居住する場合、賃貸住宅の賃料や起業費用などを支援する取り組みを4月から始めた。2年以上活動していることが条件。市内の賃貸住宅に居住する場合、月2万円を上限に家賃の半額を1年間補助。
2021/7/5	中古住宅取得者らに奨励金＝福岡県遠賀町	福岡県遠賀町は、空き家を含む既存住宅の流通を促進し、定住人口の増加につなげるため、中古住宅取得者らに対し奨励金を出す制度を設けた。年15万円を上限に固定資産税相当額を3年間交付する。
2021/7/12	定住者の奨学金返還支援＝石川県中能登町	石川県中能登町は、町内で就職した35歳未満の町民の奨学金返還を支援する。若年層の人口流出を抑えるとともに、移住者らの定着につなげるのが狙い。年度ごとに奨学金の返還額の3分の2を、20万円を上限に支給する。対象期間は最長5年間。
2021/9/10	女子サッカー選手ら19人誘致＝地域おこし協力隊を活用－宮崎県新富町	宮崎県新富町は、地域おこし協力隊制度などを活用し、同町の女子サッカーチーム「ヴィアマテラス宮崎」の選手らの募集を始めた。その結果、21年8月時点で選手17人と男性コーチ2人が隊員となり、練習や大会に参加。町の会計年度任用職員として、地域に根差した活動を行っている。

4. 市民参加

　大阪府と大阪市は大阪市を廃止して特別区へ再編する「大阪都構想」の二度目の住民投票を実施したが、再度僅差で否決された。これを受けて、二重行政による無駄を排除して広域行政の一元化を図ることを目的とした広域行政一元化条例を21年4月に施行した。当初は約430事務と関連財源を大阪市から府へ移行することを想定して

いたが、この条例によって事務委託の対象となったのは、成長戦略、大規模開発や広域的な基盤整備等の7分野となった。

　その他の地域では、神奈川県横浜市でカジノを含む統合型リゾート誘致の賛否を問う住民投票を求めた条例案と、北海道寿都町で高レベル放射性廃棄物の最終処分地選定に関する文献調査への応募の賛否を問う住民投票を求めた条例案がそれぞれの議会で否決された。

図表Ⅱ-3-4　市民参加の動き

年月日	見出し	内　　容
2020/10/1	都構想、オンラインで説明会＝大阪市	大阪市は、市を廃止して四つの特別区に再編する「大阪都構想」の是非を問う住民投票に向け、オンラインによる住民説明会を行った。ウェブ会議システム「ズーム」で実施し、参加には事前申し込みが必要となる。定員は各回約300人。
2020/11/2	住民投票で指定都市制度に関心＝特別自治市目指す－林横浜市長	林文子横浜市長は、大阪都構想の賛否を問うた住民投票について「二重行政の解消など指定都市制度の課題について改めて国民の関心が高まった」と指摘する談話を発表した。その上で市長は「横浜に最もふさわしい制度である特別自治市の早期実現に向けて、他の指定都市と連携し、力を尽くしていく」としている。
2020/11/13	住民投票条例案、議会が否決＝年内にも核ごみ調査開始－北海道寿都町	北海道寿都町議会は、高レベル放射性廃棄物最終処分地選定をめぐり、第1段階に当たる「文献調査」応募の是非を問う住民投票条例案を否決した。議長を除く町議8人の可否が同数だったため、地方自治法に基づく議長権限で最終決定した。
2020/12/23	IR賛否、住民投票を請求＝市民団体が19万超署名－横浜市	横浜市が進めるカジノを含む統合型リゾート誘致に対し、市民団体「カジノの是非を決める横浜市民の会」は、誘致の賛否を問う住民投票条例の制定を林文子市長に請求した。同団体は19万3193人分の署名を集めている。

2021/ 1 / 8	IR住民投票条例案、議会が否決＝横浜市、事業者公募に着手	横浜市議会は本会議で、カジノを含む統合型リゾート施設誘致の賛否を問う住民投票条例案を、自民・公明両党系会派の反対多数で否決した。市は事業者の公募に着手する方針だ。
2021/ 8 /10	「伊豆湘南道路」具体化へアンケート＝神奈川、静岡両県	神奈川県と静岡県は、両県境をまたぐ「伊豆湘南道路」計画の具体化に向け、周辺道路の課題などを地元住民らに聞くアンケート調査を実施すると発表した。
2021/ 8 /31	市民生活支援団体に補助金＝福島県南相馬市	福島県南相馬市は新型コロナウイルス感染症拡大の影響で日常生活に困難を抱える市民の問題を解決するため、2020年に引き続き市民活動団体などに最大50万円の補助金を支給すると発表した。
2021/ 9 / 7	中学で課題解決型学習＝13企業・団体が協力－沖縄県糸満市教委	沖縄県糸満市教育委員会は、市にゆかりのある13企業・団体と協力し、市内4中学校でPBL授業（課題解決型学習）を実施している。PBL授業は、企業などから与えられる課題に対し、生徒たちがチームで解決策を考え、協力してまとめていく力を付けることが目的。

5. 税・債権回収

　総務省の有識者研究会が公金の私人委託について対象を拡大できるようにするための検討を行っている。地方自治法では公金の取り扱いを私人に委託するのを禁じているが、支払い方法の多様化をすることで住民の利便性向上を図る。私人委託を禁止する原則は維持するものの、一定の要件下で自治体の判断で委託範囲を広げられるようにする。公金を受け取る「収納」は広く認め、収納額の決定などを含む「徴収」は限定的とする考え。21年度中に報告書をまとめる方針だ。

　近年各地で観光税や宿泊税を徴収するようになったが、制度の周知や徴収方法の確立ができていない場合、徴収率が低水準にとどまる。沖縄県竹富町の竹富島は、19年9月から入島税（1人300円）の徴収を始めたが、徴収率は観光客全体の1割にとどまっているという。入島税の徴収用の自販機を設置しているが、乗船切符売り場とは離れており専用の人員も配置していない。キャッシュレス決済なども導入していない。乗船賃に上乗せして義務化する案は島民と観光客の見分けがつきづらいことから見送られたという。

図表Ⅱ-3-5　税・債権回収の動き

年月日	見出し	内　容
2020/10/ 2	家宅捜索スキル向上へ実技研修＝徴税強化で－栃木県と14市町	栃木県の7県税事務所と県内14市町は、徴税強化の一環で、同県栃木市のモデルハウスを使って県税滞納者の自宅などを家宅捜索する実技研修を初めて実施した。動産を差し押さえる手順やノウハウをロールプレーイング形式で学んだ。
2020/10/19	ふるさと納税厳格運用で要領策定＝高知県室戸市	高知県室戸市は、返礼品の基準適正化など、ふるさと納税を厳格運用する要領を施行した。市は独自の要領で事業者に誓約書などの書類提出を要請。違反があった事業者は登録を抹消する。
2020/10/19	徴税吏員併任で滞納整理強化＝広島県府中市、三次市、安芸高田市、世羅町	広島県府中市、三次市、安芸高田市、世羅町は、税金の滞納整理に当たる徴税吏員を相互に併任する協定を結んだ。悪質な滞納者らの財産差し押さえなどに当たり、滞納額の縮減を目指す。県内の市町が徴税吏員の併任を行うのは初めてという。
2020/10/27	準公金の管理を厳格化＝沖縄県石垣市	沖縄県石垣市は、寄付金をはじめとする準公金の管理を厳格化するため検討を始めた。職員による横領事案が頻発しており、再発防止を徹底するのが目的。
2020/12/ 8	特別交付税、泉佐野市の減額なし＝20年度12月分－総務省	総務省は、2020年度12月分の特別交付税として、前年度比360億円減の2839億円を地方自治体に配分すると発表した。このうち、大阪府泉佐野市への配分額は3億3850万円。前年度は710万円まで大幅に減額したが、通常の配分に戻した。

2020/12/22	臨財債への公的資金、倍増の2.2兆円に＝減収補填債分にも1兆円─総務省	総務省は、地方自治体が発行する地方債の引受先について、財政融資資金や地方公共団体金融機構資金といった、最も金利が低い公的資金の枠を大幅に拡大する。2020年度中に発行される減収補填債の分として1兆円を、21年度の臨時財政対策債の分として前年度より1兆1000億円多い2兆2000億円を確保する。
2020/12/24	「入島料」徴収率、わずか1割＝観光客への周知課題─沖縄県竹富町	沖縄県竹富町に九つある有人離島の中、最も観光客の多い竹富島で、2019年9月から島に入る人に支払いを呼び掛ける「入島料」が伸び悩んでいる。島の環境保全などが目的だが、徴収率は観光客全体の1割にとどまっている。
2021/1/15	宮島訪問税、修学旅行生も免除＝広島県廿日市市	広島県廿日市市は、世界遺産・厳島神社がある宮島への観光客らに課税する「宮島訪問税」の概要をまとめた。既に島民や通勤・通学者を対象外とする方針を示していたが、修学旅行などで訪れる全国の児童生徒、未就学児、障害者についても課税を免除する。
2021/2/10	スマホで水道料確認・支払い＝堺市上下水道局	堺市上下水道局は、情報通信技術を活用した利用者のサービス向上のため、スマートフォンのアプリ運用を開始した。スマホ1台で水道料金や下水道使用料の確認・支払いまでが可能となる。納付書の郵送などに比べ、迅速に情報提供でき、印刷費や郵送代（年間約422万円）の削減も見込まれる。
2021/3/3	全国初のマッチング会を開催＝企業版ふるさと納税を促進─静岡県	静岡県は、企業版ふるさと納税を促進するため、県内外企業と県内35市町を集めたオンラインのマッチング会を開催する。マッチング会はビデオ会議システム「ズーム」を使って開催。参加企業は30〜40社ほどを想定し、県の東京事務所が首都圏企業を訪問するなどして募る。
2021/3/15	駐車場使用料3400万円少なく納付＝業務委託先の企業─和歌山県	和歌山県は、和歌山市内の船舶管理施設「和歌山マリーナ」南側駐車場使用料の徴収業務を委託していた同市内の会社が、徴収金を不適切に管理していたと明らかにした。この会社が約4年間で県に納付した額は、実際の徴収額より3400万円少なかったという。
2021/3/15	富士山入山料、義務化検討＝法定外目的税で─山梨、静岡県など	山梨、静岡両県などでつくる富士山世界文化遺産協議会の作業部会は、富士山5合目から山頂を目指す登山客に入山料の支払いを義務付ける制度案を了承した。「法定外目的税」を課す方向。現在は1人1000円を基本に任意の協力金を求めているが、支払わない人もいるため、実効性ある方策を検討してきた。
2021/3/23	給食費、市が直接徴収＝新潟県十日町市教委	新潟県十日町市教育委員会は、市立学校の給食費の徴収を学校が行う形から市教委が行う形に変更する。市教委では2018年度から給食費を公会計化していたが、徴収や督促といった業務はそれぞれの学校が行っていた。市教委が直接徴収することで、教職員の負担軽減を目指す。
2021/3/24	QRコード納税導入＝全国統一規格を策定─総務省	総務省は、自民党の金融調査会などの合同会議で、地方税の納税に活用できる全国統一QRコードを2023年度課税分から導入する方針を示した。地方自治体や金融機関などで構成する検討会を立ち上げ、6月末までに納付書に印刷する統一規格を定める。
2021/4/16	債権管理条例を制定＝沖縄県	沖縄県は、未収金の回収方針を明記した債権管理条例を制定した。債権の督促などについて明確に規定することで、回収に向け毅然とした姿勢を外部に示す一方、回収困難な債権は知事の権限で放棄できるようにする。4月1日に施行した。
2021/4/27	駐禁の外交官車、免税せず＝外務省が対応強化	外務省は、日本に駐在する各国外交団の車両について、駐車違反金の納付が確認できない場合、毎年のガソリン免税証明書を発給しないとする新たな措置を発表した。違反金の未納付が相次いでいるため、対応を強化する。
2021/5/6	LINEで個人情報の扱い不可＝行政機関向けガイドライン─政府	政府は、無料通信アプリ「LINE」の利用者情報が中国の関連企業で閲覧可能となっていた問題を受け、自治体など行政機関が利用する場合のガイドラインを公表した。住民の個人情報など機密性の高い情報をやりとりする場合は、業務委託先が整備したデータベース上で取り扱うこととし、LINE側に提供しない仕組みとするよう求めた。
2021/5/26	公金の私人委託禁止を見直しへ＝自治体の財務会計制度で研究会─総務省	総務省は、自治体の財務会計制度の見直しに向け、有識者による研究会を設置した。公金の私人による取り扱いを原則として禁止する制度を中心に議論し、21年度中に方向性を示す。コンビニ収納の拡充などにより、住民の利便性向上や自治体事務の効率化につなげる狙いがある。
2021/5/31	統一規格、ゆうちょ銀の伝票で検討＝地方税納税のQRコード─総務省	総務省は、地方税の納税で導入するQRコードについて、全国統一様式であるゆうちょ銀行の払込伝票をベースに規格を検討する。新型コロナウイルスの感染拡大で税務手続きのデジタル化が求められる中、伝票に印刷する統一規格を定める。
2021/6/10	固定資産税、自動車税など対象＝QRコード納税─総務省	総務省は、地方税の納税に活用する全国統一QRコードについて、対象税目を固定資産税、都市計画税、自動車税、軽自動車税を軸に検討する。

年月日	見出し	内　　容
2021/6/11	税務署への訪問不要に？＝新たなデジタル化構想－国税庁	国税庁は、デジタル技術を活用した国税の将来構想「税務行政のデジタルトランスフォーメーション」をまとめた。将来的には、税務署へ行かずに全ての手続きができる仕組みを目指すという。
2021/6/24	民間委託の納税催告センター開設＝栃木県小山市	栃木県小山市は、徴税強化のため、民間業者に委託して納税催告センターを開設する。納税課職員に代わり、専属オペレーターが一部の市税滞納者に電話などで催告。納税課の負担を減らし、収納率の向上を図る。委託費は5年間で7150万円。
2021/6/25	納税勧告でSMS送信＝大阪府寝屋川市	大阪府寝屋川市は、期限までに市税などの納付が確認できない市民に対し、スマートフォンを含む携帯電話のショートメッセージサービス（SMS）を使った納税勧告を始めた。SMSを利用すれば、電話番号を登録するだけで一斉送信が可能となる。
2021/6/28	免除・猶予者、609万人＝国民年金、コロナで過去最多－20年度	厚生労働省は、2020年度の国民年金保険料の納付状況を発表した。新型コロナウイルスの感染拡大を受け、全額免除・猶予者は前年度比26万人増の609万人となり、基礎年金制度が導入された1986年度以降、最多となった。
2021/7/26	高校入学料、納付書払いに＝鳥取県教委	鳥取県教育委員会は、県立高校の入学料の支払いを納付書払いにする。これまで県収入証紙での納付を求めていたが、知事部局が廃止を決め、保護者の負担軽減の観点からも納付書に切り替えることにした。
2021/9/3	税務システム標準仕様書を策定＝全市区町村、25年度末までに移行－総務省	総務省は、地方税の情報システムに関する標準仕様書を策定した。全国の市区町村に対し、2025年度末までに仕様書に適合したシステムに移行するよう求める。個人住民税、法人住民税、軽自動車税、固定資産税、収滞納管理の5分野について、業務に必要な機能要件などの検討を進めていた。

6. 金融

　地方自治体に代わって市場からの資金調達を担う地方公共団体金融機構は20年2月、初めて環境債（グリーンボンド）による5億ユーロ（約600億円）の資金調達を実施した。自治体でも環境や社会貢献のための債券を発行するところが出てきている。神奈川県川崎市は21年8月に政令市として初めてグリーンボンドを50億円発行した。また、福岡県北九州市はグリーンボンドと社会貢献債（ソーシャルボンド）の両方の特長を併せ持つサステナビリティボンドを15億円発行した。調達した資金は環境改善や社会課題の解決につながる事業に活用する。また、三重県の鈴木英敬知事は

これまでハード事業に限定されているグリーンボンドの使途をソフト事業にも使用可能とするよう河野太郎規制改革担当相（当時）に要望した。

　群馬県前橋市は、中心市街地活性化事業の委託に際し、歩行者数の増減に応じて報酬が変動する仕組みを導入した。ソーシャル・インパクト・ボンドの仕組みを活用しており、21年9月から24年3月までの2年半で、21年2月時点の歩行者数（4万248人）と比較して24年2月の歩行者数が4万5915人以上なら支払額が最大の1310万円、4万1410人以下の場合は740万円とし、4段階に分かれている。受託したのは市から都市再生推進法人に指定されている前橋デザインコミッション。

図表Ⅱ-3-6　金融の動き

年月日	見出し	内　　容
2020/10/22	借入契約、押印原則廃止へ＝監督指針、来年6月までに見直し－金融庁	金融庁は、政府の規制改革推進会議の作業部会で、金融機関が借り入れ契約などの際、顧客に面前で契約書に押印するよう求めている原則を廃止すると表明した。監督指針の表記を見直し、契約時に必要な手続きの柔軟な運用を促す。

2020/10/22	寄付金で返礼品開発補助＝大阪府泉佐野市	大阪府泉佐野市は、ふるさと納税の寄付金を原資に、新たな返礼品を開発する事業者に補助金を交付する仕組みを始める。市内外の企業や個人事業主を対象に、新たな食品加工場の建設といった事業計画の提案を募集。特設サイトを通じクラウドファンディングで寄付を募る。一定の寄付が集まった場合のみ、事業者は補助を受けて事業に着手できる。
2020/11/10	日銀担保、地方債活用に広がり＝承諾手続き迅速化を－総務省	金融機関が日銀から資金供給を受ける際に地方債を担保として差し入れる動きが広がっている。総務省のまとめでは、日銀が担保として受け入れた地方債の残高は、証書貸付債権の場合、9月末で1兆8826億円と、日銀が担保として適格と認める地方債の対象を拡充した昨年6月末（4942億円）の4倍程度となっている。
2020/11/24	地方3公社債を購入可能に＝債務保証付きが条件－静岡県出納局	静岡県出納局は、資産運用を強化するため、県が購入できる債券に地方3公社債を条件付きで加える要領改正を行った。金利は地方債とほぼ変わらないため運用益の増加は見込めないが、債券の人気が上がって買いづらくなっていることから購入の選択肢を広げた。
2020/11/25	公立病院に活用、34団体166億円＝コロナ対策の特例企業債－総務省	新型コロナウイルス感染拡大の影響で生じた地方公営企業の資金不足を補う「特別減収対策企業債」について、9月末までに38団体が発行手続きを終え、同意等実績額の合計は約238億円となったことが分かった。総務省によると、このうち34団体は病院事業への活用で、同意等実績額は約166億円に上った。
2020/12/15	自治体減収、幅広く支援＝地方消費税や軽油引取税－総務省	総務省は、地方自治体の税収不足を穴埋めする地方債「減収補填債」の対象を拡大する方針を明らかにした。2020年度に限り、地方消費税や軽油引取税など7税目を追加する。
2020/12/21	自治体への交付税大幅増＝コロナで税収減、赤字債増発－来年度予算案	新型コロナウイルス感染拡大の影響による税収減で見通しが厳しい地方財政に配慮し、国が自治体に配る地方交付税の総額を前年度より9000億円多い17兆4000億円と決めた。増えるのは3年連続で、17兆円台に達するのは8年ぶり。
2020/12/22	コロナ対策の特例企業債延長＝公立病院などの資金繰り支援－総務省	総務省は、新型コロナウイルス感染拡大の影響で生じた地方公営企業の資金不足を補う「特別減収対策企業債」の期限を2021年度まで延長する。コロナ終息のめどが立たない中、感染患者の受け入れや一般患者の受診控えによる収入減で経営状況が厳しい公立病院を中心に、引き続き配慮が必要だと判断した。
2021/ 1/22	大雪、対応策を整理＝除雪や農業再建を支援－内閣府防災	内閣府防災は、各地で大雪被害が出たことを踏まえ、関係省庁災害対策会議を開催した。被災した自治体を支援するための対応策のメニューを整理。除排雪事業の支援と、農林水産業、中小企業への支援を柱とした。
2021/ 1/22	コロナ対応資金、融資限度1.5倍に＝中小企業の事業継続支援－福岡市	福岡市は、中小企業や小規模事業者の資金繰りを助ける「市新型コロナウイルス感染症対応資金」について、融資限度額を4000万円から6000万円に引き上げて取り扱いを始めた。
2021/ 2/10	無利子期間中の借り換え可能に＝中小企業向けコロナ対応資金要綱を改正－神奈川県	神奈川県は、新型コロナウイルスの感染拡大により事業運営に影響を受けている中小企業向けの制度融資「コロナ対応資金」について、3年間の実質無利子融資期間中でも借り換えができるよう資金要綱を改正した。
2021/ 2/25	ふるさと納税で課題解決学習を支援＝神奈川県鎌倉市	神奈川県鎌倉市は、市内の小中学校が授業で課題解決型のプロジェクト学習を行う際に、大学やNPOなど外部と連携するための費用を賄うため、「スクールコラボファンド」として寄付を募っている。
2021/ 3/10	京都銀がまちづくりファンド＝古民家活用、地域再生	京都銀行は、地域再生を支援する「京銀まちづくりファンド」を設立し、京都府宇治市の地域コミュニティー育成事業に出資したと発表した。古民家や空き公共施設などを、店舗や宿泊施設として再活用する事業に投資する。資金総額は、一般財団法人の民間都市開発推進機構との折半出資で計2億円。
2021/ 3/23	市町村の産業団地開発に無利子貸し付け＝岡山県	岡山県は、市町村による産業団地開発の経費に対し、無利子貸し付けを実施する。近年、企業誘致数が堅調に推移したことで公共団地が少なくなっており、市町村の用地確保をサポートすることで新たな誘致につなげる。
2021/ 3/26	デジタル通貨、4月から実験＝官民連携で協議会－日銀	日銀は、中央銀行が発行するデジタル通貨（CBDC）に関する実証実験を4月に開始する方針を明らかにした。官民の情報共有を推進する連絡協議会も設置し、初会合を開催した。
2021/ 3/30	市場公募債、3900億円超発行へ＝神奈川県の21年度計画	神奈川県は、2021年度に3900億円超の市場公募債を発行するとの年度計画を発表した。内訳は10年債が1200億円、5年債が1000億円、20年債が400億円、期間未定の超長期債が200億円、共同発行債が700億円。これとは別に、フレックス枠として初めて400億円を設定したほか、グリーンボンドの5年債も発行する予定。

2021/ 4 / 7	全国型市場公募地方債を初導入＝富山県	富山県は、2021年度から初めて導入する全国型市場公募地方債の発行見通しを公表した。新型コロナウイルスの影響で税収が落ち込む中、安定的に財源を確保するのが目的。調達額は100億円で、償還年限は10年。発行時期は今年秋ごろを予定している。
2021/ 6 /11	「サステナビリティボンド」発行へ準備＝北九州市	北九州市は、「サステナビリティボンド」の発行に向け準備を進めている。調達した資金を環境の改善や社会課題の解決につながる取り組みに充当する債券で、市によると、発行すれば全国の自治体で初めてになるという。
2021/ 6 /17	環境債、ソフト事業へ充当可能に＝河野規制改革担当相に要望－鈴木三重知事	三重県の鈴木英敬知事は、河野太郎規制改革担当相とオンラインで会談し、地球温暖化対策など環境分野の取り組みのために起債する「グリーンボンド（環境債）」の使い道について、現行の公共施設建設などのハード事業のみからソフト事業でも使用可能とするなど31項目を要望した。
2021/ 6 /30	SIBによる大型介護予防プロジェクト＝5億円の基金設立－愛知県豊田市	愛知県豊田市は、ソーシャル・インパクト・ボンドを活用した官民連携の介護予防事業「ずっと元気！プロジェクト」を実施すると発表した。期間は5年間で、年間5000人程度の参加を目指し、介護保険給付費を総額10億円削減するのが目標。
2021/ 7 /13	バイオ企業支援、官民連携ファンド設立＝札幌市	札幌市は、バイオベンチャーの起業促進、事業拡大を目的として、金融機関などと連携し、「札幌イノベーションファンド」を設立した。健康医療・バイオ分野に特化した官民連携地域ファンドは、政令市で初めて。事業化までに長時間を要する同分野の育成に、資金面で支援するのが狙いだ。
2021/ 8 / 5	電子版の地域通貨導入＝宮崎県延岡市	宮崎県延岡市は、独自の地域通貨制度「のべおかCOIN」の運用を開始した。電子マネーとして市内の加盟店で使えるほか、健康づくりやボランティア活動の参加などに対してポイントが付与され、1ポイントを1円として利用できる。
2021/ 8 / 6	グリーンボンド50億円、即日完売＝川崎市	川崎市は、政令市としては初となる「グリーンボンド」の発行条件を決定し、即日完売したと発表した。グリーンボンドは環境改善効果のある事業に使途を限定した債券。50億円の発行額に対し、金融機関や自治体、企業など51団体から計690億円の投資表明があり、購入希望額に応じて配分した。
2021/ 8 /23	宝くじ収益で人口減対策の助成金＝鹿児島県市町村振興協会	鹿児島県市町村振興協会は、「市町村振興宝くじ」収益金を財源にして、人口減少対策に取り組む地区・集落や市町村を支援する「市町村振興助成金交付事業」を新設した。地方債券の原資や市町村の一般財源として活用されてきた宝くじ収益を、申請・審査を経て個別事業に充てるのは全国でも珍しい。
2021/ 8 /24	SDGsアクションファンド設立＝社会貢献「見える化」で資金調達－神奈川県	神奈川県は、ミュージックセキュリティーズと共に、事業による社会貢献を見える化し、資金調達を促進するための「かながわSDGsアクションファンド」を設立したと発表した。クラウドファンディングで2つのファンドを立ち上げ、募集を開始した。
2021/ 9 /10	「他の地方債と差別化」＝自治体初「サステナビリティボンド」－北橋北九州市長	北九州市の北橋健治市長は、自治体初となる「サステナビリティボンド」を発行することについて、「他の自治体が発行する地方債との差別化が図られ、債券市場における北九州市債の評価を向上させる」と述べ、意義を強調した。
2021/ 9 /22	サステナビリティボンドを購入＝福岡県糸島市	福岡県糸島市は、鉄道建設・運輸施設整備支援機構発行の「サステナビリティボンド」を1億円分購入した。市はこの債券への投資を通じて、持続可能な社会づくりの役割を果たしたい考え。
2021/10/14	売り上げ減の中小企業に給付金＝静岡県藤枝市	静岡県藤枝市は、新型コロナウイルス対策の緊急事態宣言の発令により、売り上げが大幅に落ち込んだ市内の中小企業や自営業、農業従事者などに対し、1事業者当たり10万円の給付金を支給する。市が独自に取り組むもので、長引くコロナ禍で厳しさを増す事業者の資金繰り支援が目的。
2021/10/26	歩行者の増減で委託先の報酬変動＝成果連動型で市街地活性化－前橋市	前橋市は、市中心部で歩行者数の増加を図る中心市街地活性化事業を、成果連動型の業務委託により実施している。事業による歩行者の増減に応じて報酬が変動する仕組みで、最大570万円の差が生じる。また、成果確定までの事業費は民間資金を活用した「ソーシャル・インパクト・ボンド」の仕組みで調達する。

第4章

公民連携を取り巻く環境

1. 行財政改革

　総務省が公表した速報値によると、2020年度の地方税収はコロナ禍の影響を受けて法人2税（法人住民税、法人事業税）が落ち込み、前年度比で約7000億円の落ち込みとなった。元々20年度の地方税収は43兆円を見込んでいたが、41兆7000億円となった。都道府県では法人県民税が前年度比36.8％減、法人事業税が同7.4％減、減少を予測する声も上がっていた地方消費税は地財計画額を下回ったものの、税率が20年度から2.2％に引き上げられたことを受けて前年度を上回った。市町村では法人市民税が26.8％減となった。また、21年度の地方税収額はさらに減少して39兆6000億円を見込んでいる。財源不足額は財政調整基金の取り崩しや事業の見直し、減収補

填債の発行等で対応することが見込まれる。

　茨城県取手市議会は、完全オンライン用の会議規則等の策定を目指して課題を洗い出すためのオンライン模擬本会議を実施している。早稲田大学マニフェスト研究所、地域経営推進センター、東京インタープレイとの協定に基づく調査研究の一環。オンライン会議規則の素案を作成したうえで模擬本会議を開催した。なお、委員会については会議規則、委員会条例を改正してオンラインでの招集、出席、表決を可能にしている。海外では、インターネットでの開催だけでなく、市民の傍聴もオンラインで可能にしたり、電話による参加や意見表明等を可能にしたりしている自治体もある。今後、行政のデジタルトランスフォーメーション（DX）が進んでいけばより開かれた議会の開催が可能になるだろう。

図表Ⅱ-4-1　行財政改革の動き

年月日	見出し	内　　容
2020/10/12	85％超が税収減予想＝コロナで厳しい予算編成に一都道府県と84市・地方行財政調査会	地方行財政調査会が実施した47都道府県と84市の2021年度予算編成に関する調査で、85％を超える113団体（37道府県、76市）が税収の減少を予想していることが分かった。シーリングを今年度より厳しく設定すると回答した自治体も相次いだ。
2020/10/15	事業廃止で要求上乗せ可能＝21年度予算編成方針―山梨県	山梨県は、2021年度当初予算編成方針を発表した。新型コロナウイルスの感染拡大による影響で税収の大幅な減少が見込まれることから、「徹底した選択と集中」（長崎幸太郎県知事）を行うこととし、事業の廃止を行った場合には、削減額の20％を要求額に上乗せできるとした。
2020/10/22	ズーム日本法人と連携協定＝自治体で初―大分県	大分県は、ビデオ会議システムなどを提供する「Zoomビデオコミュニケーションズ」の日本法人「ZVCジャパン」と連携協定を結んだ。新型コロナウイルス感染拡大で需要が高まるオンラインでの行政サービス向上に今後連携して取り組む。
2020/10/27	一般経費の一部にマイナスシーリング＝来年度予算、10年ぶり―仙台市	仙台市は、2021年度予算編成に当たり、一般経費の一部について10年ぶりにマイナスシーリングを設定した。新型コロナウイルスの影響で厳しい財政運営が見込まれるためで、約8億2000万円を捻出する。

日付	見出し	内容
2020/11/18	オープンデータを可視化＝沖縄県浦添市	沖縄県浦添市は、市が保有するオープンデータを可視化し、庁内外の誰もが簡単に分析できるようなシステムを開発する。新型コロナウイルス感染症で生活様式が変化するのに合わせ、新たな事業やサービスを展開しやすい環境を整える。事業費は約2000万円で、地方創生臨時交付金を活用する。
2020/11/24	事業見直しで17の視点提示＝三重県桑名市	三重県桑名市は、2021年度当初予算編成に当たり、各課で事業を見直し、経常的経費削減を検討する際の17の視点を職員に示した。市によると、7月に視点を提示した後、9月中旬時点で歳入確保や歳出削減で約4億円の効果が出ているという。
2020/12/3	事業費19億円の土地取得凍結＝長野県松本市	長野県松本市の臥雲義尚市長は、市の公文書に関する点検の中で、総額19億円と試算された市内整備事業に関する用地の取得を凍結すると発表した。
2020/12/8	「ジョブ型雇用」67人に＝社会情勢の変化に対応―神戸市	行政ニーズの多様化や複雑化に対応するため、神戸市は、民間人材の活用に力を入れている。情報通信技術、産業振興、広報などの分野で専門的なスキルや経験を持つ人材を、任期付き職員や非常勤の嘱託職員などとして登用。本格的に雇用を始めた2015年度末は16人だったが、20年11月時点で計67人に増えた。
2020/12/22	来年度予算、2桁のマイナス編成も＝東京都調布市	東京都調布市は、2021年度一般会計予算の大幅な規模縮小が避けられず、マイナス幅は10％以上にも及ぶとの見通しを立て、詰めの編成作業に入った。基金の取り崩しや公共事業の絞り込みなどを通じ、必要な市民サービスを維持する方針だ。
2020/12/25	官民連携でDX推進、初会合＝熊本県	熊本県は、県内のデジタルトランスフォーメーションを推進するため、「DXくまもと創生会議」を立ち上げ、初会合を開いた。有識者からの意見を基に、官民でDX推進の機運を高め、県の将来発展につなげるのが狙い。
2021/1/22	市町村の財政運営改善へ助言役＝公営企業戦略策定など支援―総務省	総務省は、地方公営企業の経営戦略づくりなどを支援するため、自治体にアドバイザーを派遣する事業を地方公共団体金融機構と共同で始める。ノウハウ不足で取り組みが遅れている小規模市町村を中心に、約500の団体・公営企業への派遣を想定している。
2021/1/22	一元化条例の骨子案決定＝広域行政での府権限を強化へ―大阪府・市	大阪府と大阪市は、副首都推進本部会議を市役所で開催し、府市で統合してきた広域行政に関する事業などが廃止されないようルールを設ける「広域一元化条例」の骨子案を決定した。今後は同案に対するパブリックコメントを募った上で、2月の府市両議会で正式な条例が提案される予定だ。
2021/1/28	交代制の在宅勤務を実施＝新潟県三条市	新潟県三条市は、職員の新型コロナウイルス感染予防対策の一環で、交代制の在宅勤務を実施している。在宅勤務を可能とするため、リモート専用のパソコンも90台準備した。
2021/2/10	コロナ禍でデジタル化進む＝島根、福井両県が顕著―野村総研	野村総合研究所は、新型コロナウイルスの感染拡大の前後で国内のデジタル化が大きく進んだとする報告書をまとめた。全国的にマイナンバーカードの取得が増え、国や自治体によるオンライン行政手続きの利用者も増加。住民のインターネット利用頻度なども高まり、同社の独自指標によると、都道府県別では特に島根、福井両県で顕著な伸びが見られた。
2021/2/26	「行政事務センター」設置へ＝職員の負担軽減―札幌市	札幌市は、市役所の事務を1カ所にまとめ、入力作業など簡易業務を民間の委託業者が処理する「行政事務センター」を設置する。委託するのは「児童手当現況届」や「敬老優待乗車証の新規発行」の受け付けなど5業務で、21年度中に、さらに10業務程度を追加で委託する予定だ。事業費は委託料など約9900万円。
2021/3/26	広域一元化条例成立＝「都構想」代案から後退―大阪市議会	大阪市の都市計画権限の一部を大阪府に委託する一元化条例が可決、成立した。維新は当初、昨年の住民投票で否決された「大阪都構想」の代案と位置付け、知事への権限集約を目指したが、公明の求めに応じて修正した結果、権限が大幅に縮小された形だ。府議会でも同様の条例が可決されており、ともに4月1日に施行される。
2021/3/29	長寿祝い金、100歳除き廃止＝北海道千歳市	北海道千歳市は、節目の年齢を迎えた高齢市民に贈呈している長寿祝い金を大幅に見直す。77～99歳に計3回支給していた分を廃止し、100歳のみ減額して継続する。
2021/4/6	標準化法案が審議入り＝自治体システムを統一	地方公共団体情報システム標準化法案が衆院本会議で趣旨説明と質疑が行われ、審議入りした。標準化法案では、自治体に対し基準に適合したシステムの導入を義務付ける。現在は、自治体ごとに独自にシステムを構築しているが、統一することで情報連携の円滑化や、システム改修に伴う費用負担の軽減を図る。
2021/4/7	郵便局業務委託で支所閉鎖へ＝愛知県豊根村	愛知県豊根村は、合併前に旧富山村役場だった富山支所を閉鎖し、富山郵便局に窓口業務を委託する方針だ。試算では、年に約1200万円掛かっていた支所の維持経費を、業務委託費用約50万円と会計年度任用職員の人件費のみに抑えられる見込み。
2021/4/8	事務委託に関する規約案を協議＝一元化条例成立で―大阪府市	大阪府と大阪市は、市から府に都市計画権限の一部を事務委託する一元化条例の成立に基づき、副首都推進本部会議を開いた。5月議会までに規約案を取りまとめ、府市両議会に正式に提出する方針だ。今秋までに事務委託を行うための新たな組織体を府市で共同設置することも確認した。

2021/4/15	RPAで1000時間削減＝入札、検診意向調査で－宮城県名取市	宮城県名取市は、入札の申請業務と住民の検診意向調査の業務にロボティック・プロセス・オートメーションや光学式文字読み取り装置を導入する実証実験を行い、計約1000時間を削減した。21年度は税徴収や福祉といった効率化が期待できる業務に拡大する方針だ。
2021/6/11	官民連携でDX推進＝滋賀県	滋賀県は、デジタルトランスフォーメーションを推進する官民連携組織「滋賀県DX官民協創サロン」を開設した。外部人材から県の施策への助言を得るとともに、県内外の企業と連携して県庁各部署や県内市町、県内事業者への支援に取り組む。
2021/6/11	収支改善へ歳出上限＝5年で1644億円捻出－京都市	京都市は財政運営の健全化に向け21年度から5年間の行財政改革計画案の概要を公表した。25年度まで一般源源の歳出の各項目に上限を設定。5年間で1644億円を捻出し、収支改善を図る。これにより財源不足額は計2800億円から計1156億円に圧縮できる。
2021/6/15	残骨灰内の貴金属を売却＝広島市	広島市は、火葬場での残骨灰に含まれる貴金属について、売却する方針を決めた。売却で得たお金については、火葬場の整備や運営費用などに充てる。22年度は処理に掛かる費用や委託方法などの見直しを行いながら試行的に実施する。
2021/6/29	残業減へPC自動停止＝京都市	京都市は、職員の残業時間を減らすため、一定の時刻になると業務用PCが自動的にシャットダウンするシステムの利用を始めた。働き方改革の推進や人件費の抑制につなげる。
2021/7/30	自販機収益で防犯カメラ設置＝福岡県大川市	福岡県大川市は、公共施設に清涼飲料水の自動販売機を置き、販売収益の一部で防犯カメラを設置する協定を2社団法人と締結した。既に公園などに防犯カメラを取り付け、運用を始めた。コストを掛けずに犯罪抑止などにつなげるのが狙い。
2021/9/3	行政で民間複業人材を登用する実証実験を開始＝三重県伊賀市	三重県伊賀市は、複業マッチングプラットフォーム「複業クラウド」を展開する株式会社Another worksと協定を締結し、行政に民間複業人材を登用する実証実験を開始した。
2021/9/7	町村の財政シミュレーションを支援＝大阪府	大阪府は、府内の10町村に少子高齢化の影響を加味した行財政改革を促すため、15年間にわたる中長期の財政シミュレーションの作成を支援している。収支不足が発生する場合は住民サービスの見直しを伴う改革が必要となるため、議会や市民との意見交換に役立ててもらう。
2021/9/13	移譲根拠法律数は259本、延べ2912本＝都道府県の市町村への事務移譲－地方行財政調査会	地方行財政調査会は、47都道府県を対象に、市町村に移譲している事務で当該事務の根拠が条例上明らかなものについて、法律名、該当条項、移譲の状況を調べた。47都道府県が市町村への事務移譲の根拠としている法律数は、2021年4月1日現在259本（47都道府県全体で延べ2912本）。
2021/10/18	地方創生に向けた市民の様々な活動を支援する地域応援元気づくり補助金を創設しました＝北海道北斗市	北海道北斗市は、人口減少や少子高齢化が深刻な社会問題となっている中、多様な市民活動の促進と地域コミュニティの形成を図り、地域の活性化と市民協働のまちづくりを推進するため、北斗市の創生に向けた市民主体の様々な活動に対し、必要経費の一部を助成する「地域応援元気づくり補助金」を創設した。
2021/10/18	戸籍届け出の押印欄削除＝東京都品川区	東京都品川区は、戸籍届け出の押印義務廃止に伴い、押印欄を削除した戸籍届け用紙6種をホームページで公開した。記入漏れなどを防ぐ独自の改良を加えた記入欄も導入。区は、こうした取り組みは全国的に珍しいとしている。
2021/10/27	行政ニーズ特化のドローン開発へ＝官民連携で検討会－国交省	国土交通省は、災害復旧や地形測量などさまざまな行政ニーズに対応できるドローンの開発に乗り出す。関係団体や有識者らで構成する検討会を発足。災害現場などで目視する手間を省き、生産性の向上につなげることを目指す。
2021/10/28	入札で年5000万円の電気代削減＝岐阜県海津市	岐阜県海津市は、公共施設の電気料金の契約を見直し、59施設で年間計約5000万円を削減した。電力供給に関する一般競争入札を初めて行った。
2021/10/29	競争入札参加申請書で標準様式＝自治体に活用促す－総務省	総務省は、事業者が自治体に提出する競争入札参加資格審査の申請書について、標準様式を作成した。標準様式の活用に加え、申請手続きのオンライン化に向けた検討を促す通知を出した。

2. 公共施設

内閣府は2021年4月「公共施設の非保有手法に関する基本的な考え方」をまとめた。自治体等が自ら施設を保有せず民間事業者が保有する施設を活用して公共サービスを提供する手法を「非保有手法」と呼び、主な事業スキームとして、リース方式、BOO方式、民間サービスによる代替方式、施設借り上げ方式等を挙げている。これらの方式について、それぞれの特徴、ス

キームの概要、メリットや適用が有効と考えられる事業、留意点などを整理した。また、先進事例として庁舎、社会福祉施設、体育施設、子育て支援施設、廃棄物処理施設、公営住宅が紹介されている。

広島県と広島市は県営住宅と市営住宅の管理一元化を目指していたが、県営住宅を市に移管した場合の更新や維持管理費の扱いなどが見通せず、断念することを決めた。一方で、県と市で協定を結んで住宅供給量の設定方法や再編・集約についての協議を行うこととした。すでに入居者の募集事務を県の指定管理者と市の区役所の両方

で受け付けるなど事務の共同化は行っている。

兵庫県は、県内の市町にとって負担が大きい文化ホールや体育施設などの共同管理や統廃合を支援するためのワーキンググループ（WG）を立ち上げた。前年までに実施したアンケートでホールなどに課題を持つ自治体が9割を超えていたことから、近隣の市町で構成するWGを三つ立ち上げ、文化ホールや体育館・プールなどの将来の在り方を話し合う。県独自の共同管理や統廃合経費の補助・無利子貸し付けなども実施する考えだ。

図表Ⅱ-4-2　公共施設の動き

年月日	見出し	内　　容
2020/10/12	住民の声を公共施設再編に＝宮城県登米市	宮城県登米市は、2005年の合併で統合された旧米山町内の公共施設の再編統合を進める一環で、住民ワークショップを開いて意見を聞いている。支所や公民館、学校などを一つにまとめる案が検討されており、住民の声を反映させる。
2020/11/20	図書館をショッピングモールに移転＝熊本県荒尾市	熊本県荒尾市は、老朽化が進む市立図書館を市内のショッピングモールに移転する。紀伊国屋書店が指定管理者となる連携協定を締結。整備費は約7億円。20年間のランニングコストを含め、費用は新設する場合の半分程度に抑えられるという。
2021/1/7	県営施設にテレワークルーム＝福井県	福井県は、働き方改革や新型コロナウイルスでテレワークの需要が高まっている現状を踏まえ、中小企業産業大学校にテレワークルームをオープンした。テレワークルームは7室で、いずれも20平方メートル。
2021/2/9	全公共施設を再エネ100％電力化＝25年度までに－北九州市	福岡県北九州市は、市内の再生可能エネルギー発電所の電力を利用し、2025年度までに全ての公共施設を再エネ100％電力化すると発表した。21年度は本庁舎や区役所、小中学校で実施し、25年度までに約2000施設へ順次拡大していく。
2021/2/24	公営住宅の管理一元化断念＝再編、集約は協議－広島県、広島市	広島県と広島市は、市内の県営住宅と市営住宅の管理一元化について、断念することで合意した。県営住宅の管理運営を市に移管する方向で話を進めてきたが、建て替えや維持管理経費の扱いなど将来にわたるビジョンが見通せないことが課題となった。
2021/3/25	県有10施設見直しで最終報告＝県民会館は引き続き検討－山本群馬知事	群馬県の山本一太知事は、群馬県民会館など県有10施設を対象に検討していた、施設の在り方の見直しに関する最終報告を公表した。懸案となっていた県民会館については、前橋市との連携による維持が可能かを引き続き検討し、2021年度中に結論を出す。
2021/4/1	市民参画の複合公共施設着工＝大阪府茨木市	大阪府茨木市は、図書館やホールなどを備えた市庁舎前の複合公共施設の整備事業に着手する。市民による「100人会議」を設置し、社会実験を繰り返して「みんなで育てる」をコンセプトとした。総事業費は約151億円で、2023年度の竣工を目指して事業を進める。
2021/4/6	老朽化庁舎、条件付き売却へ＝スーパー、住宅整備－新潟市	新潟市は、市庁舎の再編で廃止した白山浦庁舎を条件付きで売却する。庁舎の解体撤去に加え、跡地利用策として食料品スーパーと住宅整備を両立させることを売却条件とした。スーパーを求める地域住民の声や、定住促進につなげたい市の考えを踏まえ、条件を設定した。
2021/4/27	行財政構造改革プラン決定＝スケート場の市営を終了－相模原市	神奈川県相模原市は、2027年度までの7カ年の行財政構造改革プランを決定した。計画期間中に累計で816億円の歳出超過が生じると試算、事業の見直しと歳入確保を並行で進める。歳出削減策では、計画期間中に改修・更新に20億円以上を予定している27の公共施設を中心に廃止・集約を検討する。

2021/4/29	変わる庁舎スペース活用策＝サテライトオフィス、5Gに－政府	新型コロナウイルス禍でテレワークなどデジタル技術で変革を促すデジタルトランスフォーメーションが注目される中、政府庁舎の空きスペース活用策が時代の流れに合わせて変化している。政府はこのほど民間事業者に対しサテライトオフィス用に貸し出す取り組みを開始。運営は民間が担い、政府はエントランス部分など立ち入り制限外の区域を貸し出して賃料を得る仕組みだ。
2021/7/7	老朽化施設の共同運用でWG＝市町連携後押し－兵庫県	兵庫県は、老朽化が進む文化ホールや体育館などの公共施設について、市町の共同管理や統廃合を支援するため、近接する市町でつくるワーキンググループを立ち上げた。文化ホールや市民プールなどの将来の在り方について話し合う。
2021/8/11	県営国民宿舎の活用検討＝宮崎県	宮崎県は、老朽化が進む県営国民宿舎について、2024年度以降の活用の在り方を検討する。外部有識者らによる検討委員会を設置し、改修や有効活用などを選択肢に幅広く議論。21年度中に基本計画を策定する。
2021/9/3	一時療養ステーションを設置＝東京都町田市	東京都町田市は、新型コロナウイルスの感染者を対象とする一時療養ステーションを設置した。市の医師会と協力し、公共施設を活用して実施する定員は11人。約1カ月程度開設する予定。
2021/9/8	パラリンピック選手村が閉村＝居住棟はマンションに	5日に閉幕した東京パラリンピックの選手村が閉村した。五輪とパラリンピックの期間中に選手が滞在した居住棟は年末に大会組織委員会の管理を離れ、分譲マンションとして使われる。雑貨店やカフェなどが入ったビレッジプラザとメインダイニングホールは、解体後の来年3月末に敷地を東京都へ返却。
2021/10/8	県庁にコワーキングスペース整備へ＝鹿児島県	鹿児島県は、桜島を一望できる展望スペースとして一般開放している県庁最上階に、官民連携のコワーキングスペースを整備する。県内のNPO法人に整備と運営を委託する。
2021/10/25	学校への公共施設集約を促進＝改修補助2分の1に引き上げ－文科省	文部科学省は、老朽化した公立学校の改修に合わせて、同じ建物に図書館や福祉施設といった公共施設を集約する自治体への財政支援を拡大する検討に入った。早ければ2022年度にも、改修費に対する補助率を現行の3分の1から2分の1に引き上げる方向だ。
2021/10/28	耐震化率95.1％＝防災拠点の公共施設－総務省消防庁	総務省消防庁は、災害時に防災拠点となる公共施設の耐震化に関する調査結果を公表した。2020年10月時点で自治体が所有する18万5472棟のうち、耐震基準を満たしているのは95.1％で、前年度から0.9ポイント上昇。災害対策本部を設置する市町村庁舎の耐震化率は1.8ポイント上昇し、83.9％だった。

3. インフラ

時事通信社の調べによると、東日本大震災から10年が経過した2021年度以降も岩手、宮城、福島の被災39自治体のうち72％が他自治体からの応援職員を継続して受け入れる方針であるという。このうち、土木職の継続を望む自治体が25あり、一般事務（14自治体）、建築（10自治体）となっている。技術や専門知識を持つ職員の不足などが浮き彫りになった。

国土交通省は、21年5月に閣議決定した第5次社会資本整備計画において、自治体が管理するインフラの集約・再編によるストック最適化を図る。25年度までに集約・再編に向けて取り組む施設の数値目標を定めた。例えば、道路施設では集約・撤去、機能縮小を検討する地方公共団体の割合を25年度に100％（19年度は14％）とすることや、汚水施設の集約等による広域化を図る下水道を同300カ所（同0カ所）とすることなどが盛り込まれている。

内閣府は、人口密集地や夜間に橋梁点検や農作業での空中散布などを行う場合、これまで国土交通大臣の許可や承認を必要としていたが、ひもなどによって係留し、かつ、第三者の立ち入りを制限するなどの対策をすれば許可や承認を不要とする規制改革を行った。

図表Ⅱ-4-3　インフラの動き

年月日	見出し	内　容
2020/10/ 8	上下水道のDX推進＝広島県	広島県は、上下水道事業の効率化やサービスの維持・向上に向け、人工知能を活用した浄水場の自動運転など、デジタルトランスフォーメーションの推進について検討を始めた。効果や課題を探り、2020年度末にもロードマップをまとめる。
2020/11/ 2	道路網計画案を作成＝埼玉県川口市	埼玉県川口市は、現在整備中か未整備の都市計画道路を再検討した「道路網計画」案を策定した。道路の需要や機能・役割、実現の可能性などを検討し、2019年3月時点で117路線、総延長201キロのうち、「廃止候補」と幅員を拡幅、縮小する「見直し候補」の計22路線を抽出した。
2020/11/10	浄水発生土と水草で植栽土壌＝琵琶湖の資源循環目指す－大津市	滋賀県大津市企業局は、浄水場で琵琶湖の水を水道水にする過程で分離する「浄水発生土」と、琵琶湖の水草を原料とする堆肥を混ぜた植栽土壌を製造し、市内の花壇で花の植栽を行った。雨水などで流出した土が琵琶湖に再び戻る資源循環サイクルの実現を目指す。
2020/11/19	公園・河川損傷、LINEで通報＝福岡県春日市	福岡県春日市は、公園や河川施設などの損傷を市民が通報できる機能を備えたLINE公式アカウントの運用を始めた。防災関連やごみ収集といった行政情報を届け、市民の利便性向上につなげる。
2020/11/30	ドローン物流の飛行試験実施＝島根県美郷町	島根県美郷町は、ドローンを使用した物流の実用化に向け、佐川急便と共同で飛行試験を実施する。飛行試験では、拠点の町防災公園から中継地である町内の各公民館2カ所に、20センチ四方で重さ約2キロの箱をドローンが運ぶ。ドローンは、佐川急便東京本社から遠隔操作する。
2020/12/ 7	高速道路への避難、650カ所検討＝津波、水害備え増設へ－国交省	国土交通省は、津波や水害が起きた際、住民が高速道路や国直轄道路などの高い部分に上って避難できるよう施設整備に本腰を入れる。既存インフラの道路を有効活用し、全国的に不足する避難場所の確保を後押ししたい考え。20年度末までに場所を確定させ、数年間での整備完了を目指す。
2020/12/17	「流域治水」推進へ3000億円＝防災・安全交付金から優先配分－国交省21年度予算案	国土交通省は、自治体のインフラ老朽化対策などを支援する「防災・安全交付金」について、地域住民、企業などと連携してハード、ソフト両面から取り組む「流域治水」を推進するため、2021年度予算案に約3000億円の優先配分枠を設ける。
2021/ 1/ 5	下水道は一般会計繰出金に充当＝雨水対策や緊急災害防止対策債－総務省	総務省は、地方自治体向けの「緊急自然災害防止対策事業債」について、下水道事業で活用する場合は一般会計で起債する仕組みとする方針だ。2021年度から、下水道の内水氾濫対策を対象に加えるのに伴う措置。自治体が事業に必要な経費を一般会計から下水道事業会計に繰り出した額に対し、事業債の起債を認める。
2021/ 1 /22	河川改修受け道路、下水道整備＝東京都日の出町	東京都日の出町は、中心部を流れる平井川の改修工事を都が進めているのを受け、周辺区域のインフラ整備計画を策定する。住宅のセットバックなどを通じた町道の整備や、雨水を川に排出する下水道の確保に取り組み、住環境を向上させる。
2021/ 2/ 4	外環道陥没問題で新たに担当課長＝東京都調布市	東京都調布市は、東京外郭環状道路の延伸区間整備に伴う地下トンネル工事で、市道陥没や地下に空洞が見つかるなどの問題が市内において昨秋以来、相次いで起きていることから、対応窓口となる担当課長を組織改正により新設した。事業者側と周辺住民との間の連絡調整や、マスコミ対応などに一元的に当たる。
2021/ 2 /26	AI活用し防災実証訓練＝15市町などと－神奈川県	神奈川県は、人工知能を活用した防災実証訓練を、産学官関係者が参画するAI防災協議会や県内15市町とともに実施した。従来は電話などを使用していた市町村などからの情報収集で、先端技術やITインフラを活用。
2021/ 2 /26	「水中ドローン」の活用推進＝インフラ点検や漁業担い手確保に－国交省	国土交通省は、「海のドローン」と呼ばれる次世代の水中無人潜水機について、自治体の港湾インフラ点検や漁業の担い手確保など新しい分野への活用を進める。21年度以降普及に向けた実証実験に取り組む。
2021/ 2 /26	樹木伐採や無電柱化に助成＝国立公園内の温泉街－環境省	環境省は、国立公園内にある温泉街などの魅力向上を目指し、景観を妨げている樹木の伐採や、宿泊施設の敷地にある電柱の地中化などの費用を2分の1助成する制度を2021年度から始める。
2021/ 2 /24	雪氷状態把握へ実証実験＝JAXAと、福井空港で－福井県	福井県と宇宙航空研究開発機構は、滑走路の雪氷状態をリアルタイムに把握するモニタリングシステムの実証実験を福井空港で始めた。航空機の離着陸や除雪の判断に生かす狙いで、実現できれば、滑走路を封鎖して実地で雪氷状態を確認する必要がなくなり、飛行機の遅延や欠航を減らす効果が期待できる。
2021/ 3/ 3	72％が受け入れ継続＝応援職員、復興遅れ－東日本大震災の被災市町村調査	東日本大震災の復興支援のため全国の自治体などが派遣している応援職員について、岩手、宮城、福島3県の被災39市町村のうち、72％（28市町村）が2021年度以降も継続して受け入れる予定であることが時事通信社の調査で分かった。

2021/3/7	崩落の阿蘇大橋が開通＝熊本地震から4カ月11カ月ー観光復興に弾み	2016年4月の熊本地震で崩落した国道325号阿蘇大橋ルートが開通した。震災から約4年11カ月。熊本市方面と阿蘇地域をつなぐ国道、県道の復旧が全て完了した。「阿蘇の玄関口」の開通で、観光復興にも期待が寄せられている。
2021/3/8	復興予算、総額38兆円＝インフラ再建、人口流出で誤算もー東日本大震災10年	東日本大震災や東京電力福島第1原発事故からの復興のため、政府が計上した関連予算は2020年度まで10年間の累計で約38兆円に上る。防潮堤の再建や道路の整備は進み、かさ上げされた街も復興を遂げつつある。しかし、人口流出が続く地域では整備されたインフラを活用し切れない誤算も。
2021/3/23	公営企業局と下水道部を統合＝松山市	愛媛県松山市は、公営企業局と下水道部の統合を含む組織改正を発表した。下水道部は統合に伴い廃止し、下水道業務を公営企業局に移管する。「上下水道サービス課」を設置し、上下水道に関する各種手続きをワンストップでできるようにする。
2021/4/9	無電柱化4000キロ目標＝25年度までに着手、防災など重点ー国交省	国土交通省は、今後5年間の無電柱化の推進計画案をまとめた。災害時の救急や物資輸送のルートとなる緊急輸送道路などで重点的に進め、2025年度までに全国約4000キロで新たに無電柱化に着手する目標を掲げた。
2021/4/21	地デジ放送波活用し防災情報＝兵庫県加古川市	兵庫県加古川市は、民放局の地上デジタル放送波を使った防災情報伝達システムの新たな構築に乗り出した。既存の地デジ放送インフラを活用し、コストを抑えながら質の高い受信環境を整備する。
2021/4/24	相馬ー福島間が全線開通へ＝被災地沿岸部と直結ー東北中央道	東北中央自動車道の相馬ー福島間（45.7キロ）が全線開通する。東日本大震災の被災地を結ぶ「復興支援道路」の一つと位置付けられている。開通により、沿岸部を通る常磐自動車道と内陸部を走る東北自動車道がつながる。
2021/5/18	災害対策で避難所などにインフラ整備＝名古屋市	名古屋市は、主要な指定避難場所となる市立小中学校に災害用Wi-Fiのアクセスポイントを整備するなど、避難所のインフラ強化を進める。小中学校が既に配備しているWi-Fi環境に、災害時に無料で使用できるアクセスポイントを市が追加。避難者が携帯電話などで情報収集や安否確認を行えるようにする。
2021/5/21	下水道の雨水浸入予測にAI＝施設の運転支援で実証事業ー国交省	国土交通省は、下水道設備に浸入する雨水量の予測と流入時の施設運転について、人工知能を活用した技術支援の実証事業に乗り出す。下水道施設の管理に関するデジタルトランスフォーメーションの一環で、運転の効率化とコスト縮減を狙う。効果を検証した後、2023年度に指針を策定する方針。
2021/5/24	道路損傷通報アプリを導入＝沖縄県沖縄市	沖縄県沖縄市は、市民らが道路の損傷などを簡単に通報できる「沖縄市道路通報アプリ」を導入した。スマートフォンのカメラで路上にできた穴や、ガードレール、カーブミラーの破損などを撮影し、位置情報、不具合内容と併せて市に連絡できる。
2021/5/25	インフラ管理で包括委託推進＝自治体向け事例集作成へー国交省	国土交通省は、道路や公園、河川など自治体が保有するインフラの維持管理を効率化するため、複数の業務や施設をまとめて民間事業者に委託する「包括的民間委託」を推進する。今後モデル事例となる自治体を選び、発注する業務の範囲や内容など包括委託の導入に向けたプロセスを整理。
2021/5/26	官民の人材育成へインフラDXセンター開設＝中部地方整備局	中部地方整備局は、インフラ分野のデジタル人材育成拠点となる「中部インフラDXセンター」を開設した。現場とつながれるバーチャル技術や3次元設計などが体験できる。官民の人材育成に活用してもらい、インフラ分野でのDX推進を加速させる。
2021/6/2	道路、公園で太陽光促進＝脱炭素化へ政策パッケージー国交省	国土交通省は、インフラや運輸交通分野の脱炭素化に関する政策パッケージをまとめる。政府が目指す2050年の「カーボンニュートラル」実現に向け、道路や公園、空港といったインフラの敷地を活用して太陽光発電を導入するなど再生可能エネルギーの普及を促進。電気自動車の走行に対応した環境整備も進める。
2021/6/10	インフラの集約再編促す＝管理効率化へ、初の目標設定ー国交省	国土交通省は、道路や河川、下水道といった自治体が管理するインフラの集約や再編を促す。第5次社会資本整備重点計画で、全自治体が2025年度までに、管理する道路の集約、最適化を検討するなどの具体的目標を初めて設定した。
2021/6/16	戸別電力データの活用で検討会＝高齢者見守り、空き家対策にー資源エネルギー庁	資源エネルギー庁は、戸別の電力使用データを活用した新たなサービスを生み出すため、データ利用に意欲的な企業や自治体、専門家らで構成する検討会を近く設置する。データの利用料や解析、個人情報保護の仕組みなどを議論する。検討結果を踏まえ、2022年度にデータ提供のためのプラットフォームを構築したい考えだ。
2021/6/18	ダムで熟成のワインを蔵出し＝作業用トンネルを無償提供ー北海道開発局札幌開発建設部	北海道開発局札幌開発建設部は、管轄する豊平峡ダムの作業用トンネルで貯蔵していたワインや日本茶葉の一部を蔵出しした。インフラストックを活用した地域振興の一環で、2015年から貯蔵場所として企業に無償提供している。
2021/6/30	道路占用のガイドライン策定＝愛知県一宮市	愛知県一宮市は、市が管理する道路で路上イベントなどを行う際のルールや手続き方法をまとめた「道路占用ガイドライン」を策定した。国土交通省のガイドラインを基に、市の道路環境や事例を加え詳細にまとめた。ルールを明文化することで、「道路占用許可」手続きをしやすくする。

2021/7/6	災害時の共用井戸、85件登録＝西日本豪雨の断水教訓に－広島県呉市	2018年7月の西日本豪雨で被災し、広範囲にわたって断水が生じた広島県呉市は、復旧するまで地域の井戸が住民に活用されたことを教訓に、災害時に共用できる井戸の登録制度を20年度に導入した。改修費などを最大5万円補助し、これまでに85件を登録。市は、1000件を目標に普及に取り組んでいる。
2021/7/26	高速料金、大都市圏に変動制＝本格導入を提言－国交省審議会	社会資本整備審議会は、高速道路の在り方に関する中間答申をまとめた。大都市圏の渋滞緩和に向け、混雑状況に応じて料金を変動させる制度の本格導入を提言。現在2065年までとしている料金徴収期間の延長を明記。
2021/7/26	埋設物調査、ウェブで申請＝大阪ガス、NTT西との3者間－堺市上下水道局	堺市上下水道局は、大阪ガスやNTT西日本との3者間で道路地下の埋設物調査や施工協議などの申請をやりとりする際、ウェブで受け付ける取り組みを試行している。期間は9月30日までで、NTT西のシステムを利用している。
2021/8/2	職員にドローン研修＝松江市	松江市は、職員向けに初のドローン研修を行う。座学での講義とデモンストレーション、操縦体験で構成。ドローンを活用できる分野が多岐にわたることから、市の業務での活用が進むことを期待している。
2021/8/3	デジタル人材でキャリアパス導入＝長野県	長野県は、9月実施の職員採用試験で初めてデジタル人材を募集するに当たり、キャリアパスとして二つの昇任モデルを導入する。県組織で長く働けることを受験者がイメージしやすくするのが狙い。
2021/8/6	県産材でガードレールを木製化＝和歌山県	和歌山県は、老朽化した鋼製ガードレールを県産木材使用の木製に切り替える事業を進めている。木製化する区間は、リゾート地がある白浜町と田辺市を結ぶ県道約4.4キロメートル。
2021/8/27	「満額回答に感謝」＝関西万博のインフラ計画決定－大阪市長	井上信治万博担当相は、大阪市役所を訪問し、政府が同日決定した2025年の大阪・関西万博関連のインフラ整備計画を、吉村洋文知事と松井一郎市長に報告した。関西空港の国際線エリアの拡大や、阪神高速淀川左岸線工事の前倒し、新たな鉄道として「なにわ筋線」を整備するなどの内容が盛り込まれた。

4. 公共サービス

　政府が脱ハンコの方針を打ち出したことで、各自治体も急速に検討を進めている。政府は、デジタル社会形成関係整備法によって、従前押印を必要としていた1万5000の手続きのうち99％超を不要とした。今後も押印が必要となるのは商業・法人登記や不動産登記の申請など118手続き。ただ、各自治体がそれぞれの書類について個別に検討をしているため、押印が不要となる書類の割合は自治体によってまちまちである。大阪府寝屋川市は、申請書等（約2200種類）について、99.6％（件数ベースでは年間46万件のうち99.9％）の押印義務付けを廃止した。

　行政のデジタル化が進み始めたことで、自治体の手続きをインターネットに接続するコネクテッドカーで可能とし、中山間地や交通過疎地の住民へ公共サービスを届ける取り組みが各地で始まった。鳥取県は、コネクテッドカーで行政サービスを届ける実証実験を行うための県内のモデル市町村への補助金を準備した。行政サービスを提供するだけでなく、医療機関と提携して高齢者の心身機能の衰え対策、災害時の現地対策本部等としての活用も検討している。長野県伊那市は、路線バスを利用して行政サービスを提供することを検討している。朝夕運行しているバスに情報通信インフラを搭載して、日中バスを運行していない時間帯に公民館などへ出向いて証明書発行などを行う。

図表Ⅱ-4-4　公共サービスの動き

年月日	見出し	内　容
2020/ 9 /30	手続き、原則デジタル化へ＝改正条例、来春施行－東京都	東京都は、行政手続きを原則デジタル化する基本方針を定めた改正条例案を開会中の都議会定例会に提出した。都民や事業者の利便性向上を目的とし、行政運営の効率化に加え、生活や経済活動の発展をうたう。10月 8 日の本会議で成立する見通しで、来年 4 月 1 日に施行する。
2020/10/ 6	民間人材、政令市除き派遣可能に＝自治体への人材支援制度－創生本部	政府のまち・ひと・しごと創生本部は2021年度から、市町村長の補佐役として地方創生に携わる人材を派遣する「地方創生人材支援制度」について、民間人材の派遣先を政令市を除くすべての市町村に拡大する。
2020/10/21	町民にICカード配布＝島根県美郷町	島根県美郷町は、キャッシュレス決済機能を備えた非接触型ICカードを小学生以上の町民約4400人に配布する。町内のイベントやボランティア活動など地域行事に参加するとポイントが付与され、町内での買い物に使うことができる。
2020/10/26	図書受け取り、郵便局でも＝大阪府寝屋川市教委	大阪府寝屋川市教育委員会は、インターネットや電話で予約した市立図書館の本を郵便局で受け取り、返却できる無料のサービスを始めた。市が 2 月に郵便局と結んだ包括連携協定に基づき、市内全27郵便局でできるようにした。利用には既存の貸し出しカードとは別に、配送用カードの申し込みが必要。
2020/10/30	政府、個人情報ルールを一元化＝関連 3 法統合、官民対象	政府は、行政デジタル化を推進する一環として、国の行政機関、独立行政法人、民間事業者を別々に対象としていた三つの個人情報保護法制を一本化する。大学などの学術研究分野も新たに対象とし、個人情報を扱うルールを統一する。これらの内容を盛り込んだ個人情報保護法改正案を21年の通常国会に提出、成立を目指す。
2020/11/18	市民困り事投稿システム＝静岡県富士市	静岡県富士市は、市民の困り事をスマートフォンアプリから投稿するシステムの運用を始めた。これまでは電話やメールで受けていたが、アプリで写真付きで投稿することにより現場の状況が把握しやすくなる。位置情報で場所も特定できるため、迅速で効率的な対応も期待される。当面は道路、公園、ごみの問題に限って受け付ける。
2020/12/ 1	学校給食費、スマホ納付可能に＝神奈川県藤沢市	神奈川県藤沢市は、電子決済サービスを使って市税や学校給食費などを納付できるようにする。市民の利便性を高めるためで、「ペイジー」のほか、スマホ決済アプリ「LINEペイ」「PayPay」を納付方法に加える。
2020/12/ 2	自治会のDX推進支援＝静岡県島田市	静岡県島田市は、市自治会連合会とTOKAIケーブルネットワークとの間で、自治会デジタル化推進に関する連携協定を締結した。デジタル技術で既存制度を変革するデジタルトランスフォーメーションに取り組む自治会を支援し、運営の効率化や市民の利便性向上につなげる。
2020/12/ 4	34団体がスマホ決済導入＝2020年度自動車税の納付状況等調べ－地方行財政調査会	地方行財政調査会は、都道府県の2020年度の自動車税納付状況などを調べた。今回初めてスマートフォン決済アプリを使った税の納付について、導入状況を聞いた。それによると34団体が「実施している」と回答、「検討中」は10団体、「実施予定なし」は 3 団体だった。
2020/12/10	支所窓口相談をオンライン化＝大津市	滋賀県大津市は、新型コロナウイルスの感染拡大を防止するため、タブレット端末を導入し、市民の窓口相談をオンライン化した。全支所と、支所からの相談件数が多い本庁の 4 課にタブレット端末を 1 台ずつ配備した。
2020/12/11	暮らし手続きの検索システム導入＝茨城県ひたちなか市	茨城県ひたちなか市は、転入や結婚など八つの出来事で必要な手続きや、窓口に持ってくる物をネットで一括検索できるシステム「くらしの手続きガイド」を導入した。情報通信技術活用による市民サービス向上の一環。
2020/12/17	来年度「書かない窓口」導入＝京都府木津川市	京都府木津川市は、市民が窓口での手続きで繰り返し氏名などを記入しなくて済む「書かない窓口」を2021年度に導入する。新たな情報システム構築などの経費を2100万円と見込む。
2020/12/25	水道使用申請、LINEで可能に＝伊勢神宮周辺の混雑情報も配信－三重県伊勢市長	三重県伊勢市の鈴木健一市長は、LINEで水道の使用開始や中止の申請ができるサービスを開始すると発表した。行政サービスのデジタル化の一環として実施する。県内自治体では初の取り組みだという。
2021/ 1 / 7	手続きワンストップサービス開始＝千葉県市川市	千葉県市川市は、新第 1 庁舎が全面開庁したのに合わせ、同庁舎で新たな窓口方式「ワンストップサービス」の運用を始めた。複数の手続きを 1 カ所でできるサービスで、訪れた市民の利便性向上が狙い。新たな方式では、職員が出向き対応する。
2021/ 1 /28	22年度からAIで水道管の劣化予測＝広島県	広島県は、上下水道事業の効率化とサービス向上に向けてデジタルトランスフォーメーションを進めるため、工程表をまとめた。人工知能による水道管の劣化予測は2022年度、スマートメーターによる水道検針は25年度の開始を目指す。同県では今後、経験豊かな技術職員の大量退職などが見込まれることから、DXに力を入れる。

2021/2/3	「マルチタスク車両」を試験導入＝福島県いわき市	福島県いわき市は、通信機器などを備えた「マルチタスク車両」を試験導入し、中山間地域といった市役所から離れた地域で住民の相談に応じる実証事業を行う。住民は▽行政手続き▽税務▽福祉▽母子健康―などについて、市役所の担当課職員とオンラインで相談ができる。内容によっては事前に電話で予約する必要がある。
2021/2/8	車中泊用の避難駐車場を確保＝静岡県富士市	静岡県富士市は、洪水時の一時的な避難場所として、自家用車で車中泊できる駐車場を3カ所確保した。新型コロナウイルスの感染リスクを恐れて避難所に行かず、家にとどまる市民が出ないようにするのが狙い。
2021/2/26	死亡手続きを一元化＝石川県かほく市	石川県かほく市は、市民の死亡に伴う手続きを一元化する「おくやみコーナー」を開設する。遺族の負担軽減と、新型コロナウイルス対策で市役所の滞在時間を短縮するのが狙い。
2021/3/10	高齢希望者にスマホ1カ月貸与＝東京都	東京都は、デジタル機器に不慣れな高齢者が安心してスマートフォンを利用できるようにするため、希望者に端末を1カ月程度貸し出す取り組みを始める。利便性をPRするなどして普及に向けた啓発活動も実施し、デジタルデバイドの解消を目指す。
2021/3/12	若者就職支援でDX研修＝大阪府	大阪府は2021年度、新型コロナウイルス禍で就職を希望する若者にデジタルトランスフォーメーション関連の研修をした上で、中小企業とマッチングさせるモデル事業を始める。民間のIT企業や人材サービス会社と連携するもの。
2021/3/15	都営住宅の募集オンライン化＝事務効率化も―東京都	東京都は、都営住宅の入居募集の申し込みや抽選結果の通知をオンライン化する。都が進めるデジタルトランスフォーメーションの一環。書類審査など手作業で行っている事務の効率化も狙う。
2021/3/19	公金のコンビニ収納拡充へ＝21年中に見直し―総務省	総務省は、公金のコンビニ収納を拡大する方向で見直しに着手した。現在、対象になっていない負担金や過料などのうち、取り扱えるようにすべきものがないか2021年中に検討した上で、地方自治法施行令を改正する方針だ。
2021/3/23	DX推進で「行かなくていい市役所」＝大阪府茨木市	大阪府茨木市は、「行かなくてもいい市役所」を掲げ、デジタルトランスフォーメーションの推進を強化する。住民票取得や介護保険の手続きなどを21年度中にオンライン化するほか、保育所の入所選考で人工知能を活用。
2021/3/29	先行市町村、4月から公募＝ガバメントクラウドの課題検証―内閣官房	内閣官房情報通信技術総合戦略室は、「ガバメントクラウド」を自治体が活用する際の課題を探るため、先行事業に参加する市町村の公募を4月から開始する。2021～22年度に実施し、自治体システムの円滑な移行方法などを検討する。
2021/3/31	住民の元に出向き行政手続き＝コネクテッドカー活用―鳥取県	鳥取県は2021年度から、県内2市町村をモデル自治体に選び、インターネットに接続する「コネクテッドカー」を利用して、オンラインで行政手続きや医療など複合的な住民サービスを提供する実証事業を始める。
2021/4/8	障害者手帳アプリを導入＝高松市	高松市は、障害者の社会参加を促すため、障害者手帳アプリ「ミライロID」を導入した。手帳の代わりにアプリの画面を提示すると、45の市有施設で障害者割引が適用される。
2021/4/26	コロナ感染時の買い物代行＝岩手県陸前高田市	岩手県陸前高田市は、市民が新型コロナウイルスに感染した場合などで自宅待機となった場合に、衣料品や日用品などの買い物を代行するサービスを始めた。保健所を通じて要望を確認し、買い物は社会福祉協議会に委託。
2021/4/27	全課にDX推進員を配置＝栃木県真岡市	栃木県真岡市役所は、国の「自治体DX推進計画」に基づいて行政業務のオンライン化などを促進するため、全課にデジタルトランスフォーメーション推進員を配置した。
2021/5/21	電子契約、立会人型で＝都道府県初、年7000件―茨城県	茨城県は、立会人型の電子契約サービスを導入する。利用するのは弁護士ドットコムの「クラウドサイン」。県が契約書をクラウドにアップロードし、相手が内容を確認する。双方の同意を受けて弁護士ドットコムが電子署名をして契約完了となる。立会人型の導入は都道府県で初めて。
2021/5/24	独自の無線システムで自動翻訳機＝新潟市	新潟市は、独自の「地域広帯域移動無線アクセスシステム（地域BWA）」を活用した自動翻訳機を本庁舎内などに設置した。地域BWAは、Wi-Fiによるインターネット利用が可能な無線通信システム。災害時に円滑に通信を行うことを目的に整備したが、平時でも生かせるよう、自動翻訳機に活用することにした。
2021/5/25	官民データの連係基盤構築＝長崎県	長崎県は、市町や民間企業が保有する各種データが住民生活に役立つよう集約して地図上に反映させる「データ連携基盤」を新たに構築する。併せて、情報通信技術を活用して社会課題の解決に取り組む市町に補助金を支給するほか、アドバイザーを派遣して自治体のデジタル化を後押しする。
2021/5/28	オンライン手続きサイト開設＝道路使用許可など―警察庁	警察庁は、各地の警察署で受理している手続きのうち、道路使用許可の関係など3種類をオンラインで受け付けるサイトの運用を開始すると発表した。試行的に運用し、今後対象となる手続きの追加や手数料納付のオンライン化を検討する。

2021/ 5 /28	公正証書のデジタル化検討＝利便性向上へ上川法相指示	上川陽子法相は、公証人が作成する公正証書について、デジタル化を進めるよう担当部局に指示した。利便性の向上を図るのが狙いで、法務省は関連法改正も視野に検討に入る。
2021/ 6 /14	ロボットシステムを活用し図書館業務をオートメーション化！！＝大阪府泉大津市	大阪府泉大津市は、株式会社HCIと、「ロボットを活用した事業連携に関する協定」を締結した。図書館が抱える課題である「不明本の検索」、「予約本のピッキング」、「蔵書点検」等の業務について、オートメーション化をめざした実証実験を実施する。
2021/ 6 /14	オンライン市民相談に全庁対応＝兵庫県高砂市	兵庫県高砂市は、ビデオ会議システム「ズーム」を活用したオンラインでの市民相談に全庁で対応している。市ICT推進課では、オンライン相談用として新たに26台のノートパソコンを導入した。市民相談窓口や子育て支援課といった相談の多い部署に1台ずつ配備し、その他の部署には随時PCを貸し出す。
2021/ 6 /23	子ども向けHPを作成＝埼玉県新座市	埼玉県新座市は、教育現場のデジタルトランスフォーメーションが進み、子どもがウェブサイトを利用する機会が増えていることから、子ども用のホームページを作成した。
2021/ 6 /24	外国人住民との交流サロン開設＝福島県	福島県は2021年度、会津若松市の観光情報センターに外国人住民と地元住民の交流の場「あかべこサロン」を開設した。会津文化の体験を通じた地元住民との交流により、技能実習生や留学生らの地域社会への参画を促進する。
2021/ 6 /28	オンライン契約の実証実験＝奈良県橿原市	奈良県橿原市は、従来紙ベースで行っていた契約業務をオンラインに切り替えることで、経費削減や迅速化がどの程度達成できるかを検証する実証実験を始めた。GMOグローバルサイン・ホールディングス社電子契約サービスを活用。
2021/ 6 /29	宿泊施設の長期利用支援＝新潟県長岡市	新潟県長岡市は、新型コロナウイルスの家庭内感染を防ぐため、県外に滞在歴がある市民を対象に、ホテル、旅館など宿泊施設の長期利用を支援している。県外出張から戻ったり、海外から帰国して14日間の待機期間を求められたりして、自宅外の滞在を希望する市民の利用を想定。
2021/ 7 / 5	災害時の運送車両提供で協定＝滋賀県米原市	滋賀県米原市は、災害時に運送車両の提供を受ける協定をトヨタレンタリース滋賀と締結した。災害時の物資運搬や、要支援者の避難に必要な車両の調達が円滑に行えるようになり、防災体制の強化につなげる。
2021/ 7 / 9	自治体のシステム標準化で手順提示＝DX推進へ手引公表－総務省	総務省は、自治体のデジタルトランスフォーメーション推進に向けた手順書を作成した。推進体制の整備など全体的な進め方のほか、情報システムの標準化や行政手続きのオンライン化については、個別に作業手順を示した。先行自治体の取り組みをまとめた事例集も公表し、参考にしてもらいたい考えだ。
2021/ 7 /13	高齢者もDX、公民館で講座＝コロナ禍の認知症予防へ－福岡市	福岡市は、市内の高齢者を対象に、公民館や老人福祉センターで、インターネット交流サイトなどの使い方を学ぶ講座を始めると発表した。新型コロナウイルス禍でも、オンラインで家族や友人、地域とのつながりを保てるスキルを身に付けてもらう。
2021/ 7 /20	外国人支援センター開設＝福島県南相馬市	福島県南相馬市は、外国人住民の生活や雇用に関する支援を一括して行う「外国人活躍支援センター」を開設した。近年増加傾向にある外国人住民の雇用を促進するのが目的。運営は市の委託を受けた南相馬市外国人活躍支援協会が担い、日本人職員3人が対応する。
2021/ 8 / 2	公共施設にQR決済を試験導入＝愛知県小牧市	愛知県小牧市は、市内の公共施設4カ所にQRコード決済を試験導入した。採用したのは「PayPay」と「LINEPay」で、手数料が無料の9月末までを実証実験期間に設定した。
2021/ 8 / 2	地図サイトで都市計画情報など公開＝和歌山県海南市	和歌山県海南市は、市内の都市計画情報や公共施設、防災情報を確認できる地図サイト「かいなんMAP」を開設している。
2021/ 8 / 4	原付きバイク手続きを郵送に＝東京都日野市	東京都日野市は、原付きバイクのナンバープレートの交付手続きで、郵送による受け付けを始めた。申請者に対し、登録に必要な販売証明書などの書類と、返信用封筒としてレターパックを同封した上で、担当課へ郵送するよう求める。
2021/ 8 /12	スマホで住民票請求や転出届＝埼玉県白岡市	埼玉県白岡市は、スマートフォンとマイナンバーカードで住民票の写しの請求や転出の届け出ができるサービスを始めた。住民票は、本人と世帯全員のものが申請できる。転出届も、同じ世帯で一緒に転出する者がいる場合、同時に手続きが可能だ。
2021/ 8 /20	口座振替申し込みをスマホで完結＝神奈川県横須賀市	神奈川県横須賀市は、固定資産税の口座振替の申し込み手続きをスマートフォンで完結できる実証実験を始める。来庁する手間や待ち時間の削減、書類への記入・押印が不要になる。
2021/ 9 / 9	防災行政無線の情報、アプリで提供＝茨城県高萩市	茨城県高萩市は、防災行政無線の情報を表示する防災アプリを整備する。災害時に防災行政無線が伝える内容が聞き取りにくい状況でも、スマートフォンなどの画面上で情報を確認できるようにし、住民の早期避難につなげる。

2021/ 9 /29	公共施設でカード決済導入＝福岡市	福岡市は、区役所や博物館といった公共施設での支払いで、新たにクレジットカードを使えるようにした。電子マネーやQRコードの種類も増やし、利用できるキャッシュレス決済はこれまでの11種類から29種類へと大幅に拡充。
2021/10/ 1	町独自のアプリ運用開始＝岐阜県養老町	岐阜県養老町は、町独自のスマートフォンアプリ「養老Pay」の運用を開始した。デジタルトランスフォーメーション推進や域内の消費活性化を図るのが目的で、キャッシュレス決済機能を搭載。今後、高齢者の見守りサービスなどの機能を随時追加する。
2021/10/ 5	災害ボランティアの研修創設＝避難生活支援のスキル向上―内閣府	内閣府は、災害ボランティアの育成に向け、被災者の避難生活支援に関する研修制度を創設する。一定のスキルが必要な避難所運営に携わる人材を育て、避難生活が原因となる災害関連死の防止につなげる。
2021/10/ 7	LINEで保育所申し込み予約＝静岡県三島市	静岡県三島市は、無料通信アプリ「LINE」での保育所入所申し込み予約を始めた。LINEを利用しない人のために電話での予約も受け付ける。
2021/10/11	行政デジタル化行動計画を策定＝広島県	広島県は、2021年度から3年間の県行政デジタル化推進アクションプランを策定した。情報システムの調達については、コストを抑えるために他の団体との共同利用などを原則とする方針を示した。
2021/10/19	データセンターに財政支援へ＝災害対策・電力要件を検討―政府	経済産業省と総務省は社会のデジタル化に不可欠なデータセンターの整備に関する有識者会議の初会合を開いた。首都圏からの距離や電力の確保など、大規模災害に備えた一定の要件を満たすデータセンターを新設した企業に対する財政支援を検討する。
2021/10/20	災害時にトレーラーハウス活用へ＝静岡県牧之原市	静岡県牧之原市は、災害時にトレーラーハウスを避難所の一つとして活用することを決めた。被災市民の生活環境維持などが目的。1台当たり4～6人を収容でき、応急仮設住宅やボランティアセンターなどとしても利用したい考えだ。
2021/10/21	クラウドで避難所運営支援システム＝大分県別府市	大分県別府市は、クラウドサービスで避難所運営を支援するシステムをつくった。全市の避難所の状況が防災部局で把握しやすくなるほか、市民へ避難所の混雑状況などをリアルタイムで提供できるようになる。システムはオープンデータとして公開する。
2021/10/22	路線バス活用しモバイル市役所＝長野県伊那市	長野県伊那市は、路線バスを活用して行政サービスを提供する「モバイル市役所事業」を22年度から始める。既存路線で朝夕運行するバス車両1台に情報通信インフラを搭載し、日中の空き時間に公民館など所定の場所に出向き、各種証明書の発行などの行政サービスを提供する。

5. 広域連携

国土交通省が広域連携について行った調査によると、約8割の自治体が広域連携に取り組んでおり、特に防災や観光での取り組みが進んでいる一方で環境や医療面ではあまり進展していないことが分かった。2009年に実施した前回調査に比べて取り組んでいる自治体は2割ほど増加した。防災面での物資供給や避難者の受け入れ協定などを結んでいる自治体は58.8％。観光での連携も半分近くに上った。一方で、連携先との役割分担や体制構築が不十分といった課題を指摘するものもあった。今後のニーズとしてはコロナ禍での避難所運営、オンライン観光やワーケーションに関連した誘客、大規模災害時の遠隔地への避難、災害ごみの処理などが挙がった。

奈良県の橿原市や大和高田市、三宅町、吉野町など16市町や奈良県森林組合連合会らは「上下流連携による木材利用促進コンソーシアム」を立ち上げた。森林環境譲与税の有効な使い方などを検討する。森林環境譲与税は人口などをもとに配分されるが、森林が少ない平野部の自治体では使い道があまりなく、基金に積み立てられるケースもある。一方で、木材の産地となっている自治体では、地域内の流通だけでは利用促進に限界があり、広域の連携が必要となっていた。

図表Ⅱ-4-5　広域連携の動き

年月日	見出し	内　容
2020/10/ 1	朝霞和光資源循環組合を設立＝埼玉県和光市、朝霞市	埼玉県和光市で、「朝霞和光資源循環組合」設立式が行われた。朝霞市と和光市はそれぞれのごみ処理施設で一般廃棄物を中間処理しているが、老朽化による処理能力の低下や維持コストの増加が課題となっていた。今回、両市の広域処理施設整備に向けた事業主体となる組合を設立。2028年度の稼働を目指す。
2020/10/21	広域連携の勉強会立ち上げ＝大阪7市2町	「泉州地域」と呼ばれる大阪府南部の泉佐野、岸和田市など7市2町は、少子高齢化や人口減少が進む中、今後の広域連携の在り方を考える勉強会を今年度中に設置する。首長や職員による定期的な意見交換の場とする方針。
2020/11/ 9	ベンチャー型事業承継、4市で推進＝かごしま連携中枢都市圏	鹿児島、日置、いちき串木野、姶良の鹿児島県内4市で構成するかごしま連携中枢都市圏は、鹿児島市役所で市長会議を開催し、今年度の新規事業として、ベンチャー型事業承継推進などの3事業に連携して取り組むことを確認した。今年度の連携事業数は計30事業。
2020/11/18	デジタル・ガバメントへ広域連携＝横須賀、舞鶴、呉、佐世保	神奈川県横須賀市、京都府舞鶴市、広島県呉市、長崎県佐世保市とトッパン・フォームズは、デジタル・ガバメント推進広域研究会を設置した。業務プロセスの改善や標準化、デジタル技術の活用方法について検証し、自治体職員の生産性や行政サービスの向上を進める。
2020/11/18	新興企業支援で連携協定＝横浜市と東京都渋谷区	横浜市の林文子市長と東京都渋谷区の長谷部健区長は、スタートアップ企業の支援などで協力する「グローバル拠点都市の形成及びオープンイノベーションの実現に関する連携協定」を締結した。共同で海外企業を誘致することでも一致した。
2020/12/25	共同でビジネスサポートセンター＝奈良県大和高田市、広陵町	奈良県の大和高田市と広陵町は、共同でビジネスサポートセンター「KoCo Biz」を開設した。双方が数年前からセンターの設立を検討。異業種間のマッチングの選択肢が増えるなど、多くのメリットも見込めることから共同での設立に踏み切った。費用は折半する。
2021/ 1 /18	コロナ対策協力で合意＝ワーケーションなども―鳥取・岡山知事会議	鳥取県の平井伸治知事と岡山県の伊原木隆太知事はオンラインで知事会議を開き、医療従事者の相互派遣など新型コロナウイルス対策で両県が協力することで合意した。観光地で余暇を楽しみながら働く「ワーケーション」の実証実験や災害を想定した物資輸送の共同訓練などで連携する方針も確認した。
2021/ 2 /17	中小企業支援、Bizモデルで広域連携＝中四国4市	広島県福山市や山口県萩市など、それぞれの自治体が主導的に運営する中小企業支援センター「Biz」は、中四国の四つのBizで広域連携していくと発表した。広島県福山市、東広島市、山口県萩市、香川県坂出市の四つのBizが参加。
2021/ 3 /30	広島広域都市圏参画で連携協定＝広島市、三次市	広島市の松井一実市長と広島県三次市の福岡誠志市長は、三次市の「広島広域都市圏」への参画に伴う連携協定を締結した。両市長は芸備線を活用した観光振興など75事業で連携していくことを確認した。
2021/ 4 / 7	経費削減の漏水調査で広域連携＝静岡県と湖西市	静岡県企業局と同県湖西市は、県が開発した水道管の漏水調査の新たな技術の活用で連携協定を結んだ。漏水が起きた場合に掘削調査をせずに漏水元を特定できる技術で、県職員が採水や水質分析を行う。
2021/ 5 /24	北九州市と協約締結＝連携中枢都市圏に参画―福岡県吉富町	福岡県吉富町は、北九州市を中枢都市とする連携中枢都市圏に参画するため、同市と連携協約を結んだ。これにより圏域は6市12町となる。
2021/ 7 / 2	木材利用促進でコンソーシアム―奈良県16市町村	奈良県の橿原市や大和高田市、三宅町、吉野町など16市町村は、森林環境譲与税の効果的な活用と木材利用の促進を目指し、「上下流連携による木材利用等促進コンソーシアム」を設立した。
2021/ 7 / 7	老朽化施設の共同運用でWG＝市町連携後押し―兵庫県	兵庫県は、老朽化が進む文化ホールや体育館などの公共施設について、市町の共同管理や統廃合を支援するため、近接する市町でつくるワーキンググループ（WG）を立ち上げた。文化ホールや市民プールなどの将来の在り方について話し合う。さらに、県独自に共同管理や施設の統廃合などに掛かる経費の補助や無利子の貸付制度も準備する。
2021/ 7 /12	水道広域化、知事に支援要望＝長野市など4市町長	長野県の長野、上田、千曲3市と坂城町の市町長は12日、県庁を訪れ、阿部守一知事に水道事業の広域化に向けて支援を求める要望書を提出した。4市町の要望はシミュレーション結果を踏まえて実施。県の水道広域化推進プランに取り組みを反映させるほか、広域化を進めるための予算確保を国に求めることなどを盛り込んだ。
2021/ 7 /14	特産品生かしたブランド化で協定＝北海道釧路、標茶両町	北海道釧路、標茶両町は、各町の特産品を活用した商品開発やPR、販売促進、地球環境の研究などを連携して行うため、「広域連携ブランド化推進に関する協定」を締結した。

2021/7/20	広域連携、防災・観光で進展＝コロナで避難所運営などにニーズ—国交省調査	国土交通省は、都道府県を越えた自治体間の広域連携に関する調査結果をまとめた。約8割の自治体が連携に取り組んでおり、分野別では防災、観光が多い一方、環境、医療では低調だった。今後のニーズとしては、新型コロナウイルスの感染拡大を踏まえ、避難所運営やオンライン観光を活用した誘客などでの連携が挙がった。
2021/7/28	火山噴火に備え、連携協定＝神奈川、山梨両県	神奈川、山梨両県は、火山噴火時に火山研究の職員を派遣するなど、相互に連携して防災対策を進める協定を締結した。平時にも情報共有や人的交流を行うことで、緊急時の円滑な初動対応につなげる。
2021/8/6	森林、農地保全で神戸市と協定＝兵庫県佐用町	兵庫県佐用町は、森林や農地の保全、活用に向け神戸市と連携協定を締結した。同町が持つ農業振興などに関するノウハウを共有する。
2021/8/13	ふるさと納税で自然保護＝世界遺産登録受け—鹿児島・沖縄7市町村	鹿児島・沖縄両県の7市町村は、「奄美大島、徳之島、沖縄島北部および西表島」の世界自然遺産の登録決定を受け、自然環境保護のためガバメントクラウドファンディングによる資金調達を始めたと発表した。
2021/8/17	水道広域化でヒアリング実施＝市町村担当部長らが対象—総務省	総務省は、上下水道の広域化推進に向けて、都道府県の事業担当部長や公営企業管理者らを対象にヒアリングを行う。広域化推進には県と市町村の連携が重要だとみており、市町村担当部長からも説明を聴く。今後の方針や目標、これまでの協議状況などを聴取し、取り組みを後押ししたい考え。

6. 官民協定

　北海道喜茂別町は、女子野球チームを運営するNPO法人北海道ベースボールクラブと協定を締結した。町が町営球場を無償で貸し出し、チームの選手にはイベントなどで街をPRしてもらう。また、選手の移住や定住につながることも期待している。

　兵庫県高砂市は、ごみの減量化を目指し、不用品取引サイトを運営するジモティーと連携協定を締結した。不用品の譲渡や売買ができるウェブサイトの活用を市民に呼び掛け、廃棄物を減らし、環境への負荷を抑える。コロナ禍で在宅時間が増えて不用品を処分する人が増えたことで不燃ごみや粗大ごみが大幅に増加していた。市のホームページでジモティーの利用方法などを紹介する。

図表Ⅱ-4-6　官民協定の動き

年月日	見出し	内　　容
2020/10/28	地域課題解決へ「産学官金」協定＝長崎市	長崎市は、産学官に金融機関を加えた7者で地域活性化や地域課題解決に関する産学官金連携協定を締結した。人材育成や情報通信技術の基盤整備、地場企業のIT化支援などの分野で協力して地域活性化に取り組む。
2020/11/2	空き家対策で社会実験＝愛知県南知多町	愛知県南知多町は、空き家対策の一環として、家具などのリサイクルを通じた所有者の処分費用軽減に関する社会実験を始める。今回の取り組みに参加するのは、ブックオフコーポレーションやリサイクルなどを手掛ける「浜屋」など4社で連携協定を結んだ。
2020/11/16	ドコモと連携協定＝埼玉県飯能市	埼玉県飯能市は、NTTドコモと連携協定を結んだ。ドコモとの連携協定は、県内の自治体では初めてとなる。教育振興、観光振興、産業振興、健康・医療に関する分野で、同社が持つ、AIやビッグデータ、仮想現実や拡張現実などの先進技術を活用し、同市の魅力向上と地域活性化の推進を目指す。
2020/11/18	日本郵便と包括連携協定＝地方創生の推進に向け協力—高知県	高知県は、地方創生の推進に向けて、日本郵便と包括連携協定を締結した。地産地消や県民の健康づくりなど幅広い分野で連携を強化する。
2020/12/9	アクサ生命と包括連携＝事業承継と「だし活」推進—青森県	青森県は、アクサ生命保険と包括連携協定を締結した。県が掲げる人口減少対策や県民の健康寿命の延伸の推進などが目的。事業承継支援に関する意見交換会に同社が参画するほか、県が推進する「だし活」とのコラボを行う。

2020/12/16	障害者就労の農園運営で協定＝大阪府枚方市	大阪府枚方市は、障害者が就労する貸農園を運営する「エスプールプラス」と連携協定を結んだ。同社は来年夏にも市内に１万平方メートルの野菜農園を開設し、知的、精神障害者75人の雇用を見込む。
2020/12/23	官民連携協定を企業と締結＝職員の情報収集などで－福岡県小郡市	福岡県小郡市は、自治体に特化したサービスを手掛けるホープと「官民連携協定」を締結した。市職員の情報収集を支援するほか、市の課題解決に寄与する企業を紹介するなどし、同社以外も含めた官民連携を後押しする。
2021/1/19	損保ジャパンと連携協定＝地域防災力向上で－長野県安曇野市	長野県安曇野市は、地域防災力の向上に向けた４分野で損害保険ジャパン長野支店と包括連携協定を締結した。自治体と同社の防災に関する協定は県内初。
2021/1/25	水素エネ利活用で住商と協定＝福島県浪江町	福島県浪江町は、住友商事と水素エネルギーの利活用に関する連携協定を結んだ。同社の情報網や技術的知見を生かし、水素を用いたまちづくりによる東日本大震災からの復興を目指す。
2021/2/8	官民連携企業と協定＝シェアサイクルなど実験－大阪府岬町	大阪府岬町は、主に小規模自治体とベンチャー企業とをつなぐ「官民連携事業研究所」と、官民連携の促進に関する連携協定を締結した。今後、町内でのシェアサイクル導入などの実証実験を展開していく方針。
2021/2/17	スポーツ・文化・産業、防災・治安など３分野でダイドードリンコ株式会社との包括連携協定を締結＝大阪府東大阪市	大阪府東大阪市はダイドードリンコと、スポーツ・文化・産業、都市・環境、防災・治安の３分野にわたる連携と協働に関する包括連携協定を締結した。
2021/3/23	発達障害児支援、双方向遠隔授業で連携協定＝宮崎県延岡市	宮崎県延岡市は、発達障害児らの支援を推進するため、米国の医療機関と連携協定を結んだ。また、教育面でのICT活用で「同時双方向遠隔授業環境」を構築するため、慶応大学SFC研究所とも連携協定を締結した。
2021/3/29	がん対策、健康づくりで協定＝製薬・調剤２社と－広島県と呉市	広島県は、がん対策の推進に関する協定を製薬会社ノバルティスファーマと調剤薬局を手掛けるマイライフと結んだ。呉市も、がん検診の受診率向上をはじめ健康づくりで連携する協定を両社と締結した。
2021/4/9	NTTドコモなどと連携協定＝5G時代の産業創出－新潟市	新潟市は、高速大容量規格「5G」時代の新たな産業創出に向けて、NTTドコモ、新潟大学、「新潟コンピュータ専門学校」と産学官連携協定を締結した。
2021/4/13	段ボールベッド供給・設営で協定＝災害時、引っ越し業者と連携－内閣府	内閣府は、災害発生時の避難所支援のため、引っ越し業者など４社と物資支援業務などの災害応急対策に関する協定を締結したと発表した。国が要請した場合、各社は段ボールベッドの資材供給と設営業務を支援する。
2021/4/19	新興企業支援で連携協定＝京都市と三菱UFJ銀	京都市と三菱UFJ銀行は、新興のスタートアップ企業の支援などで協力する包括連携協定を締結した。今後、市職員と同行の担当者による「連携・協働作業チーム」を設置し、協議を進めていく。協定の期間は2026年３月まで。
2021/4/19	農福連携推進で協定締結＝JA全中、関係協会と－農水省	農林水産省は、全国農業協同組合中央会と日本農福連携協会との間で、農福連携の推進に向けた協定を締結した。両団体の持つネットワークを活用し、農福連携の全国展開や質の向上などにつなげる。農水省が関係団体との間で協定を結ぶのは初めて。
2021/5/6	沖縄電と包括協定＝環境、防災、教育で連携－沖縄県浦添市	沖縄県浦添市は、市内に本店を置く沖縄電力と包括連携協定を締結した。エネルギー、環境、防災、次世代教育などに関し、緊密に連携・協力していく。
2021/5/14	女子野球チームに球場無償提供＝北海道喜茂別町	北海道喜茂別町は、女子野球チームへの支援を柱とする連携協定をチーム運営主体のNPO法人と締結した。町営球場を無償で貸し出す一方、選手には地域イベントなどを通じて町をPRしてもらう。町を練習拠点とすることで、選手の移住・定住にも期待を込める。
2021/5/17	フィンテック協会と連携協定＝企業誘致など促進－福岡県	福岡県は、フィンテック企業の誘致を促進するため、フィンテック協会と連携協定を締結した。協会の国内外のネットワークを活用し、フィンテック産業の育成や振興、集積を目指す。協会と連携協定を締結する自治体は初めてという。
2021/5/17	イチゴ栽培でNTT西と協定＝高知県佐川町	高知県佐川町は、NTT西日本や県などと、町の名産「佐川いちご」の栽培や農業振興に関する連携協定を締結した。NTT西が持つ情報通信技術のノウハウを活用し、新規就農者の増加や栽培の生産性向上につなげるのが目的。
2021/5/24	NTTドコモ、DX推進へ福島・西会津町と協定＝行政サービス向上狙う	NTTドコモと福島県西会津町は、地域課題の解決や行政サービスの向上に向け、5GやIoT、ICT技術を活用する連携協定を結んだ。協定には、地域産業振興や新産業創出による地域活性化、移住や定住の促進、災害に強いまちづくりの促進などを盛り込んだ。

2021/ 5 /24	事務効率化でコニカミノルタと協定＝大仙市、県内初－秋田	秋田県大仙市の老松博行市長は、行政事務効率化とデジタルトランスフォーメーション促進のため、コニカミノルタと連携協定を締結したと発表した。
2021/ 6 / 2	議会と大学が連携協定＝埼玉県ふじみ野市議会	埼玉県ふじみ野市議会は、文京学院大学と図書館の分野などでの連携に関する協定を結んだ。議会図書の充実に向け、市議は同大学のふじみ野キャンパスと本郷キャンパスの図書館を利用することができる。
2021/ 6 / 4	全酪連と連携協定＝「復興牧場」整備で－福島県浪江町	福島県浪江町は、東京電力福島第１原発事故で被害を受けた畜産業と農業の再生を目指し、全国酪農業協同組合連合会などと連携協定を締結した。2025年度に町内での供用開始を目指す畜産業再生拠点「復興牧場」の整備に向けて協力を求める。
2021/ 6 / 9	名城大と包括協定を締結＝名古屋市	名古屋市は、名城大学と地域活性化などを目的とした連携・協力に関する包括協定を締結した。市が大学と包括協定を結ぶのは初めてで、学生の学び場創出と若い人材の育成を促進させたい考え。
2021/ 6 /24	日本公庫宮崎支店と連携協定＝宮崎市	宮崎市は、日本政策金融公庫宮崎支店と包括的連携協定を締結した。人工知能などの技術を活用した地域の課題解決や活性化、持続可能な開発目標の達成といった幅広い分野で協力を進める。
2021/ 6 /30	損保業界と連携協定＝全国初、保険加入促す－京都市	京都市は、防災知識の普及や損害保険の加入の促進を目的に、京都損害保険代理業協会など損保業界３団体と包括連携協定を締結した。市によると、個別の損保会社ではなく業界団体との締結は全国初。
2021/ 6 /30	SDGs達成へ日産と包括協定＝長野県	長野県は、日産自動車グループと持続可能な開発目標の達成を目指す包括連携協定を締結した。電気自動車の積極的な活用を通じて、県が掲げる「2050ゼロカーボン」の実現や、災害発生時の対応で協力する。
2021/ 7 / 2	スマートシティーで連携協定＝ソフトバンク、フジタと－広島県東広島市と広島大	広島県東広島市と広島大は、デジタル革新で社会の課題解決を目指す「ソサエティー5.0」や先端技術を活用した次世代型都市「スマートシティー」の実現などに関する包括連携推進協定をソフトバンクと結んだ。また、同様の協定をフジタとも別途、締結した。
2021/ 7 / 7	地方創生へ損保会社と包括協定＝長崎市	長崎市は、あいおいニッセイ同和損害保険と地方創生に関する包括連携協定を締結した。持続可能な開発目標の達成などを盛り込んだ市の第５次総合計画基本構想の実現に向け、密接に連携する。
2021/ 7 / 7	テレワーク施設整備で協定＝静岡県焼津市	静岡県焼津市は、焼津漁業協同組合や民間企業２社とテレワーク施設整備に関する連携協定を結んだ。テレワーク施設は今年度中の一部開業を予定。飲食店や宿泊施設も設け、2024年度のフルオープンを目指す。
2021/ 7 / 8	循環型社会促進で企業と連携協定＝北海道恵庭市	北海道恵庭市は、リユース事業を行うマーケットエンタープライズと持続可能な循環型社会に関する連携協定を締結した。不要品の買い取り査定を一括で行える同社のプラットフォーム「おいくら」の活用を推進。市民に不要品の再利用を促し、循環型社会の形成を進める。
2021/ 7 /21	災害時のEV活用で協定＝滋賀県甲良町	滋賀県甲良町は、災害で停電した際に町役場や避難所で電気自動車を電源として活用する協定を、日産自動車と滋賀日産自動車との間で締結した。町のイベントで使う電力の供給でも活用し、町民にEVをPRする。
2021/ 7 /29	フードロス削減で連携協定＝茨城県	茨城県は、フードロスの削減で「クラダシ」と「コークッキング」と連携協定を結んだ。電子商取引サイトで賞味期限の迫る食品を販売する。飲食店で売れ残りそうな食品を、マッチングアプリで購入を希望する消費者と結び付ける。
2021/ 7 /29	災害廃棄物処理で企業と協定＝兵庫県赤穂市	兵庫県赤穂市は、災害時に発生する廃棄物の処理に備え、住友大阪セメントと包括連携協定を締結した。同社赤穂工場が廃棄物の受け入れと再資源化を担うとともに、必要な資材を優先的に供給し、早期復旧に協力する。
2021/ 7 /30	DX人材育成でNTT東と連携＝長野県など	長野県は、NTT東日本や信州大学と共同記者会見し、IT人材や企業の集積を目指す「信州ITバレー構想」の実現に向け、デジタルトランスフォーメーションを担う人材育成に連携して取り組むと発表した。
2021/ 8 / 2	地域資源活用で大学、企業と連携＝埼玉県入間市	埼玉県入間市は、日本薬科大学、NTT東日本埼玉西支店と連携協定を締結した。情報通信技術の活用を通じ、地域社会の発展や活性化、市民サービスの向上など、魅力的なまちづくりにつなげるのが目的。
2021/ 8 / 2	公共交通活性化で企業と協定＝滋賀県日野町	滋賀県日野町は、ソフトバンクの子会社で位置情報を活用したビッグデータ事業を手掛けるAgoopと「地域活性化包括連携協定」を締結した。地域公共交通の活性化や町民サービスの向上を目指す。
2021/ 8 / 3	金融機関と連携し移住・定住促進＝石川県能美市	石川県能美市は、金融機関３社と連携して移住・定住促進施策の企画・立案を始めた。金融機関との協力体制を強化し、施策の充実を目指す。

2021/8/5	モンベルと包括連携協定＝福島県只見町	福島県只見町は、アウトドア用品メーカーのモンベルと、人と自然の持続可能なまちづくりに関する包括協定を結んだ。協定には、自然体験による環境保全意識や防災意識の向上、エコツーリズム促進など、7項目が盛り込まれた。
2021/8/11	食品ロス削減から乳幼児防災まで＝ピジョンとEBPM推進＝奈良県生駒市、三宅町など	奈良県の生駒市と三宅町は、ベビー用品メーカーのピジョンとそれぞれ連携し、フードロスの削減を手始めに、乳幼児の防災や妊産婦の食事支援といった先進的な子育て施策の充実に取り組み始めた。企業のデータやノウハウを活用し、証拠に基づく政策立案を推進する。
2021/8/17	郵便局と自治体、住民の情報共有＝災害時の安否確認に活用	日本郵便が地方自治体などと住民情報をデジタル化して共有することが、分かった。静岡県熱海市で先月発生した大規模な土石流災害では安否確認に時間がかかった。情報共有で迅速化を図り、高齢者の見守りなどにも活用する。総務省がモデル事業として、2022年度に全国10カ所程度で実証実験を実施する。
2021/8/23	不用品取引サイトでごみ減量＝兵庫県高砂市	兵庫県高砂市は、ごみの減量化を目指し、不用品取引サイトを運営するジモティーと連携協定を締結した。不用品の譲渡や売買ができるウェブサイトの活用を市民に呼び掛け、廃棄物を減らし、環境への負荷を抑える。
2021/9/2	外国人材就労支援で連携協定＝全国初、人材会社と＝北海道	北海道は、新型コロナウイルスの影響などで、新たな就労先が必要となった外国人技能実習生などを支援する連携協定を、人材サービス会社のキャリアバンクと締結した。道によると、外国人材の就労支援に関する都道府県と民間企業との連携協定は、全国初という。
2021/9/15	スノーピークと包括連携協定＝新潟県	新潟県は、県内に本社を置き、海外にも事業展開するアウトドア総合メーカー「スノーピーク」と包括連携協定を結んだ。
2021/9/16	三井住友信託銀と脱炭素などで協定＝北海道環境事務所	北海道地方環境事務所は、ESG（環境・社会・ガバナンス）地域金融の普及、地域課題の解決に向けた連携協定を三井住友信託銀行と結んだ。2050年カーボンニュートラルの実現に向けて、北海道内の自治体と地域金融機関の脱炭素化に向けた取り組みを支援する。
2021/9/17	Uターン促進へ信金と連携＝静岡県川根本町	静岡県川根本町は、若者の定住やUターン就職の促進、経済的に困窮する家庭の学生への進学支援などを目的とした「ネクストリーダーズプロジェクト」を立ち上げた。島田掛川信用金庫とプロジェクトに関する連携協定を締結した。
2021/9/21	DX推進で全庁業務量調査＝コニカミノルタと連携―北九州市	福岡県北九州市は、行政事務の効率化や生産性向上に関する連携協定をコニカミノルタと結んだ。デジタルトランスフォーメーションの推進に当たり、市は全庁業務量調査を実施して業務プロセスを改革することにしており、調査結果を踏まえた具体的な方策を検討する際などに同社の知見を活用する。
2021/9/30	多文化共生実現へ民間企業と連携協定＝大阪市	大阪市は、多文化共生の実現に向けて、在留外国人向けの就労支援や情報発信を手掛ける「株式会社YOLO JAPAN」と連携協定を締結した。市内の外国人住民への情報発信の強化や課題の共有を通じて、すべての市民にとって暮らしやすい環境づくりの促進を図る。
2021/10/1	EVタンカー運航へ川崎市と協定＝東電EP	東京電力ホールディングス傘下の電力小売り事業会社、東京電力エナジーパートナーは、2022年4月の電気推進（EV）タンカー運航開始に向けて旭タンカー、川崎市との3者で協定を結んだと発表した。川崎港内で給電設備の整備などに連携して取り組む。東電EPによると、EVタンカー運航は世界初となる見通し。
2021/10/1	中部電、自治会と停電防止の事前伐採で協定＝静岡県島田市	静岡県島田市は、中部電力パワーグリッド島田営業所、身成自治会と、「事前伐採事業に関する3者連携協定」を締結した。災害時に備えて、電線などに影響を及ぼす恐れのある樹木を事前伐採し、倒木などによる停電を防止する。
2021/10/6	ナッジ活用でコンサルと連携＝沖縄県読谷村	沖縄県読谷村は、「ナッジ」と呼ばれる行動科学の手法を政策推進に生かすため、コンサルティング会社と包括連携協定を締結した。若年層の新型コロナウイルスワクチンの接種率向上に役立てるほか、子育て支援や健康づくり、納税、防災など幅広い分野への導入を検討。
2021/10/12	障害者のテレワーク推進で人材会社と協定＝神奈川県平塚市	神奈川県平塚市は、障害者のテレワーク推進に関する連携協定を、人材サービス会社のD&Iと締結した。

7. 民間提案

公有地や廃止された公共施設の利活用の方法や事務事業の実施方法等について民間事業者に提案してもらう民間提案制度やサウンディング型市場調査を活用する自治体は増えている。また、実際の利活用の提案

を募集する前にお試しで利用して市場性の判断などに役立ててもらうトライアルサウンディングを実施する自治体も出てきている。

千葉県印西市は、市が所有する農振農用地区域内の農地の活用方策を事業者に提案してもらうサウンディング調査を実施した。約3.7ヘクタールの農地で、観光農園などにぎわいの創出につながることが条件。営利・非営利の法人、個人事業主などが対象となった。

農林水産省は、維持が困難になっている農地の有効活用をする方策を検討している。その一環として地域の土地所有者が市町村に対して負担の少ない用途での利用を提案できる制度を導入する方針だ。例えば、有機栽培や放牧など通常の農業に比べて手がかからない方法での生産を地域の関係者が検討して市町村へ提案し、地域の意見を反映する制度を整備する考えだ。また、そういった利用方法で一部の地権者が変わっても継続的に利用できるようにする協定制度なども検討する。

図表Ⅱ-4-7　民間提案の動き

年月日	見出し	内容
2020/10/12	駅舎活用でサウンディング調査＝奈良県橿原市	奈良県橿原市は、無償譲渡を打診されているJR畝傍駅舎の活用方法を探るため、意見やアイデアを募るサウンディング調査を行った。市街地整備課は「駅舎の耐震工事や維持管理の費用など、市の財政負担が不可欠であることも判明した。今後さらに検討した上で、今年度内に無償譲渡を受けるかどうかを判断する」としている。
2020/11/4	市所有の農地活用で「サウンディング型市場調査」＝千葉県印西市	千葉県印西市は、市所有の農振農用地区域内の農地について、民間事業者から活用方策を募る「サウンディング型市場調査」を実施すると発表した。農業振興、地域活性化のため多様なアイデアを把握し、実施するのが狙い。
2020/11/6	随意契約保証型の民間提案制度導入＝奈良県三宅町	奈良県三宅町は、「随意契約保証型民間事業者提案制度」を導入した。廃校や公共施設の利活用、事務事業の効率化などへの提案を想定。事業者側は広告収入や国の補助制度の活用などを通じて採算を確保し、町の財政負担がない形で実施する。
2020/11/9	サービス向上へ民間提案制度＝広島県廿日市市	広島県廿日市市は、住民サービスの向上や業務の効率化、財政負担の軽減を進めるため、民間事業者のアイデアやノウハウを生かす「民間提案制度」を導入する。すべての行政分野を対象に受け付け、採択する際は提案した事業者と随意契約を結ぶ。県内自治体の導入は初めてという。
2020/12/25	「地域の皆様の健康な生活を支える企業に」株式会社アカカベ、大阪医療センターへモバイルクリニックを寄贈＝大阪府	アカカベは、独立行政法人国立病院機構大阪医療センターへ、モバイルクリニック（建築用コンテナを活用した仮設発熱外来）1台を寄贈した。アカカベから寄贈の提案を受けた大阪府公民戦略連携デスクを通じて、大阪医療センターへの寄贈に至ったという。
2021/5/13	住民提案、15歳から可＝予算編成に高校生の声―東京都	東京都は、高校生ら若い世代の声を都政に反映するため、事業アイデアを次年度の予算編成に取り入れる都民提案制度の対象年齢を従来の18歳以上から15歳以上に引き下げた。高校では地方自治について学ぶ機会があるため、そのタイミングで都政に関心を持ってもらう狙いがある。
2021/5/21	「すべての施設のサウンディング型市場調査」の実施＝福島県須賀川市	福島県須賀川市では、公民連携の取り組みにより、財源の確保や市民サービスの継続的な実施を図っていくため、公有財産活用に関する「サウンディング型市場調査」を実施している。市内すべての公有財産が対象。
2021/6/1	農地の用途で「提案制度」検討＝荒廃化抑止へ放牧など利用―農水省	農林水産省は、人口減少に伴い今後維持が困難になる可能性がある農地に関し、有効活用に向けた制度見直しに着手する。従来と同様の農業生産を続けることが難しい場合、放牧など比較的負担の小さい方法での利用を進める方針で、地域の土地所有者らが市町村にこうした用途での活用を提案できる制度の創設を検討。
2021/6/8	市中心部でサウンディング調査＝北海道石狩市	北海道石狩市は、民間事業者とともに公有地の利活用を検討する「サウンディング調査」を市中心部で実施する。未利用地の活用策を官民連携で検討することで、地域活性化につなげる。

2021/ 6 /30	未利用財産活用へサウンディング調査＝鳥取県	鳥取県は、県が管理する未利用財産について、民間事業者の購入や借り受けの意向をサウンディング調査する取り組みを今夏から始める。未利用財産の一覧も作成し、県ホームページに掲載する。財産の売却や利活用を進め、財源確保につなげる狙いがある。
2021/ 7 /19	にぎわいづくりでサウンディング調査＝奈良県五條市	奈良県五條市は、今秋完成予定の新庁舎の敷地内に設ける「にぎわい棟」について、地元業者らから活用方法を聞くサウンディング調査を行った。調査には9団体が参加。
2021/ 7 /29	空き家活用事業の提案募集＝大阪府八尾市	大阪府八尾市は、定住促進や地域の活性化を目的に、市内の空き家を活用した事業の企画提案を募集する。個人、企業を問わず応募可能。採択した事業には、最大200万円の補助金を支給する。
2021/10/15	中学校跡地で実験的事業＝土地活用の可能性探る―静岡県島田市	静岡県島田市は、地域のにぎわい創出などを目的として、民間事業者が公共施設などを一時的に活用する「トライアル・サウンディング」に取り組んでいる。来年1月末までの期間中、市内の旧金谷中学校跡地を無償で提供することにしており、希望する事業者を随時募集。

8. 医療・福祉

大阪府富田林市は、4カ月間実施したポイントと連動した健康増進活動の結果、年間628万円の医療費抑制が期待できるとの試算を公表した。また、近所のスーパーなどでの買い物など地域の活性化にもつながった。実験は4カ月間で40歳以上の市民180人を対象に行った。参加者に活動量計を配布してウオーキングや体組成測定などのポイントを貯め景品に交換できる。ポイントを付与できる読み取り機を市内20カ所（うち16カ所はスーパーなどの民間施設）に設置した。

新潟市は市薬剤師会と連携して災害時に使用する医薬品を市内の薬局に分散備蓄する取り組みを始めた。薬局が通常時使用する分と災害備蓄分とを循環させることで、使用期限切れの抑制もはかることができると期待される。

石川県金沢市はオンライン保育のモデル事業を開始した。新型コロナウイルスの感染拡大に備えた対応。オンライン会議システムで手遊びや読み聞かせを行うほか、録画した動画の配信を行う。

図表Ⅱ-4-8　医療・福祉の動き

年月日	見出し	内　　容
2020/10/ 5	リモートワーク前提の人事研究＝京都府	京都府が新型コロナウイルス禍を機に、リモートワークを前提にした職員人事について研究を始めた。府域は南北に長く、異動先によっては転居を伴うが、リモートワークが可能になれば転居せずに済む。
2020/10/ 8	オンライン保育でモデル事業＝石川県金沢市	石川県金沢市は、新型コロナウイルス感染拡大に備え、オンライン保育のモデル事業を始める。ビデオ会議を使って保育士がモニター越しに手遊びや絵本の読み聞かせを行ったり、事前に収録した読み聞かせなどの動画を配信したりすることを想定している。
2020/10/ 8	公立病院改革、指針改定を延期＝財政支援策要件も見直し―総務省通知	総務省は、地方自治体向けの「新公立病院改革ガイドライン」の改定を延期する方針を伝える通知を都道府県に出した。新型コロナウイルスの感染拡大で、国が都道府県に求めていた公立・公的病院の再編・統合に関する結論の取りまとめが先送りされ、感染症対策を含めた今後の地域医療体制の在り方をめぐる議論を注視する必要があるため。

2020/10/16	ドローンで医薬品など輸送＝遠隔診療で実証実験—愛知県、新城市など	愛知県と同県新城市、新城市民病院は、ドローンで医療機器や医薬品などを輸送し、離れた場所の患者を診察する遠隔診療の実証実験を行った。県が進める「無人飛行ロボット社会実装推進事業」の一環で、山間部過疎地域での配送と、通信医療機器を用いた孤立地域での遠隔医療がテーマ。
2020/10/26	県内初、診療放射線技師の養成学科＝福島県立医大が新学部	福島県立医科大学は、来年4月に開設予定の保健科学部について、文部科学省から設置が認可されたと発表した。同学部では理学療法士など専門医療技術者を養成。学部には県内初の診療放射線技師を養成する学科が設けられる。
2020/10/30	専用車で出張PCR、来月稼働へ＝飲食店などで検体採取—福岡市	福岡市は、新型コロナウイルスの検査体制強化の一環として、感染拡大が懸念される飲食店などに専用車両で出向いて検体を採取する「出張PCRセンター」を稼働させる。インフルエンザとの同時流行に備える。
2020/12/7	災害に備え医師会、メーカーと協定＝愛知県蒲郡市	愛知県蒲郡市は、災害で停電や断水が発生しても医療体制を確保できるよう、市医師会や医療機器メーカーなど5社と協定を締結した。
2020/12/21	感染症ERが運用開始＝市立大津市民病院	市立大津市民病院は、新型コロナウイルスなどの感染症患者に対応する救急外来「感染症ER」を敷地内に設置し、運用を開始した。施設内での感染拡大を防ぐため、患者と医療従事者の動線を分離するなどの対策を講じる。
2020/12/25	小値賀町が歯科医師会と災害協定＝県内全域の締結、全国初—長崎	長崎県小値賀町と福江南松歯科医師会は、大規模災害発生時に歯科医らが避難所で応急的な歯科医療救護活動を行う災害協定を締結した。県歯科医師会などによると、これで県内全21市町との間で協定の締結が完了。
2021/1/6	救急業務を民間委託＝沖縄県竹富町	沖縄県竹富町は、救急救命業務の民間委託を始めた。九つの有人離島から成るため消防署を設置しておらず、搬送は消防団が担ってきたが、今後は委託先の救急救命士が駆け付ける。委託先は日本救急システム。
2021/1/7	自宅療養者にオンライン診療機関紹介＝大阪府	大阪府は、自宅療養している新型コロナウイルスの感染者に対し、オンライン診療が可能な医療機関を紹介する体制をつくった。府医師会、府薬剤師会の協力で実施。
2021/1/15	中小公立病院の病床再編支援＝市町村の計画作りに助言—総務省	総務省は、中小規模の公立病院を対象に、病床再編や経営の見直しに取り組む市町村の支援に乗り出す。市町村の要請に応じ、病院経営の知見を持つアドバイザーを派遣し、基礎的なノウハウの提供や、将来ビジョンを含む具体的な計画作りのサポートを行う。計画作成に必要な費用の一部を特別交付税で手当てする。
2021/1/22	山形、岐阜の2区域選定＝地域医療構想を重点支援—厚労省	厚生労働省は、病床数の適正化などを進める「地域医療構想」の実現に向け、国が財政支援や助言を優先的に行う「重点支援区域」に山形県の置賜、岐阜県の東濃の2区域を新たに選定した。今回が3回目の選定で、計14区域となる。
2021/1/25	地域医療への支援求める＝宮城県南首長、村井知事と意見交換	宮城県の村井嘉浩知事と県南部地域の13市町の首長らが「宮城県南サミット」に参加し、意見交換した。山元町の斎藤俊夫町長と七ケ宿町の小関幸一町長、名取市の山田司郎市長、白石市の山田裕一市長が、村井知事にそれぞれ地域医療への県の支援を要請した。
2021/2/1	窓口2割で地方負担430億円減＝25年度の後期高齢者医療費—厚労省推計	75歳以上の後期高齢者の窓口負担を1割から2割に引き上げるのに伴い、医療費に対する地方負担が年430億円抑制される見通しだ。厚生労働省が、窓口負担見直しに伴う財政への影響について、団塊の世代が75歳以上になる2025年度の推計をまとめた。
2021/2/22	市立病院清算に3億円超＝21年度予算案—福岡県中間市	福岡県中間市は、2021年度当初予算案を発表した。老朽化し、経営状況も厳しい市立病院の20年度末での廃止に伴う清算事業に3億3900万円を計上した。
2021/2/26	産業医科大と連携＝医療体制強化に向け—北九州市	北九州市は、新型コロナウイルスの影響が続く中、医療体制の強化や地域課題の解決に向け、産業医科大と包括連携協力協定を結んだ。感染症対策に関する飲食店などへの指導のほか、災害対策や地域の安全・安心の面などでも連携する。
2021/3/1	離島の遠隔医療で実証実験＝香川県三豊市	香川県三豊市は、市内の粟島での遠隔医療などを進めるため、タブレットを用いたオンライン診療やドローンを使った実証実験を始めた。タブレットを通じた診療で、住民は医師と服薬を含めた相談ができる。
2021/3/8	高知大医学部と覚書＝高知県室戸市	高知県室戸市は、市内の医療体制の充実などを図るため、高知大医学部と覚書を締結した。オンライン診療や情報通信技術を生かした生活習慣病の管理、研究における患者データの活用などを協力して進める。
2021/3/10	風邪薬なども税軽減対象に＝来年から、市販薬の範囲拡大—厚労省	厚生労働省は、市販薬の購入額が年1万2000円を超えた世帯の所得税などを軽減する「セルフメディケーション税制」について、対象となる市販薬の範囲を拡大することを決めた。
2021/3/11	へき地の看護師派遣、規制緩和＝ワクチン接種で活用可能—厚労省	厚生労働省は、これまで認めていなかった医療機関への看護師らの派遣について、へき地に限り可能とする方針を決めた。地方部では看護師を含めた医療従事者の不足が深刻化している状況を踏まえ、労働者派遣法の規制を緩和する。

2021/3/16	病院現地建て替え断念＝候補地3カ所提示―滋賀県野洲市	滋賀県野洲市の栢木進市長は市議会特別委員会で、市立野洲病院の現地建て替えを断念し、新たな立地場所を選定する意向を表明した。立地場所の候補地に市有地3カ所を挙げ、2025年度に新病院を整備する考えを示した。
2021/3/18	がん検診、一律500円に＝新潟県燕市	新潟県燕市は、がん検診を一律500円にする。これまでは胃がん検診で800円、子宮頸がん検診で1100円の自己負担が必要だった。一律500円の対象となるのは、胃がん、乳がん、子宮頸がん、大腸がん、肺がん、前立腺がんの全6種類の検診。
2021/3/19	オンライン遠隔診療の実証実験＝長崎県五島市	長崎県五島市は、長崎大学などと連携し、複合現実技術を活用した次世代型オンライン遠隔医療システムの実証実験を始めた。関節リウマチ患者を対象に、患部の立体的な映像を用いて専門医が遠隔診療する。新型コロナウイルス禍の通院リスクを軽減するとともに、離島でも専門的な医療を提供するのが狙い。
2021/3/22	診療所の開設費用を支援＝新潟県小千谷市	新潟県小千谷市は、市内に診療所を新たに開設する医師に対し、開業費用を支援する。市内にはない、または少ない診療科で診療所を開設する場合は上限2000万円、その他の診療科は上限1000万円で、開業費用の2分の1を補助する。
2021/3/26	全島民にコロナワクチン一斉接種＝山口県周南市	山口県周南市は、大津島で新型コロナウイルスワクチンの一斉接種を行う。対象は16歳以上の全島民で、島外で暮らす高齢者の優先接種分のワクチンを振り向ける。医療体制が脆弱な離島での感染拡大防止が狙い。
2021/4/12	家族の介護・世話、中2の6％＝1日7時間以上が1割―「ヤングケアラー」初調査	厚生労働・文部科学両省は、病気の家族の介護や世話を担う18歳未満の子ども「ヤングケアラー」に関する初の実態調査結果をまとめた。中学2年生のうち世話をする家族が「いる」と答えた割合は5.7％。平日1日に世話に費やす時間が7時間以上という負担が重い生徒も1割程度いた。
2021/4/19	簡易ハウス導入、災害・コロナ対応に＝愛知県東郷町	愛知県東郷町は、簡易に設営できるドーム型ハウス3台を導入した。災害発生時に医療活動を行ったり、新型コロナウイルスのPCR検査をしたりするスペースとして活用を検討する。3台のうち1台は、輸入車・自動車用品販売のホワイトハウスから寄贈された。
2021/4/23	ヤングケアラー支援へ体制整備＝電話相談や教員研修通じ早期発見―鳥取県	鳥取県は、病気の家族の介護などを担う18歳未満の子ども「ヤングケアラー」の支援体制を整備する。リーフレット作製や電話相談、教員への研修などを通じてヤングケアラーの存在を早期に発見し、支援につなげる。
2021/4/27	スマホアプリで介護予防＝東京都府中市	東京都府中市は、高齢者向けのスマートフォンアプリ「みんチャレ」を活用して介護予防を行う事業を始める。新型コロナウイルスの感染拡大で高齢者の運動機会が減るのを防ぐのが狙い。65歳以上の市民で、スマートフォンを持っている人が対象だ。
2021/5/14	診療所開設費用を補助＝新潟県魚沼市	新潟県魚沼市は、市内の開業医を支援する事業を始めた。慢性的な医師不足の解消が目的。対象は歯科以外の診療所。土地の購入や医療機器などの施設整備費について、1000万円を上限に2分の1を補助する。家賃や医療機器のリース料は月額25万円を上限に2年間助成する。
2021/5/14	「ローカル5G」で遠隔診療の実証実験＝長崎県	長崎県は、長崎大学などと共同で、高速大容量規格「5G」を自治体などが地域限定で構築する「ローカル5G」を活用したオンライン遠隔診療の実証実験を行った。離島やへき地でも専門的な医療を提供するのが狙い。高精細な映像規格「4K」内視鏡で撮影した患部を、大学病院の専門医へリアルタイムで送信し、早期の食道がんを発見するなど成果を挙げた。
2021/5/14	介護ロボット導入支援拠点を開設＝北九州市	福岡県北九州市は、介護現場の業務改善を支援する拠点となる介護ロボット等導入支援・普及促進センターを小倉北区に開設した。市内の介護施設を対象に、現場に合った情報通信技術やロボットの導入・活用を促すなどして、生産性の向上を図る。
2021/5/28	公立病院への支援強化＝交付税3割引き上げ―武田総務相	武田良太総務相は、新型コロナウイルスの感染拡大を受け、地方自治体が運営する公立病院への財政支援を強化すると発表した。過疎地などの「不採算地区」にある公立病院が対象で、病院の運営経費を支援する自治体への特別交付税額を、現行よりも3割引き上げる。約310の公立病院が対象となる見通し。
2021/5/28	家庭内感染防止へ市営住宅活用＝大阪府羽曳野市	大阪府羽曳野市は、新型コロナウイルスの家庭内感染を防ぐため、感染者の隔離先が決まるまで同居している家族が市営住宅の空き室で一時滞在できる仕組みを導入した。21日から運用を始めた。
2021/5/31	病院の浸水・地震対策に助成＝電源移設やブロック塀撤去―厚労省	厚生労働省は、災害時の医療提供体制を強化するため、浸水被害の予想される医療機関が電源や医療設備を上階に移したり、止水板を設置したりする場合に助成金を出す。地震などで倒壊の恐れがあるブロック塀のある病院にも、撤去費や改修費を支援する。
2021/6/2	親に10万円の入学応援金＝山形県天童市	山形県天童市は、今年度から市内の小中学校に入学した児童生徒に、入学応援金として独自に1人当たり10万円を支給する「エール天」事業を始める。出費の多い時期の子育てを支援し、若年層の移住・定住を促進する。

日付	見出し	内容
2021/6/3	医療的ケア児の実態を調査＝長崎県	長崎県は2021年度、医療的ケアが必要な児童の実態を把握するための調査に乗り出す。在宅で療養を行う医療的ケア児の実数などを把握し、地域での適切な支援や今後の施策展開につなげる。
2021/6/4	「医療費2割負担法」成立＝75歳以上引き上げ―現役世代の支出圧縮	75歳以上の後期高齢者の医療費について、単身世帯で年収200万円以上の人らの窓口負担を1割から2割に引き上げる医療制度改革関連法が参院本会議で与党などの賛成多数で可決、成立した。施行時期は2022年10月から23年3月の間とし、今後政令で定める。
2021/6/9	重度障害者接種にタクシー券＝大阪府富田林市	大阪府富田林市は、新型コロナウイルスワクチンの接種会場への移動が困難な重度障害者や要介護認定者らに、タクシー利用券の配布を始めた。
2021/6/15	介護事業者の取り組みを「見える化」＝北海道	北海道は、就労環境改善や人材育成といった介護事業者による取り組みの「見える化」を進めている。道は、定めた基準を事業者が満たしているか検証するモデル事業を2021年度に実施。基準を満たす事業所を増やし、介護職員の確保や定着化につなげたい考え。
2021/6/16	介護ボランティアにポイント＝鹿児島県	鹿児島県は、介護分野でのボランティア活動に、ポイントを付与する制度を新設した。ボランティアが介護の周辺業務の一部を担うことで、人材不足が顕著な介護現場の負担軽減を図る。
2021/6/21	健康づくり事業に助成＝滋賀県	滋賀県は、県民の健康づくりにつながる事業に取り組む団体に助成金を交付する。助成額は1団体当たり50万～200万円。10団体程度への助成を見込んでいる。
2021/6/23	健康増進活動、医療費628万円抑制＝大阪府富田林市	大阪府富田林市は、ポイントと連動した健康増進活動を市民に約4カ月行ってもらった結果、近所のスーパーで買い物をするなど経済活性化にもつながり、年間628万円の医療費抑制が期待できるとの試算を明らかにした。
2021/6/23	介護現場で「ノーリフトケア」推進＝長崎県	長崎県は2021年度、介護事業所の労働環境を改善するため、介護職員の身体的負担を軽減する「ノーリフトケア」推進のための研修会を開催する。
2021/6/30	SIBによる大型介護予防プロジェクト＝5億円の基金設立－愛知県豊田市	愛知県豊田市は、ソーシャル・インパクト・ボンドを活用した介護予防事業「ずっと元気！プロジェクト」を7月1日から実施すると発表した。期間は5年間で、年間5000人程度の参加を目指し、介護保険給付費を総額10億円削減するのが目標。
2021/7/1	無料で診療所承継を支援＝高齢化深刻、6割が後継者ゼロ－秋田県医師会	秋田県医師会は、県の委託事業として、後継者難の県内診療所と譲り受けたい医師をつなぐ医業承継事業を始めた。相談・利用料は無料。
2021/7/12	医療福祉従事者の登録制度を創設＝島根県邑南町	島根県邑南町は、地域医療福祉の担い手確保策として、町出身医療福祉従事者らを対象とした登録制度を創設する。町は登録を基に、町内の医療福祉事業所と連携して、町内での就職の情報提供やマッチングなどの支援を行う。
2021/7/15	AIで救急搬送時間を短縮＝神奈川県鎌倉市	神奈川県鎌倉市は、疾病者の情報を人工知能で効率よく連絡するシステムを活用し、救急隊が搬送先の病院の選定時間を短縮するための実証事業を実施する。医師会、医療関連ベンチャーのTXPメディカルと連携し、同社のシステムを活用する。
2021/7/21	医師偏在解消で国に提言＝岩手県など12県「知事の会」	医師の不足や偏在が問題となっている12県の知事でつくる「地域医療を担う医師の確保を目指す知事の会」は、取りまとめた提言を厚労省と文科省に提出した。
2021/8/4	災害時医薬品を薬局に分散保管＝新潟市	新潟市は、市薬剤師会と連携し、災害時用の医薬品を市内の複数の薬局に分散して保管する取り組みを始めた。薬局で通常使用する分と備蓄分を循環させながら使うようにし、使用期限切れで廃棄処分となる医薬品を減らす。
2021/8/6	介護施設の防災リーダー養成＝入所者の安全確保に―厚労省	厚生労働省は、特別養護老人ホームなど介護施設の防災リーダー養成を後押ししている。都道府県や委託を受けた公益団体による防災研修を財政支援。災害時に施設内で的確な指揮が執れる人材を育成し、入所者の安全確保を目指す。
2021/8/20	「介護助手」普及へ推進員＝求職者・事業所にPR、雇用促進へ―厚労省	厚生労働省は、ベッドメークや食事の配膳などを担う「介護助手」の雇用促進に向けて「介護助手等普及推進員」（仮称）を新設し、各都道府県の福祉人材センターに配置する。
2021/8/26	診療所の新規開業に最大5000万円補助＝長崎県西海市	長崎県西海市は、新たに診療所を開業する医師らに対し、最大計5000万円の補助金を支給する制度を設けた。地域の医療体制を維持するのが狙い。新規開業の場合、建物の新築に最大3000万円、医療機器の取得に同2000万円をそれぞれ支給する。承継の場合は、建物のリフォームに同1500万円、医療機器の取得に同2000万円を支給する。
2021/8/26	消防防災ヘリを導入へ＝沖縄県	沖縄県は、消防防災ヘリコプターの導入に向けた検討を始める。急性期医療を提供する医療機関が不足している本島北部自治体の要望を受けたもので、推進協議会で自治体の費用負担割合や、必要な機体の仕様などを議論し、2025年度の運用開始を目指す。

2021/8/27	離島の医療人材確保で助成金＝鹿児島県薩摩川内市	鹿児島県薩摩川内市は、有人３島などから成る甑島の医療提供体制を確保するため、島内の医療福祉施設に着任する医師や看護師らに助成金を支給する。他に支給対象となるのは、歯科医師、薬剤師、理学療法士、社会福祉士ら。
2021/9/9	赤十字病院とがんセンター統合で検討＝周産期、がん医療の拠点へ―宮城県	宮城県の村井嘉浩知事は県議会本会議で、検討中の県内病院の連携・統合について、仙台赤十字病院と県立がんセンターを統合し、周産期医療や新興感染症対応を強化したがん医療の拠点とする方向で協議を進めると明らかにした。東北労災病院と県立精神医療センターは合築し、救急医療などの強化を検討する。
2021/9/19	65歳以上、最多の3640万人＝総人口の29％、世界最高―総務省	総務省は「敬老の日」に合わせ、65歳以上の高齢者の推計人口を発表した。15日時点で、前年より22万人増の3640万人と過去最多を更新。総人口に占める割合は29.1％で過去最高となり、世界201の国・地域で最も高い。
2021/9/21	中山間と都市で看護師ら相互派遣＝人材の育成・確保図る―宮崎県	宮崎県は、中山間地域で看護師ら専門分野の人材を確保・育成するため、都市部との人材交流を行い、研修機会を確保する仕組みづくりを進める。2021年度は、看護師２人を大学病院に派遣する一方、２人を受け入れる。
2021/9/29	医療ケア児支援で相談センター＝東京都世田谷区	東京都世田谷区は、人工呼吸器やたんの吸引などが日常的に必要な医療的ケア児の相談支援センター「Hi・na・ta」を開設した。医療的ケア児を持つ親らからのさまざまな相談にワンストップで対応する窓口として、支援体制の強化につなげる。
2021/10/4	児童手当と医療費助成で電子申請＝広島県呉市	広島県呉市は、児童手当と乳幼児らの医療費助成についてオンライン申請を開始した。子育て中の市民の負担を減らすとともに、対面での接触を減らすことで新型コロナウイルス対策にもつなげたい考えだ。
2021/10/4	「ミーティングセンター」推進へ＝認知症当事者と家族を一体支援―厚労省	厚生労働省は2022年度、認知症対策の一環で、当事者と家族を一体的に支援する「ミーティングセンター」プログラムを推進する。同プログラムは当事者と家族が運営スタッフ仲介の下、互いの気持ちを口に出し、他の当事者らと出会う場づくりを進める事業。市区町村が実施する場合、開催・運営経費を補助する。
2021/10/7	介護職員賃上げ、財源課題＝「公的価格」抜本見直しで―政府	岸田文雄首相が掲げる「令和版所得倍増」を実現するため、政府は看護師や介護福祉士ら介護職員の賃金引き上げに向け本格的な検討を始める。首相は「公的価格の在り方の抜本的見直しを行う」と表明。
2021/10/11	介護のイノベーションでイベント＝ITやデジタル活用―山口県下関市	山口県下関市は、市や民間で構成する「スマートシティ推進協議会」が、IT、デジタル技術を活用した介護分野でのイノベーション創出を目指す「介護デジタルハッカソンin下関」を16日に開催すると発表した。
2021/10/13	市外受診も申請不要＝子ども医療費助成―長崎市	長崎市は、隣接する４市町の医療機関で受診した場合も、子ども医療費助成の申請をしなくて済むよう改めた。市民の利便性向上が狙い。これまでは市外で受診した場合、自己負担分を支払った後に助成を申請する必要があった。
2021/10/13	放課後児童クラブ有料化へ＝長期休暇中の昼食提供―広島市教委	広島市教育委員会は2023年度から、これまで無料としてきた放課後児童クラブの基本料金を有料化する方針だ。安定的な運営につなげるほか、希望者に対する長期休暇中の昼食提供といったサービス向上を目指す。
2021/10/18	介護ロボットを無償貸し出し＝福岡市	福岡市は、介護現場の労働環境の改善に有効とされる介護ロボットなどの導入を促進するため、事業所に関連機器を一定期間、無償で貸し出す。試しに使ってもらうことで本格導入を促し、人材の定着と介護の質の向上につなげたい考え。
2021/10/20	DMATに感染症支援チーム＝拡大時に迅速対応―厚労省	厚生労働省は、新型コロナウイルスの感染者急増などに迅速に対応するため、災害派遣医療チーム（DMAT）の役割に感染症に関する支援を追加する方針を固めた。DMAT事務局のスタッフを増強するとともに、隊員資格を持つ医師らへの研修を充実させる考えで、2022年度から導入する。
2021/10/20	介護ロボ・ICT、4割導入＝事業所、18年度から大幅増―長崎県	長崎県は、県内の介護事業所のうち現場でロボットや情報通信技術を導入している施設は41.3％だったと発表した。2018年度の前回調査の16.2％から大幅に増加。一方、コストの高さが導入の妨げとなっている実態も明らかとなり、県は22年度以降、導入を後押しする補助制度を創設する方向で検討している。

9. 交通

　滋賀県税制審議会は、経営が苦しい地域公共交通維持のために県独自の税制導入を検討するよう求める答申をまとめ三日月大造知事に提出した。税が導入されれば、全国初となる。

　コロナ禍の影響は地域交通だけでなく大手交通事業者にも影響を与えた。これまで主に地方部の鉄道やバスなどで活用されていた貨客混載を導入する交通機関が増加し

ており、利用する交通機関も新幹線にまで拡大されている。JR西日本は山陽・九州新幹線で貨客混載の実証実験を行った。鹿児島中央から大阪や京都まで荷物を輸送し、ニーズの有無などを確認する。

各地で様々な検討・実証実験が進められ

ている自動運転について、福井県永平寺町は遠隔操作による自動運転車両の運用を開始した。運転席が無人で遠隔操作する自動運転の実用化は全国初。永平寺の参道の一部（約2キロ）で低速移動する。

図表Ⅱ-4-9 交通の動き

年月日	見出し	内　　容
2020/10/ 1	乗り合い型移送サービスで実験＝京急、横浜国立大、横浜市など	京急電鉄と横浜国立大、横浜市、日産自動車は、横浜市内で、3〜4人の乗り合い型移送サービスの実証実験を開始すると発表した。住民の高齢化が進み、鉄道駅やバス停などへのアクセスが良くない地域での新たな交通手段とする狙い。
2020/10/20	自動車学校教習にAI＝指導員負担軽減へ、全国初―福岡	福岡県大野城市にある自動車学校が、人工知能を活用した運転指導を試験的に始めた。走行した経路や速度、ドライバーの目線などをAIが解析し、運転技術を評価する。
2020/10/21	自動運転バスで「分身」が案内＝大阪・万博公園で実証実験	三井物産やパナソニック、凸版印刷などは、万博記念公園で行う自動運転サービスの実証実験を報道陣に公開した。電気自動車の自動運転バスを走らせながら、遠隔操作のアバター（分身）などを使って乗客を案内した。
2020/10/23	交通機関を財政支援＝運行継続へ人件費など―福島県	福島県は、新型コロナウイルス感染拡大の影響で、利用者数が落ち込む鉄道やバス事業者を財政支援する。公共交通機関の運行継続を後押しし、「地域の足」を守りたい考え。
2020/10/31	阿武隈急行、1年ぶり全線再開＝台風19号で被災―福島・宮城	2019年10月の台風19号で線路などが被災した第三セクターの阿武隈急行線は、不通となっていた富野―丸森間の15.4キロが復旧し、約1年ぶりに全線で運行を再開した。
2020/11/ 2	予約制乗り合いワゴンを実証運行＝滋賀県竜王町など	滋賀県竜王町などは、町民向け予約制乗り合いワゴン「チョイソコりゅうおう」の実証運行を開始した。高齢者らの移動手段を確保するのが狙い。2022年3月まで実施して利用状況を把握し、同4月からの本格運行を目指す。
2020/11/10	公共交通維持で新税検討＝内外情勢調査会で講演―三日月滋賀知事	滋賀県の三日月大造知事は、大津市内で開かれた内外情勢調査会で講演し、新型コロナウイルスの感染拡大などで打撃を受けた地域公共交通を維持する財源を確保するため、県独自の税を検討する考えを明らかにした。
2020/11/19	免許返納促進制度、廃止＝バス代支援など、効果低く―鳥取県倉吉市	鳥取県倉吉市は、高齢ドライバーが運転免許証を返納してから1年間、バス定期券やタクシーチケットを約9割引きで購入できる制度を2020年度いっぱいで廃止する。免許返納の促進策として18年7月から始めたが、費用対効果が低いと判断した。
2020/11/24	バス、タクシーの感染対策補助＝大阪府東大阪市	大阪府東大阪市は、市内の路線バス、タクシー事業者の新型コロナウイルス感染防止策の導入費用に対する補助事業を始めた。市民の移動の安全を確保し、経済活動を下支えすることが狙い。
2020/11/24	複数の自動運転バスを遠隔監視＝静岡2地点で来月実験―東急	東急は、静岡県内の2地点で、電動の小型バスを自動走行させる実証実験を実施すると発表した。自動運転車両を監視・操縦する「遠隔コントロールセンター」を1カ所設置し、それぞれの車両の周辺を映像で監視する。将来的には1人のオペレーターが複数台の車両の運行を管理する移動サービスの構築を目指す。
2020/12/ 8	オンデマンドバス、定額タクシーで実験＝福井県越前市	福井県越前市は、スマートフォンから出発時間や乗降場所を事前に予約できるオンデマンドバスと、観光地を移動する定額タクシーを組み合わせた実証実験を始めた。北陸新幹線の県内延伸開業をにらみ、利便性向上を図る狙い。
2020/12/ 9	市民行動データでバス路線設定＝宮崎県延岡市	宮崎県延岡市は、住民の行動データの分析を通じて、最適なバスの路線や時刻表を設定する取り組みを始めた。東大大学院情報理工学系研究科付属ソーシャルICT研究センターの協力を得て、12月から実証実験を始めた。
2020/12/15	昼運賃100円で路線バス支援＝大阪府富田林市	大阪府富田林市は、昼間の市内バス運行区間の運賃を大人100円、子ども50円とする取り組みを実施している。新型コロナウイルス感染拡大で利用者減少に苦しむ路線バス事業者の支援が目的。
2020/12/28	遠隔操作での自動運転実用化＝全国初の運転席無人―福井県永平寺町	福井県永平寺町は、遠隔操作での自動運転車両による移動サービスの運用を開始した。運転席が無人で、遠隔操作による自動運転の実用化は全国初という。運行業務は町の第三セクターに委託。区間は「永平寺参ロード」の一部で約2キロ。

2021/1/8	航路維持のCFで目標金額達成＝新潟県粟島浦村	新潟県粟島浦村は、粟島航路を維持するため始めたクラウドファンディングで目標寄付金額の1000万円を達成した。今年度は新型コロナウイルスの影響で、村を結ぶ粟島航路の利用者が例年に比べて約9割減少。20年9月期決算で約3億5000万円の赤字となった。
2021/1/13	7人乗りEVで実証実験＝香川県三豊市	香川県三豊市は、市内の粟島で、低速で移動する7人乗り電気自動車を活用した「グリーンスローモビリティー」の実証実験を始めた。離島地域でも持続可能な交通インフラの確立を目指す。
2021/2/15	モノレール基金、1億円以上を上積み＝東京都瑞穂町	東京都瑞穂町は、都が第三セクター方式で運営している多摩都市モノレールのJR八高線箱根ケ崎駅方面への延伸事業を具体化させたのを受け、モノレール基金の積み増しに力を入れる。20年度当初予算では1億円を確保。21年度は同額以上を上積みする方針だ。
2021/2/24	「貨客混載」お試し運行＝北海道	北海道は、高速バスで旅客と同時に貨物を運ぶ「貨客混載」の試験運行を開始した。平日月曜から木曜までの4日間、1日2便で実施。
2021/2/26	JR西、貨客混載の実証実験開始＝新たな収益源の期待	JR西日本は、山陽・九州新幹線に荷物を載せて運ぶ貨客混載事業の実証実験を始めた。空きスペースを利用し、地域の特産品などを輸送する。鹿児島中央駅から新大阪駅を経由して大阪や京都まで荷物を輸送する。
2021/3/6	ごみ収集に自動運転車＝負担軽減、24年度にも導入―環境省	環境省は、自動運転技術を活用したごみ収集の実証を始める。作業員の後ろを自動追尾する機能を持った収集車を使い、住宅地などで作業する際、車両への乗降回数を減らせる仕組みを開発。3年間かけて技術的な検討や、関係省庁と法令上の手続きを進め、24年度にも市区町村の現場での導入を目指す。
2021/3/9	住宅街でロボット配送の実証実験＝1人が複数車両を同時操作―神奈川県	神奈川県は、藤沢市のパナソニック工場跡地を再開発する「Fujisawaサスティナブル・スマートタウン」で、小型低速ロボットによる住宅街での配送サービスの実証実験を始めた。屋外でのロボットによる医薬品配送や、1人のオペレーターが複数台のロボットを同時走行させる取り組みは全国初という。
2021/3/19	三浦野菜を快特で輸送＝京急が初の貨客混載実証	京浜急行電鉄は、沿線の三浦半島を産地とする野菜を快特の旅客列車で輸送し、子会社の流通事業者が横浜市内で販売する実証実験を行うと発表した。
2021/3/25	車内完全無人化で運行開始へ＝遠隔操作で全国初―福井県永平寺町	福井県永平寺町などは、遠隔操作での自動運転車による移動サービスについて、国内初の車内完全無人化で運行を始める。25日に同町で出発式が行われ、試乗した杉本達治知事は「揺れが少なくて乗り心地がよかった」と評価した。
2021/3/29	近鉄、貨客混載実施へ＝特急使用、夏から	近畿日本鉄道は、特急列車に荷物を載せて運ぶ貨客混載事業を開始すると発表した。車内販売用の商品やワゴンなどを入れていたスペースを利用し、日用品を含む工業製品などを輸送する。夏頃にも始める。
2021/4/1	無人自動運転で道交法改正検討＝限定地域の移動サービス―有識者報告書・警察庁	自動運転に関する警察庁の有識者検討会は、限定地域での運転者がいない無人移動サービスについて、安全確保のため事業者らに一定の義務を負わせる内容の報告書をまとめた。政府はサービスの2022年度ごろの実現を目指しており、同庁は道交法改正も視野に検討を進める。
2021/4/19	接種会場にバス活用しやすく＝車検証の変更不要に―政府	政府は、新型コロナウイルスのワクチン接種に当たり、貸し切りバスを接種会場として活用しやすくする。接種会場として使うために座席を取り外す場合、本来は取り外した日から15日以内に車検証の記載事項を変更しなければならないが、一定の条件を満たせば不要とする。
2021/4/21	公共交通維持の税制検討を＝知事に答申―滋賀県税制審議会	滋賀県税制審議会は、経営が厳しい公共交通機関を維持するため、県独自の税制導入の可能性を検討するよう求める答申案をまとめた。県によると、地域公共交通の維持を目的とした税は全国初という。
2021/4/27	自動運転サービス開始＝中山間地、道の駅拠点―近畿地方整備局	近畿地方整備局は、道の駅「奥永源寺渓流の里」を拠点とした自動運転サービスを開始した。中山間地における高齢者の送迎や、農作物の配送、観光客の利用などに使われる。
2021/6/16	乗り合いタクシーの実証運行を実施＝埼玉県越谷市	埼玉県越谷市は、公共交通機関がない新方地区で、乗り合いタクシーの実証運行を開始した。11月末まで運行し、利用状況などを確認した後、本格導入する方針。
2021/6/30	デマンド交通、AIで配車＝北海道厚真町	北海道厚真町は、町内中心部を走るデマンド交通で、人工知能を活用した配車やルート設定による試験運行を始めた。人手をかけずに効率的な走行経路を導き出し、より多くの町民の乗車につなげる狙いだ。
2021/7/17	混み具合に応じ料金変動＝休日割は繁忙期対象外―高速道で中間答申案・国交省審議会	高速道路料金の在り方について、社会資本整備審議会が今夏にも取りまとめる中間答申案が判明した。大都市圏での渋滞緩和のため、混雑状況に応じて料金を変動させる制度の本格導入を提言。全国を対象とした休日割引は渋滞激化の回避に向け、繁忙期は適用しないことを打ち出した。国交省は答申を受け、制度改正に着手する。

日付	見出し	内容
2021/ 7 /28	氷河期世代を地域交通の担い手に＝愛知県豊橋市	愛知県豊橋市は、雇用環境が厳しかった就職氷河期世代を対象に、市内公共交通機関の運転士への就業を支援する取り組みを始めた。氷河期世代の就職を後押しするとともに、不足しているバスやタクシーの運転士を確保し、地域交通の維持につなげたい考え。
2021/ 8 /11	『走る防犯カメラ』で地域の安全・安心を実現＝熊本県芦北町	芦北町、芦北警察署、芦北地域振興局、芦北消防署、あしきた農業協同組合、水俣芦北森林組合、芦北町社会福祉協議会、熊本日日新聞芦北販売店グループの8機関で「ドライブレコーダー等の活用による地域の安全・安心連携協定」を締結した。
2021/ 8 /13	コミュニティーバスに電子チケット＝愛知県南知多町	愛知県南知多町は、町内を走るコミュニティーバス「海っ子バス」の乗車券に電子チケットを導入した。スマートフォンからいつでも購入できるようにした。電子チケットサービスを提供するアプリからクレジットカードで券を購入できる。
2021/ 9 / 8	ホンダ、栃木で自動運転実験＝今月開始、20年代半ば実用化	ホンダは、米ゼネラル・モーターズと共同開発する自動運転車の実用化に向けた実証実験を今月から栃木県内で行うと発表した。運転手なしで走行するライドシェアサービス専用車を共同開発し、2020年代半ばに国内でサービスを始める計画で、実験を通じて日本の交通環境に合わせた自動運転技術を検証する。
2021/ 9 /13	無人自動運転技術の導入を検討＝鳥取市	鳥取市は、地域の公共交通維持に向けて、無人自動運転技術の導入を検討する。路線バスやタクシーなどに取り入れたい考えで、年内にも関係者で構成する推進協議会を発足。議論を経て2022年度中に実証実験を始める意向だ。
2021/ 9 /27	自動運転バスの隊列走行＝10月から実証実験―JR西・ソフトバンク	JR西日本とソフトバンクは、複数のバスが加速や減速を自動制御して隊列走行する実証実験を10月から始めると発表した。実用化されれば、自動運転バス車両の隊列走行は国内初という。2023年の技術確立、20年代半ばの実用化を目指す。
2021/ 9 /28	JRの橋梁総点検＝豪雨激甚化受け―国交省	国土交通省は、河川に架かるJR各社の橋梁について、豪雨時の安全性を総点検すると発表した。被災する危険性が高い橋梁は2022年の出水期までに補強する。豪雨災害の激甚化に伴い、橋梁被害は増加傾向にある。復旧には長期間を要するため、対策により地域交通への影響を軽減したい考え。総点検の実施は初めてという。
2021/ 9 /29	交通課題解決、AI活用で大学と連携＝北海道江差町	北海道江差町は、地域の公共交通が抱える課題の解決に向け、人工知能を活用した配車技術を研究する公立はこだて未来大学と連携協定を締結した。最先端の技術を生かした利便性の高い公共交通の実現につなげ、交通不便による転出に歯止めをかけたい考え。
2021/ 9 /30	「タクシー形式」のコミュニティーバス＝長崎県島原市	長崎県島原市は、市が運営するコミュニティーバスの運行方法を変更する。これまでは、路線バスのように決められたルートを時刻表通りに走行していたが、1日からは路線を廃止し、乗客が行きたい停留所だけに止まる「タクシー形式」の乗り合い送迎サービスを導入する。
2021/10/12	AI活用相乗りタクシー導入＝福岡県小郡市	福岡県小郡市は、人工知能を活用した相乗りタクシーの実証実験を始めた。市コミュニティーバスの利用者が少ない一部路線の運行を休止し、新たな交通手段として導入。利用料金は1回一律300円。
2021/10/13	75歳以上、マイナカードでバス無料＝青森県むつ市	青森県むつ市は、75歳以上の市民を対象に、マイナンバーカードを提示すると無料で路線バスを利用できる事業を始めた。公共交通機関の利用を促し、歩いて暮らせるまちづくりに役立てる。
2021/10/29	乗り合いサービス本格導入＝富山県朝日町	富山県朝日町は、郊外に住む住民が居住地区と中心街を行き来する際に、高齢者らを一緒に乗せる「ノッカルあさひまち」を本格導入した。広告大手の博報堂や自動車大手のスズキなどと共同で事業を開始。自家用車に有償送迎を認める国土交通省の地域公共交通関連制度を初めて利用した事例として、実証実験を進めてきた。

10. 環境・農業

　農水省が実施した2020年農林業センサスによると、20年2月1日時点の農業経営体は15年に比べて21.9％減少した。個人経営体が減少する一方で法人を含む団体経営体は2.6％増えた。また、耕作地面積が大きいほど経営体数も増加する傾向にあり、法人化、大規模化の傾向が見られた。

　その一方で、国家戦略特区に指定されている兵庫県養父市で認められている民間企業による農地取得の特例について、全国展開が見送られることになった。特例措置を従来の5年間から2年延長し、需要や課題を整理する。

島根県海士町の複業協同組合が「特定地域づくり事業協同組合」として島根県から認定を受けた。全国初の事例となる。同組合は漁業、宿泊業、食料品製造業など5事業者の出資で設立されており、若者を「地域作り人材」として雇用し、出資した事業者の繁忙期などに応じて複数の職場に派遣する。

農水省は22年度から中山間地の農地保全や生活維持のための「農村地域づくり事業体（農村RMO）」の形成支援を始める。小規模な農業集落や自治会、社会福祉協議会などが協力して協議会を作って農地の草刈りや買い物支援などを行う実証実験を実施する際に国が補助する。

総務省は、分散型エネルギーの導入を検討する自治体向けにマスタープランの策定を支援するハンドブックを作成した。総務省はマスタープランの策定費用の半額を補助する事業を実施しているが、マスタープランを策定した後に事業化に至った団体が3分の1にとどまることから実効性の高いプラン策定を支援するのが目的。

図表Ⅱ-4-10　環境・農業の動き

年月日	見出し	内　容
2020/10/ 8	里地里山のビジネス支援＝保全活動を持続可能に―環境省	環境省は、里地や里山の自然を利用した物産開発などのビジネスを手掛ける企業や自治体を支援する。草木から採取したオイルや、野生鳥獣の肉「ジビエ」の販売などを想定。事業を通じて収益を上げながら、森林管理などの環境保全に持続可能な形で取り組めるようにする。
2020/10/13	AI活用しクマ撃退実験＝福島県	福島県会津地方振興局などは、人工知能を活用してクマを追い払うシステムの実証実験を同県会津美里町と北塩原村で行っている。クマを自動認識するとサイレンを鳴らすとともに、メールで住民らに注意喚起する仕組みで、人や農作物の被害を防ぐ狙い。
2020/10/14	農産物の販路拡大で商社設立＝岡山県津山市	岡山県津山市は、地域の農産物の販路拡大やブランド化などを担う地域商社を設立する。商社を核として、農業の収益性を高めるビジネスモデルを確立し、農業従事者の所得向上と担い手確保につなげる狙い。
2020/10/16	農福連携で初の農業体験会＝福島市	福島市は、社会福祉施設に通う障害者と農家を結び付ける農福連携の一環で、障害者に農作業をしてもらう農業体験会を開催した。安定収入の確保が課題の障害者と、繁忙期の人手不足に悩む農家の双方を支援するのが狙い。
2020/10/21	農業の省力化にアプリ＝富山市	富山市は、農作業の省力化や作物の品質向上を図るため、農業用アプリ「農作業たすける君」の実用化に乗り出した。まずは市が特産化を目指すエゴマの農地3カ所に導入。10月からデータ収集を開始し、一般の農家への普及に向け、導入効果を検証する。
2020/10/23	農地パトロールにドローン活用＝岡山県和気町	岡山県和気町は、農地の利用状況を把握する「農地パトロール」で、ドローンの活用を始めた。これまで目視で行われていたパトロールに代わって、ドローンによる空撮を取り入れることで調査員の負担軽減と、調査の正確性向上につなげる狙い。
2020/11/ 4	県内初、自治体出資で新電力＝青森県佐井村	青森県佐井村は、再生可能エネルギーの電力を供給する地元企業「青森県民エナジー」と共同出資で、電気の小売会社を新設する。村の公共施設を中心に再生エネに切り替える方針。経費削減効果が確認されれば、将来的には供給先を事業所や一般家庭にも広げる見通しだ。
2020/11/ 5	間伐53％、基金積み立て38％＝森林環境譲与税の実績―総務省・林野庁	総務省と林野庁は、森林整備などの財源に充てるために創設した森林環境譲与税に関し、2019年度に自治体が取り組んだ実績を取りまとめた。19年度は同税の初年度で、間伐などの利用が全体の53％、基金への積み立てが38％だった。温室効果ガス排出削減や災害防止につながるとして、政府は先進事例を推進したい考えだ。
2020/11/27	農業経営体、5年で2割減＝法人・大規模化進む―農水省調査	農林水産省が発表した2020年農林業センサスによると、20年2月1日時点の農業経営体は15年の前回調査に比べ21.9％減の107万6000戸となり、現在の調査手法を採用した05年以降で過去最低を更新した。
2020/11/30	直接払交付金事務で集落支援組織＝福岡県糸島市	福岡県糸島市は、土地改良区と連携し、国の「中山間地域等直接支払交付金制度」を活用する地元集落を対象に、申請に必要な事務作業を支援する組織を立ち上げた。

2020/11/30	オンラインで就農相談＝福島県伊達市	福島県伊達市は、オンラインで新規就農相談を受け付けている。対象は、市内で就農を希望する人。ビデオ会議システム「ズーム」で、農政課や市農林業振興公社の職員が対応している。
2020/12/ 1	CO$_2$ネットゼロ推進本部を開催＝滋賀県	滋賀県は、2050年に二酸化炭素排出量を実質ゼロにすることを目指し、各部局が連携して対策に取り組む「しがCO$_2$ネットゼロ推進本部」を開催した。本部は部局長で構成され、21年度に関連する条例や計画、ビジョンを改正・改定することを確認。
2020/12/ 2	国産木材の魅力PR＝新宿に拠点施設オープン－東京都	東京都は、国産木材の魅力を発信する施設「MOCTION」を新宿区内の商業ビルに開設した。初代館長を務める隈研吾氏が小池百合子知事を案内した。
2020/12/ 4	海士町複業協同組合を全国初認定＝特定地域づくり協同組合に－島根県	島根県は、海士町複業協同組合を全国で初めて特定地域づくり事業協同組合に認定した。特定地域づくり事業協同組合は、人口減少が進む地域で複数の事業者が出資して設立する。若者を「地域づくり人材」として雇用し、出資した事業者の繁忙期などに応じて複数の職場に派遣し、年間を通じて地域全体で仕事を創出する。
2020/12/ 7	固定資産税、負担増1年凍結＝税制改正で概要固まる－政府・与党	政府・与党は、2021年度税制改正大綱の概要を固めた。評価替えに伴い課税額が上昇する土地の固定資産税について、最も大きな影響が見込まれる商業地だけではなく、住宅地や農地も含めた全ての地目で、負担増を1年凍結する。
2020/12/16	障害者就労の農園運営で協定＝大阪府枚方市	大阪府枚方市は、障害者が就労する貸農園を運営するエスプールプラスと連携協定を結んだ。同社は来年夏にも市内に1万平方メートルの野菜農園を開設し、知的、精神障害者75人の雇用を見込む。市は福祉施設に情報提供し、障害者が農業に携わる「農福連携」の推進を目指す。
2020/12/18	森林の循環利用で協定＝宮崎県や住宅メーカーなど4者	宮崎県と県森林組合連合会、県木材協同組合連合会、住宅メーカーのゼロ・コーポレーションは、森林資源の循環利用に関する協定を締結した。4者は今後、伐採後に再び植える「再造林」の推進や林業の担い手育成などを連携して行う。
2020/12/22	サトウキビ増産を支援＝沖縄県宮古島市	沖縄県宮古島市は、減少が続くサトウキビの生産量を拡大させるため、収穫後に活用されてこなかった根や葉の部分「トラッシュ」を土に還元し、再利用するよう促している。工場から畑までの運搬費用を補助。長期的に地力を回復させ、増産を支援する。
2020/12/25	50年「脱炭素」へ政策総動員＝車、30年代に電動化－「グリーン成長戦略」で計画	政府は、2050年に温室効果ガス排出を実質ゼロとする「カーボンニュートラル」実現に向けた実行計画「グリーン成長戦略」を発表した。30年代半ばに乗用車の国内新車販売をガソリンだけで走る車以外の「電動車」に限る目標を設定。洋上風力発電や水素利用など重点14分野の実施年限や技術的課題を定めた工程表を作成した。
2021/ 1/ 6	県南部に新組織設立へ＝エネルギー活用で地域経済活性化－福井県	福井県は、県南部「嶺南地域」に、原子力や再生可能エネルギーを活用して地域経済の活性化などを図る官民連携の新組織を設立する予定だ。電力使用を効率化するスマートエリアの構築や、廃炉作業中の高速増殖原型炉「もんじゅ」の跡地に新設される試験研究炉の利活用などを検討する。
2021/ 1/ 7	コウノトリの巣作りで寄付募集＝千葉県野田市	千葉県野田市は、クラウドファンディング型のふるさと納税を活用し、国の天然記念物であるコウノトリが営巣できる人工巣塔の設置費用への寄付を募集している。目標額は220万円。
2021/ 1/15	バイオガス発電へ官民でタッグ＝北海道湧別町	北海道湧別町は、乳用牛のふん尿を活用したバイオガス事業に乗り出す。地元農協や民間会社などと連携してバイオガスプラントを整備し、2025年度にも売電を始める計画だ。酪農が盛んな町内では、経営規模の拡大が進む中、家畜ふん尿の処理費用の負担増が課題となっていた。
2021/ 1/15	企業の農地取得、全国展開見送り＝農水省と民間議員が対立－特区	政府の国家戦略特別区域諮問会議は、兵庫県養父市だけに認めている民間企業による農地取得の特例措置について、全国展開の見送りを決めた。同市での実績が乏しくニーズがないとする農林水産省などと、全国展開を求める諮問会議民間議員が対立。
2021/ 1/20	分散型エネルギー導入を後押し＝事業計画策定で手引－総務省	総務省は、分散型エネルギー事業の導入を検討している自治体向けに、マスタープランの策定を支援するハンドブックを作成した。太陽光発電などを活用して地域内でエネルギーを循環させ、地域の雇用創出や災害による停電時の備えにつなげる。
2021/ 1/20	林業大学校、2024年度開校＝福田栃木知事	栃木県の福田富一知事は、県内の林業人材の育成と確保のため、林業大学校を開校すると発表した。2024年度の開校に向けて、来年度からカリキュラムの検討に着手。県は1年制の林業大学校を開校し、林業に関する知識や技術を学んでもらうことで、生産性の高い林業経営を行える人材の育成を目指す。
2021/ 1/22	府産の間伐材でコピー用紙＝大阪府	大阪府は、府内の森林で間伐された木材を原料の一部に活用したA4コピー用紙の利用を始めた。約10万箱（1箱2500枚入り）が納品される見込み。間伐材の利用量は、約105ヘクタールの森林で間伐を実施した分に相当し、間伐によって森林が健全に成長する過程で約54トンのCO$_2$削減効果が期待できるという。

2021/1/25	新規就農の面積要件緩和＝静岡県富士宮市	静岡県富士宮市は、新たに就農するための農地取得について、面積要件の一部を緩和する。遊休農地を利用する場合、面積の下限を従来の30アールから1アールに改める。市内外からの新規就農者を増やすのが目的で、4月1日から実施する。
2021/2/5	太陽光と海洋深層水でCO_2ゼロ＝沖縄県久米島町	沖縄県久米島町は、2050年までに二酸化炭素排出量を実質ゼロとする「ゼロカーボンシティ宣言」を行った。40年までに島内で消費されるエネルギーの100％を再生可能エネルギーで賄うことを目指すロードマップや、具体的な実施内容を盛り込んだ「エネルギービジョン」を策定。
2021/2/8	ジャガイモ焼酎工場、7月オープン＝東京都檜原村	東京都檜原村は、地域農業、商業、観光業振興の一環として、村の主要農産品のジャガイモを原料とする焼酎製造工場をオープンさせる。見学機能や販売所を併設し、ミニ「道の駅」のイメージで村内外からの集客を図る。公設民営方式で、開業5年目からの黒字転換を目指している。
2021/2/8	職員採用後、林業大学校に＝「森林管理職」の6人―奈良県	奈良県は2020年度、「森林管理職」の採用枠を新たに設け、6人の採用を決定した。21年4月に開校予定の林業大学校「奈良県フォレスターアカデミー」に入り2年間修学する。職員として採用された後に林業大学校で学ぶ仕組みは全国初。
2021/2/9	間伐等促進特措法改正案を決定＝伐採後の造林を支援―政府	政府は、地球温暖化防止のため伐採後に再び木を植える「再造林」などを進める森林間伐等実施促進特別措置法改正案を閣議決定した。都道府県知事が指定した適地で、森林所有者らが成長の早い「エリートツリー」を植える場合に支援する。
2021/2/12	大学生がワーケーション体験＝宮崎県日之影町	来年度から本格実施される宮崎県日之影町のワーケーション事業で、モニターとして参加した宮崎大の学生が主要メニューの「森林セラピー」を体験した。町内のキャンプ場のバンガローにWi-Fi環境を整備したり、管理棟に共用ワーキングスペースを設けたりして活動拠点とし、「森林セラピー」や農業体験などをする。
2021/2/18	クマ出没防止でゾーニング＝石川県小松市	石川県小松市は、クマによる人への被害を防止するため、市民と野生動物をすみ分けする「ゾーニング」を行う。山間地に餌場をつくるなどクマとの共生を目指す。ゾーニングを通して、住民の生活区域とクマの生息域が重ならないようにする。
2021/2/19	獣害対策活動を応募要件に＝21年度の地域おこし協力隊―山形県南陽市	山形県南陽市は、2021年度から着任する地域おこし協力隊の応募要件に獣害対策活動を新たに加えた。市内では近年、イノシシによる農作物被害が増えており、食い止めを担う人材を探している。
2021/2/19	兵庫・養父で2年延長＝企業の農地取得、特区改正法案を閣議決定	政府は、兵庫県養父市だけに認めている民間企業による農地取得の特例措置を2年間延長する国家戦略特区法改正案を閣議決定した。今国会での成立を目指す。特例措置の全国解禁は当面見送られる。
2021/2/22	太陽光発電設備の購入支援＝兵庫県伊丹市	兵庫県伊丹市は、一般家庭での自立分散型エネルギーの普及を狙いに「太陽光発電・蓄電池設備の共同購入支援事業」を始める。事業では、まず市が公募で支援事業者を決定。この事業者が購入希望者の募集や施工事業者を選定し、購入希望者は施工事業者と契約を結ぶ。
2021/3/5	地元産木材活用した新庁舎＝長野県木曽町	長野県木曽町で、地元産木材を活用した新庁舎が完成した。使用したのは、ヒノキやカラマツ、サワラなど。構造材の4割強を町有林で賄うなど、可能な限り地元産木材で調達した。また、端材も木質チップバイオ工費は16億3800万円。
2021/3/8	脱炭素へ大胆政策、規制緩和を＝電動車普及で有識者初会合―経産省	経済産業省は、2050年に温室効果ガス排出を実質ゼロとする目標達成に向け、自動車・蓄電池分野の課題を議論する有識者検討会を立ち上げた。初会合では長野県や横浜市、充電インフラを担う民間企業から現状をヒアリング。民間からは電動車普及に向け大胆な政策や、インフラ整備をめぐる規制緩和を求める声が上がった。
2021/3/15	市民にEV導入費を助成＝埼玉県本庄市	埼玉県本庄市は2021年度、環境に配慮したまちづくりを進めるため、電気自動車やEVから家などに電力を供給する設備を導入する市民に費用を助成する。本補助額はEVが10万円、電力供給設備が5万円。
2021/3/15	農村の通信環境整備を補助＝インフラ管理の省力化加速―農水省	農林水産省は、情報通信環境を整備する農村地域を支援する。光ファイバーや無線基地局などの敷設に掛かる経費の半分を補助する。人口減少や高齢化が進む中、農村にある水利施設などインフラ管理の省力化、高度化を加速させるのが狙い。今後、要綱や要領を公表し、自治体などの申請を受け付ける。
2021/3/23	地域おこし協力隊5464人＝受け入れ自治体は微減―総務省	総務省は、2020年度の地域おこし協力隊の隊員数が、前年度から115人増の5464人だったと発表した。一方、受け入れ自治体は6減の1065団体だった。20年3月末までに任期を終えた6526人のうち、63.0％にあたる4114人が活動地や近隣市町村に定住していることが分かった。
2021/3/25	成田空港、CO_2排出を半減へ＝2050年度、航空機発着含む全体で	成田国際空港会社は、空港全体の二酸化炭素排出量について、2050年度に15年度比で半減させるとの目標を発表した。空港全体の排出削減目標を明確にしたのは、日本の空港で初めてという。

2021/3/30	「農村プロデューサー」養成で新研修＝集落の話し合い促進―農水省	農林水産省は、農地の維持管理をはじめとした農村をめぐる課題の解決に向け、集落単位の話し合いなどをサポートする「農村プロデューサー」を養成する。2021年度から自治体職員らが対象の研修制度を設け、講座は一部ライブ配信する。
2021/4/2	就農希望者に費用支援＝新潟県燕市	新潟県燕市は、65歳以下の新規就農希望者に農業技術の習得や農地取得に掛かる費用を支援する。農業大学校や県主催の研修などに参加するための受講料や交通費といった経費について、10万円を限度に半額補助する。農地の賃借料も30万円を上限に2分の1を助成する。
2021/4/19	省エネ基準、適合義務化へ＝新築住宅、6月にも行程表―国交省など	国土交通、経済産業、環境3省は、住宅や建築物の省エネ対策強化を議論する検討会を設置し、初会合を開いた。2050年までに温室効果ガスの排出量を実質ゼロにする「カーボンニュートラル」を実現するため、新築住宅に省エネ基準適合を義務付けるなど、規制強化に向けた行程表を6月をめどにまとめる。
2021/4/21	森林・林業DX推進協議会を設立＝宮崎県諸塚村	宮崎県諸塚村、県森林組合連合会、NTT西日本宮崎支店は、山村を豊かにする森林・林業デジタルトランスフォーメーションの推進を目指し、産官学と地域連携による協議会を設立した。耳川広域森林組合、県木材協同組合連合会、宮崎大も参画し、実証事業に取り組む。
2021/4/28	山口県長門市と楽天グループ株式会社及び楽天農業株式会社の3者が農業連携協定を締結＝山口県長門市	山口県長門市内の耕作放棄地を活用したオーガニック農業の推進や新規就農者の育成支援、農業者へのIT活用支援等の7項目について、山口県長門市と楽天グループ株式会社及び楽天農業株式会社の3者が農業連携協定を締結した。
2021/4/30	森林吸収量目標3割引き上げ＝再造林、木材利用推進で―林野庁	林野庁は、2030年度の森林による二酸化炭素吸収量の目標について、従来より約3割引き上げる方向で検討している。利用期を迎えた人工林の伐採を進め、再び木を植える「再造林」や木材利用の拡大など、追加的な取り組みを推進する。
2021/5/21	JAと共同で農業公社設立＝宮崎県新富町	宮崎県新富町は、JA児湯と共同で、町の基幹産業である農業の振興・発展に向けた取り組みを主導する社団法人「ニューアグリベース」を6月に設立する。公社による活動をてこに、持続可能な地域農業の実現を目指す方針だ。
2021/5/24	農業参入企業に最大1000万円＝広島県呉市	広島県呉市は、新たに市内で農業に参入する企業に対し最大1000万円を補助する。21年4月以降に市内で農業参入したか、参入することが確実な企業や農業法人。補助率は対象経費の2分の1以内で、上限は1000万円。
2021/6/9	カーボンニュートラル実現へ戦略会議＝愛知県	愛知県は、「カーボンニュートラル」実現に向け、エネルギーやモビリティーなど関連分野の学識経験者らからなる戦略会議を発足させると発表した。県内企業や団体を対象に実現に向けたアイデアの募集も開始。
2021/6/15	脱炭素化へ交付金新設など検討＝複数年度の事業を財政支援―政府	政府は、再生可能エネルギーの地域内への導入など地球温暖化対策に積極的に取り組む地方自治体を後押しするため、交付金の新設を視野に財政支援策を大幅に強化する検討に入った。補助金と比べ自治体が柔軟に運用できる交付金などを設けるため、環境省が2022年度予算概算要求に関連費用を盛り込む方針だ。
2021/6/17	農地集約へ計画要請＝法律に明記、耕作放棄に歯止め―農水省	農林水産省は、後継ぎがいない農地の貸し出しや集約を加速させるため、地域ごとに農地の将来像を示す計画を策定するよう市町村に対し強く求める。関連法を改正し、計画作成を条文に明記する。農家の高齢化で荒廃農地が一段と広がれば、国産農産物を安定的に供給できなくなる恐れがあり対応を急ぐ。来年の通常国会にも関連法改正案を提出する方針だ。
2021/6/24	九電、森林管理支援でカーボンオフセット＝福岡・久山の町有林で事業開始	九州電力は、自治体などがCO$_2$削減・吸収量実績を数値化し売買する「J－クレジット」の創出を支援し、自社のカーボンオフセットに活用する事業を始める。まちづくり協定を結ぶ福岡県久山町の町有林管理支援を皮切りに、他地域での展開も模索。中期経営計画で掲げる脱炭素化の早期実現を目指す。
2021/6/25	遠隔農作業支援で実証実験＝ローカル5G活用でNTT東と―東京都	東京都は、高速大容量通信規格のネットワークを自らの敷地内に独自に構築する「ローカル5G」を活用し、遠隔で農作業支援を行う実証実験をNTT東日本とともに本格的に開始した。就農者が少なくなり、農地の荒廃が問題となる中で、最新の通信技術を使って、農業の生産性向上と省力化につながる技術検証をするのが狙いだ。
2021/7/2	木材利用促進でコンソーシアム―奈良県16市町村	奈良県の橿原市や大和高田市、三宅町、吉野町など16市町村は、森林環境譲与税の効果的な活用と木材利用の促進を目指し、「上下流連携による木材利用等促進コンソーシアム」を設立した。16市町村に奈良県森林組合連合会などを加えたコンソーシアムを設立し、財源の効果的な活用法を検討することにした。
2021/7/7	50年までに海洋プラごみゼロへ＝官民連携プラットフォーム設立―広島県	広島県は、2050年までに瀬戸内海に新たに流出するプラスチックごみの量をゼロにすることを目指す。中長期的な目標として、30年までにペットボトル、プラスチックボトル、食品包装・レジ袋の主要3品目の使用量削減の仕組みを構築。40年には主要3品目の新たな海洋流出をゼロにし、それ以外のプラごみ対策も強化する。

2021/7/9	ソーラーシェアリングを開始＝埼玉県所沢市	「HGE」と「西武アグリ」による、太陽光発電と営農を両立するソーラーシェアリングを行う「所沢北岩岡太陽光発電所」が竣工した。発電した電力はすべて、所沢市が出資する「ところざわ未来電力」が買い取り、市の公共施設に供給する。敷地は西武グループが保有する遊休農地を活用。太陽光発電システムの下には、ブルーベリーやブドウを栽培する。
2021/7/16	脱炭素化の設備投資に補助金＝兵庫県加西市	兵庫県加西市は、太陽光パネルの設置など脱炭素に寄与する設備投資をした事業者を対象とする補助金制度を創設した。また、公共施設の電力を調達する際、一定の再生可能エネルギー比率を満たすことを参加条件とした上で、電力事業者に価格の低さを競わせる「リバースオークション」も導入。
2021/7/27	地元産ホタテをブランド化＝北海道小樽市	北海道小樽市は、地元で養殖されるホタテのブランド化に取り組む。小樽産ホタテは市内の海産物でも屈指の生産高を誇るが知名度が低く、新たなブランド名で認知度を高め、地域経済の活性化につなげる。
2021/7/30	バイオマス発電、木材需給検証を＝経産、農水両省に要請―総務省	脱炭素化に向けて拡大が見込まれる木質バイオマス発電に関し、総務省は、製紙業などの木材需給への影響を検証するよう経済産業、農林水産両省に要請した。木くずや間伐材などを燃やす木質バイオマス発電も、再エネの一つとして、今後普及が予想される。ただ、木材の需要増加に伴い、製紙業で調達費用が上昇するなど既存業種への影響が一部で発生。
2021/8/3	農地の電気柵更新支援＝新潟県柏崎市	新潟県柏崎市は、イノシシの農業被害を防止するため、農地に設置された電気柵の更新整備の支援に乗り出した。補助の対象は8年の法定耐用年数を経過し、使用できなくなった電気柵本体やワイヤ、ポールなどの更新。経費の4分の3を補助する。
2021/8/18	農地バンク支援事業を開始＝被災12市町村で―福島県	福島県は2021〜23年度、東京電力福島第1原発事故で被災した12市町村で営農再開を加速化するため、地域集積協力金の加算や現地コーディネーターの配置を行う。支援事業により担い手への農地貸し付けを促進させる狙い。
2021/8/19	太陽光整備へ事前調査に補助＝庁舎や学校、30年50％実現―環境省	環境省は、自治体に対し庁舎や学校などへの太陽光パネルの設置を促すため、必要な事前調査の費用を新たに補助する方針を固めた。
2021/8/30	給食に町産小麦100％パン＝宮城県美里町	宮城県美里町は、町内に9校ある全小中学校の給食で、町産の小麦「夏黄金」を100％使ったパンの提供を始める。食育や地産地消の推進のほか、県内有数の小麦の産地として、知名度の向上を目指す。
2021/9/1	大規模水素製造システムの実証を開始＝民間7社と共同で―山梨県	山梨県と東レや東京電力ホールディングスなど民間企業7社は、大規模水素製造システムの実証を共同で始めると発表した。新エネルギー・産業技術総合開発機構（NEDO）の助成事業の採択を受け、2025年まで、水素製造システムの大規模化に向けた技術開発や水素製造の効率化に向けた実証を進める。
2021/9/1	協定締結の事業者を優先支援＝木材の利用促進で―政府	政府は、建築物の木材利用促進に向け創設する協定制度の概要を固めた。建築主の事業者が国と協定を結んだ場合、木材利用に関する関係省庁の補助事業などで優先的に支援する。
2021/9/2	国の建築物、原則木造に＝脱炭素化へ利用加速―政府	政府は、国が今後整備する庁舎などの建築物を原則として木造にする方針だ。柱などの構造部材に木材を使う木造化をめぐり、現在は3階建て以下の低層建築物が対象となっているが、技術革新を踏まえ4階建て以上の中高層にも拡大する。
2021/9/2	農地調査で衛星データ、ドローン活用＝広島県尾道市	広島県尾道市は、衛星データとドローンを活用した農地調査の実証実験を始めた。調査を担う農業委員の負担を減らすとともに、耕作放棄地の活用方法を早期に検討できるようにすることが狙い。
2021/9/16	農業資源の承継後押し＝資産評価にシステム―宮崎県	宮崎県は、農業の担い手不足が課題となる中、農業経営資源の再活用を促進するため、三菱総合研究所、事業性評価研究所と連携協定を締結した。両社のシステムを活用し、後継者がいない農家のビニールハウスや畜舎などが、新規就農者らに円滑に承継されることを後押しする仕組みづくりを目指す。
2021/9/21	「農村RMO」形成を支援＝農地保全や生活維持で―農水省	農林水産省は2022年度、人口減少が進む中山間地域の農地保全や生活維持に向け、「農村地域づくり事業体（農村RMO）」の形成支援に乗り出す。複数の集落の農家と、自治会や社会福祉協議会といった地域の関係者が連携して協議会をつくり、農地の草刈りや買い物支援といった実証事業などに取り組む場合、国が補助する。
2021/9/27	中山間のDX推進を支援＝モデル地区で計画策定―宮城県	宮城県は、中山間地域や漁村でモデル地区を設定し、デジタルトランスフォーメーションの構築を支援する事業を始めた。農産物直売所の販売支援や鳥獣被害対策といった地域ごとの課題の解決に向け、2021年度中にDXの推進計画を策定する。
2021/9/30	林業でローカル5Gの実証事業＝富山県南砺市	富山県南砺市は、となみ衛星通信テレビなど4事業者と共同で、林業に高速大容量規格「5G」を活用した実証事業を始める。林業のデジタルトランスフォーメーション化を進め、現場の安全性と生産性を向上させる狙い。

2021/10/ 1	民間建築物の木造化加速＝木材利用本部を設置―政府	政府は、脱炭素化や地域活性化に向けた「木材利用促進本部」を設置した。農水、経済産業、国土交通など6省で構成され、建築物への国産材の利用拡大策を検討する。オンラインで開かれた初会合では、国や自治体が民間建築物で木材利用が進むよう取り組むことなどを盛り込んだ基本方針を決定した。
2021/10/ 4	深層水でサーモン養殖の実証実験＝北海道岩内町	北海道岩内町は、沖合で取水する海洋深層水を利用したトラウトサーモン養殖の実証実験を始めた。青森県の養殖業者と連携し、約3年間の飼育実験を行う計画。サーモン養殖を町の新たな産業に育て、観光客の誘致に生かしたい考えで、事業化の可能性を探る。
2021/10/ 5	プロバレーチーム運営会社と森林保護＝兵庫県宍粟市	兵庫県宍粟市は、バレーボールVリーグ1部の女子チーム「ヴィクトリーナ姫路」の運営会社と森林保護に関する連携協定を締結した。市内の保有林のうち約30ヘクタールのエリアを「ヴィクトリーナの森」と命名。間伐や皆伐が進んだ場所に広葉樹の植樹を進める。
2021/10/12	ゼロ予算で再エネ網を構築へ＝トラストバンクと連携―鹿児島県阿久根市	鹿児島県阿久根市は、ふるさと納税の仲介サイトを手掛けるトラストバンクと連携し、再生可能エネルギーを地産地消するシステムを構築する。市内の再エネ活用の促進や、防災時の電力確保などが目的。同社が100％出資する、市との合同会社が設計や施設整備を担い、将来的には地元企業の出資を募ることで、市はゼロ予算で事業を始められる計画だ。
2021/10/21	民間住宅に太陽光パネル無償設置へ＝再エネ企業との連携で―福岡県吉富町	福岡県吉富町は、脱炭素社会の実現に向け、再生可能エネルギーによる発電事業などを手掛けるシェアリングエネルギーなどと包括連携協定を結んだ。公共施設や民間住宅に太陽光パネルを設置する投資を受け、脱炭素の全国先導モデルを確立したい考えだ。

11. 観光

厚労省の統計によると21年1月の時点で新型コロナウイルス感染拡大の影響による解雇・雇い止めの人数が旅館・ホテルなどの宿泊業で累計1万人を超えた。製造、飲食、小売りに次ぐ1万人超えとなった。インバウンドの急減、外出自粛やGo toトラベルの停止なども響いた。航空業の苦境も鮮明で航空会社の社員を自治体が会計年度任用職員等で雇用する事例も出ている。

東京都台東区は、区内の飲食店がヴィーガンやベジタリアン対応メニューの認証を取得するための費用を助成する事業を始めた。すでにイスラム教徒向けのハラール料理の認証を取得するための支援を実施しており、対象を拡大した。ハラール認証は15年以降28店が取得しているという。

図表Ⅱ-4-11　観光の動き

年月日	見出し	内　容
2020/10/26	宿泊伴う同窓会に補助＝富山県南砺市	富山県南砺市は、新型コロナウイルス感染拡大の影響で打撃を受けた宿泊業を支援するため、市内で宿泊を伴う同窓会を開催した場合に開催費用を一部補助している。参加者のうち4人以上が市内の宿泊施設に泊まる場合、宿泊者1人当たり2000円を補助する。
2020/11/ 6	世界文化遺産「百舌鳥・古市古墳群」をPR 藤井寺市・コカ・コーラボトラーズジャパン包括連携協定を締結＝大阪府藤井寺市	大阪府藤井寺市とコカ・コーラボトラーズジャパンは、市民サービスの向上及び魅力あるまちづくり等を目的に、世界文化遺産「百舌鳥・古市古墳群」のPRをはじめ、8分野において協働を進める包括連携協定を締結した。
2020/11/11	宿泊施設グレードアップを補助＝長野県諏訪市	長野県諏訪市は、接客のスキルアップや新型コロナウイルス対策強化といった施設の「グレードアップ」に取り組む宿泊事業者を対象に、11月から補助事業を始めた。接客や人材育成に関する研修の受講料、資格取得の受験料のほか、事業者が自主的に実施するコロナ対策の研修経費などを補助する。

2020/12/14	台湾との高速船就航を検討＝沖縄県与那国町	沖縄県与那国町は、台湾との間に高速船を定期就航させ、人や物の交流を図る「国境交流結節点化推進事業」を進めている。日本最西端の島で、台湾が目視できる距離にあるが、海路、空路ともに定期便はない。
2020/12/16	市内宿泊施設でのテレワーク助成＝滋賀県草津市	滋賀県草津市は、市内の宿泊施設でテレワークをする市民への助成制度を始めた。新型コロナウイルスの感染拡大を受け、自宅でのテレワークや職場への通勤が難しい市民と、客が減少している宿泊施設を支援するのが狙い。
2020/12/18	県内宿泊割引、年末年始も実施＝奈良県	奈良県は、県民限定の県内宿泊割引事業「いまなら。キャンペーン」について、割引クーポンの追加販売時期を延期した上で、年末年始も実施すると発表した。
2021/1/4	アリババと協定締結へ＝観光客誘致、県産品販売－熊本県	熊本県は、中国電子商取引最大手のアリババグループと連携協定を結ぶと発表した。新型コロナウイルス収束後を見据えたインバウンド戦略の一環で、中国からの観光客誘致や県産品の販路拡大が狙い。
2021/1/4	ゾゾ創業者基金で道の駅、ジビエ加工＝千葉県館山市	千葉県館山市は、「ゾゾタウン」を運営するZOZO創業者の前沢友作氏の寄付金を元手に、道の駅「食のまちづくり拠点施設」とジビエ加工処理施設を整備する。20億円の寄付金で創設した「前澤友作館山応援基金」から6億5000万円を投じる。
2021/1/7	寄付返礼に電子クーポン＝宮城県気仙沼市	宮城県気仙沼市の観光地域づくり法人（DMO）「気仙沼観光推進機構」は、ふるさと支援寄付金制度の返礼品として市内の飲食店などで使える電子クーポンを発行する取り組みを2021年度から始める。
2021/1/19	コロナ解雇、宿泊業も1万人超え＝飲食・小売りなどに次ぎ－厚労省	厚生労働省は、新型コロナウイルス感染症の影響による解雇・雇い止めの人数（見込みを含む）が旅館・ホテルなどの宿泊業で累計1万人を超えたと発表した。製造や飲食、小売りの3業種に次ぐ1万人超え。
2021/1/21	メルカリでふるさと納税受け付け＝三重県	三重県は、フリーマーケットアプリ大手メルカリなどが提供するサービス「メルカリ寄付」を通じたふるさと納税の受け付けを開始した。寄付金は観光地のバリアフリー化に活用する。
2021/2/5	ふるさと納税で引退馬管理支援＝鹿児島県湧水町	鹿児島県湧水町は、現役を引退した競走馬や乗用馬を預かり管理する町内のNPO法人「ホーストラスト」の活動を、ふるさと納税で支援する取り組みを始めた。町には馬を放牧している広大な牧場があり、担当者は「馬が好きな人が、観光やIターンで町に来てもらえるきっかけになってほしい」と狙いを話す。
2021/2/8	教員宿舎をワーケーション施設に改修＝山梨県大月市	山梨県大月市は、市内にある教員宿舎を、観光地で余暇を楽しみながら働く「ワーケーション」の施設に改修する。空き家状態の教員宿舎を有効活用し、ワーケーションの推進を図る。
2021/2/12	コロナ対応で非常勤61人採用＝長野県	長野県の阿部守一知事は、新型コロナウイルス対策に伴う業務量増加を受け、非常勤職員を61人採用すると発表した。新型コロナの影響による失業者や内定取り消しとなった人の雇用創出も狙いで、同日に募集を開始した。
2021/2/22	宿泊施設をテレワーク用に借り上げ＝岐阜県飛騨市	岐阜県飛騨市は、テレワークや分散勤務を推進するため、新型コロナウイルスの感染拡大の影響で宿泊客が減少した市内宿泊施設をリモートオフィスとして無償提供する取り組みを始めた。空き部屋を市が借り上げる。
2021/2/17	海鮮丼でオンラインツアー＝兵庫県新温泉町	兵庫県新温泉町は、ビデオ会議システム「ズーム」を通して、特産品を楽しめるオンラインツアーを開催している。第1回は、海鮮丼を作って味わえるツアーを開催したところ、32人が参加した。
2021/3/29	地域づくりファンドを創設＝古民家改修などに2億円－京都府	京都府と京都銀行など地元金融機関は、古民家改修といった地域の取り組みを支援する投資ファンド「地域づくり京ファンド」を設立した。空き家や眠っている公共施設を商業施設や宿泊施設に転換し、持続可能な地域の実現を目指す。ファンドの総額は2億円。
2021/3/29	EV駐車が終日無料＝10国立公園、4月から順次－環境省	環境省は、全国10の国立公園で、電気自動車と燃料電池車（FCV）の駐車料金を終日無料にする取り組みを始める。地球温暖化対策のため、温室効果ガスを排出しないEVなどを優遇し、普及につなげる狙い。
2021/4/7	ワタミ、農業テーマパーク公開＝岩手・陸前高田に今月末オープン	居酒屋チェーン大手のワタミは、岩手県陸前高田市に今月末にオープンする有機農業の体験型テーマパーク「ワタミオーガニックランド」の内覧会を開いた。日本初の有機農業のテーマパークで、観光客などを呼び込んで復興促進につなげる。
2021/4/7	全住民に7万円給付＝山梨県山中湖村	山梨県山中湖村は、約5800人の全住民を対象に、一律7万円の見舞金を給付する。財源は、財政調整基金を取り崩すなどして対応する。村内には観光関連事業者が多く、新型コロナの影響が長引く中で、打撃を受ける村民が多いという。
2021/4/12	飲食店のヴィーガン認証助成＝東京都台東区	東京都台東区は、区内飲食店がヴィーガンやベジタリアン対応メニューの認証を取得するための費用について助成を始めた。区によると、ヴィーガンやベジタリアン認証の助成は全国の自治体で初めて。

2021/ 4 /23	認証制度、5月中旬に申請開始＝栃木県	栃木県の福田富一知事は、記者会見を開き、5月中旬にも新型コロナウイルス対策を行う飲食店を認証する制度の申請を受け付けると発表した。
2021/ 5 /13	万博関連会議誘致へ官民組織＝滋賀県、大津市など	滋賀県や大津市、大津商工会議所などは、2025年に開催される大阪・関西万博の関連会議を誘致する官民連携組織「びわ湖コンベンションストリート活性化協議会」を設立した。同市内の琵琶湖岸に集中する会議施設や宿泊施設を生かし、25年までに国際会議と全国会議を各5件以上開催することを目標に掲げた。
2021/ 7 /16	サイクリスト受け入れへ補助＝宮城県名取市	宮城県名取市は、サイクルツーリズムの推進で、市内の飲食店などがサイクルラックや空気入れといった自転車関連の備品を購入する際の費用を補助する事業を始めた。サイクリストが市内を快適に周遊できる環境を整える。
2021/ 7 /16	日本遺産「候補地域」に3件＝4件は初の取り消しも―文化庁	文化庁は、地域の有形・無形文化財をストーリーとしてまとめ、観光振興につなげる「日本遺産」になり得る「候補地域」として、3件を認定したと発表した。既に認定されている4件に関し「認定基準を満たしていない」として再審査すると明らかにした。
2021/ 7 /16	ラーメン店の出店資金を補助＝栃木県茂木町	栃木県茂木町は、町内にラーメン店を誘致するための補助事業を始めた。町内にはラーメン店が1店舗もない状況が長く続いており、開業資金や家賃を補助することで、新規開店につなげたい考えだ。
2021/ 7 /21	「宮島訪問税」創設に同意＝観光客から100円徴収―総務省	総務省は、世界遺産・厳島神社がある宮島を訪れる人に課税する「宮島訪問税」の創設に同意すると発表した。廿日市市は新型コロナウイルスの感染状況を踏まえた上で2023年春をめどに、島へのフェリー運賃に1人100円を上乗せして徴収する。
2021/ 7 /21	修学旅行生の帰宅費助成＝栃木県日光市	首都圏を中心に多くの修学旅行生らが訪れる栃木県日光市は、滞在中の学校から新型コロナウイルスの感染が疑われる児童生徒が出た場合、帰宅に掛かる旅費を助成する。対象は、宿泊を伴う教育旅行で市外から訪れた小中学生。
2021/ 7 /21	コカ・コーラから支援金＝千葉県	千葉県は、コカ・コーラボトラーズジャパンから支援金約140万円の目録を受け取った。サーフィンに加え、東京湾アクアラインや犬吠埼灯台の県内観光名所を描いた「コカ・コーラ」のスリムボトル「千葉デザイン」の売り上げの一部で、観光振興で活用する。
2021/ 7 /26	活性化目指し御墳印帖プロジェクト＝奈良県河合町	奈良県河合町は、町に残る古墳を多くの人に巡ってもらうことで活性化につなげようと、「御墳印帖」プロジェクトを始めた。
2021/ 8 / 2	魚釣りでワーケーション＝県職員が離島で実証実験―山形県	山形県は、酒田市の離島・飛島で、魚釣りを楽しみながら仕事をする「釣りケーション」の実証実験を実施した。職員らは宿泊先のシェアハウスにあるコワーキングスペースで業務に従事し、ウェブ会議システムを用いて県庁と打ち合わせをするなどした。業務時間外には滞在先近くの堤防で釣りを楽しんだ。
2021/ 9 /17	町民モニターにヘルスツーリズム開始＝島根県邑南町	島根県邑南町は、ヘルスツーリズムの開始に当たり町民モニターを募集している。町は観光客向けのヘルスツーリズムの事業化を検討しており、まずは町民にその魅力を伝えるとともに、健康づくりを促す。
2021/ 9 /24	「食泊分離」型観光施設オープン＝岩手県八幡平市	岩手県八幡平市の八幡平温泉郷に、レストラン、カフェ、観光案内所などを備えた複合観光施設「ノーザングランデ八幡平」がオープンした。地元食材にこだわった食事の提供や観光情報の発信に役割を特化、宿泊は近隣の温泉宿やペンションなどと連携する「食泊分離」を基本コンセプト。
2021/ 9 /27	分身ロボットで遠隔観光ツアー＝山梨県	山梨県は、遠隔操作するアバターロボットを活用した次世代型の観光ツアーを実施する。甲府市内の会場から、県東部の観光地に用意されたロボットを操作してもらう。非接触のコミュニケーションを可能とするアバターロボットや、高速大容量規格「5G」の技術を実感してもらいたい考えだ。
2021/ 9 /28	北海道エアポート、仁川空港運営会社と協約＝利用促進図る	新千歳空港など北海道内7空港を運営する北海道エアポートは、韓国の仁川国際空港公社と、利用促進に関する覚書を締結した。HAPが他の空港運営会社と協約を結ぶのは初めてという。
2021/10/ 7	AIオンデマンドバスで寺巡り＝福井県小浜市	福井県小浜市の第三セクター「まちづくり小浜」や市などは、市内の寺を巡る人工知能の乗り合いオンデマンドバスを運行している。都市部の観光客のアクセスを向上させるのが狙い。
2021/10/13	宿泊施設でもワクチン証明＝108カ所で実証へ―観光庁	観光庁は、新型コロナウイルスワクチンの接種の有無などを確認する「ワクチン・検査パッケージ」の実証実験を、36都道府県の108カ所の宿泊施設で行う。
2021/10/13	ウオーターフロント開発地区にホテル＝星野リゾートが進出 –山口県下関市	山口県下関市は、関門海峡沿いにある市のウオーターフロント開発地区「あるかぽーと地区」に、星野リゾートが同社のファミリーリゾートホテルブランドの「リゾナーレ下関」（仮称）を建設、運営すると発表した。

2021/10/15	副業人材、都市部から誘致＝関係人口創出も―徳島県	徳島県は、都市部の人材と県内企業をつなぐマッチング支援に乗り出す。コロナ禍を受け、企業にはリモートワークが浸透しつつあり、副業・兼業を容認する動きもあることを踏まえ、柔軟な働き方を通じてITなどの専門人材の誘致を目指す。地域経済の活性化や関係人口の創出に結び付けるのが狙い。
2021/10/19	返礼品に一日駅長体験＝甲府市	甲府市は、JR東日本八王子支社と連携して、ふるさと納税の返礼品にJR甲府駅の「一日駅長体験」を追加した。一般の人が経験できないような体験プランを通じ、市に興味を持ってもらう狙いだ。
2021/10/22	サイクリング専用バスが完成＝徳島県	徳島県の飯泉嘉門知事は、ロードバイクをそのまま持ち込めるバス「サイクル・キャビン」が完成したと発表した。バス事業者からデザインを募集し、3月下旬の審査会で、県内のバス事業者である「海部観光」に事業を委託することを決定。
2021/10/26	地域イベントの継続・新設に補助金＝山口県防府市	山口県防府市は、地域で開催される営利目的でないイベントに補助金を支給する。新型コロナウイルスの影響による自粛で、継続が危ぶまれる昔からのイベントや新規イベントの開催を後押しする狙い。

第III部

公民連携キーワード
解説

【欧文キーワード】

BID（Business Improvement District）

　地権者等の合意に基づいて特定地区を指定し、その地区内の地権者・事業者から強制的に負担金を徴収しまちづくり活動を行う仕組みとその主体となる非営利組織のこと。北米、イギリス、オーストラリア等で採用されている。その財源に基づき、清掃活動・街区メンテナンスといったまちづくり活動を行うほか、駐車場や交通機関の運営・景観維持・公共空間の管理運営・新規テナントの誘致、将来計画の策定といった自治体では担いきれないエリアマネジメント活動を行う例も多い。

　2018年6月の地域再生法の改正で「地域再生エリアマネジメント負担金制度」（日本版BID）が創設された。特定の地域で受益者（事業者）の3分の2以上の同意を得てエリアマネジメント団体が「地域来訪者等利便増進活動計画」を自治体に対して申請、認定されれば、自治体が条例を制定して負担金を徴収する。自治体は、徴収した負担金を交付金として当該地域のエリアマネジメント団体に交付する。なお、日本版BID制度創設の前に、大阪市では梅田駅周辺（うめきた地域）の地権者から地方自治法に基づく分担金を徴収してエリアマネジメントに充てる仕組みを導入していた。
関連用語：エリアマネジメント

BOT/BTO/BOO/RO/BLT/DBO

　PFI等公共サービス型PPP事業の事業方式の類型である。

　BOT（Build Operate Transfer）とは、民間事業者が自ら資金を調達し、施設を建設し、契約期間中の維持管理・運営を行い資金回収後、公共主体に施設所有権を移転する方式。

　BTO（Build Transfer Operate）とは、民間事業者が自ら資金を調達し、施設を建設し、その所有権を公共主体に移転し、その代わり契約期間中の維持管理運営を行う権利を得る方式。

　BOO（Build Own Operate）とは、民間事業者が自ら資金を調達し、施設を建設し、契約期間中の維持管理・運営を行うが、所有権は公共主体に移転しない方式。

　RO（Rehabilitate Operate）とは、民間事業者が自ら資金を調達し、既存の施設を改修・補修し、契約期間中の維持管理運営を行う方式。

　また、類似した手法として、BLT、DBO等の事業方式がある。

　BLT（Build Lease Transfer）とは、民間事業者が自ら資金を調達し、施設を建設し、公共主体にその施設をリースし、契約期間中の公共主体からのリース料と施設の維持管理・運営で資金を回収する方式。契約期間終了後は、有償または無償により、施設の所有権を公共主体へ移転する。

　DBO（Design Build Operate）とは、公共が資金調達を負担し、設計・建設、運営を民間に委託する方式。公共主体が資金調達を行うことから、民間が資金調達を行うのに比べて資金調達コストが低く、VFM評価で有利になりやすいとされている。一方、公共が資金調達を行うため、設計施工、運営段階における金融機関によるモニタリング機能が働かない（働きづらい）とされている。

関連用語：PFI、PPP、VFM

CSR（Corporate Social Responsibility）

　CSRすなわち企業の社会的責任とは、企業が社会や環境と共存し持続可能な成長を図るため、その活動の影響について責任をとる企業行動であり、企業を取り巻くさまざまなステークホルダーからの信頼を得るための企業のあり方を指す。具体的な行動には、適切な企業統治とコンプライアンスの実施、リスクマネジメント、内部統制の徹底ばかりでなく、時代や社会の要請に応じた自主的な取り組みも含まれる。その範囲は環境や労働安全衛生・人権、雇用創出、品質、取引先への配慮など、幅広い分野に拡大している。また、近年では、慈善活動にとどまらず、社会と企業の両方に価値をもたらすCSV（Creating Shared Value）活動も注目されている。

KPI（Key Performance Indicator）

　重要成果指標。成果の達成に必要な項目のうち、重要なものを抽出し、客観的に評価する。PPPにおける市場化テストの実施の際に注目され、現在では地方創生事業等でも設定が求められる。結果や成果に関する客観的指標を設定することにより、依頼人は、代理人が望ましい行動をとっているかどうかを監視する（モニタリング）費用を削減できる。加えて、要求水準を示す適切な指標の設定が可能であれば、細かな仕様を指定する発注方式（仕様発注）から、サービスの質を指定する発注方式（性能発注）への転換も可能となる。

　例えば、職業訓練校の運営委託を行う場合に、KPIとして就職率を設定するなどの試みもみられた。サービスの質に応じた適切な指標の設定には課題もあるが、KPIの導入は、PPP分野のみならず、さまざまな契約に共通して応用できる概念である。
関連用語：モニタリング、モラルハザード、性能発注、市場化テスト、地方創生

NPM（New Public Management）

　民間企業における経営理念、手法、成功事例などを公共部門に適用し、そのマネジメント能力を高め、効率的で質の高い行政サービスの提供を目指すという考え方。新公共経営といわれる。1980年代の財政赤字の拡大や、当時の政府／行政部門の運営の非効率性への認識から、90年代に入り大きな政府から小さな政府への動きの中で英国、ニュージーランドをはじめとする欧米で導入された。基本的方針として、成果主義の導入、市場メカニズムの活用、市民中心主義による多様なニーズへの対応、組織の簡素化と組織外への分権などが挙げられる。

　日本では、小泉内閣の「今後の経済財政運営及び経済社会の構造改革に関する基本方針（骨太の方針）」（2001年6月閣議決定）の中で、新しい行政手法として取り上げられ、多くの自治体で取り入れられている。
関連用語：PPP

NPO（Non-Profit Organization）

　営利を目的としない団体の総称。ボランティア団体や市民団体、財団法人、社団法

人、医療法人、学校法人、生活協同組合、自治会なども含まれる。このうち、特定非営利活動促進法（NPO法）に基づき認証を受け、法人格を取得したものをNPO法人（特定非営利活動法人）といい、NPO法人のうち、一定の基準を満たし所轄庁の認定を受けたものを認定法人という（2021年9月末時点の認証法人数は5万846法人、認定・特例認定法人数は1,213法人）。認定NPOへの寄付は、寄付者に対する税制上の優遇措置および、認定NPO法人に対する税制上の優遇措置が適用される。

2017年4月1日に「特定非営利活動促進法の一部を改正する法律」が施行された。NPO法人の設立の迅速化や情報公開の推進などが主眼の改正となった。主な改正点は①認証申請縦覧期間の短縮（従来の2カ月から1カ月に）とインターネット公表を可能とする、②貸借対照表の公告を義務付ける（公告の方法は官報、日刊新聞、電子公告、公衆の見やすい場所への掲示）、③内閣府NPO法人情報ポータルサイトでの情報提供の拡大、④事業報告書等を備え置く期間の延長（従来3年から5年に）。また、認定NPO法人、仮認定NPO法人については、①海外送金に関する書類の所管庁への事前提出を不要とする、②役員報酬規程等を備え置く期間を従来の3年から5年に延長、③「仮認定」の名称を「特例認定」に変更することが定められた。

なお、NPOと同様に用いられる言葉として、NGO（Non Governmental Organization）があるが、一般的に国際的な活動をしている非営利団体を指すことが多い。また、EUにおいては社会的経済（Social Economy）という言葉が使われている。
関連用語：新たな公／新しい公共／共助社会づくり

PFI（Private Finance Initiative）

わが国におけるPPPの代表的な事業手法であり、公共施設の建設、維持管理等全般に、民間の資金・経営能力・技術力を活用するための手法である。1992年に英国で道路建設等に導入されたのが発祥で、わが国では1999年に「民間資金等の活用による公共施設等の整備等の促進に関する法律（PFI法）」が制定された。

2018年6月の法改正では、政府へのPPPワンストップ窓口の設置と助言等機能の強化、コンセッション事業では利用料金の設定に関して指定管理者制度上の承認を得ずに届出で済むようにするなどの特例、運営権対価を使って水道事業等の財投資金への繰上償還をする場合の補償金免除などが盛り込まれた。

2011年の改正では、公共施設等運営権（コンセッション）の創設等、13年の改正では、官民連携インフラファンドの機能を担う「民間資金等活用事業推進機構」の設立が盛り込まれた。15年の改正では、コンセッション事業者等に対しての公務員の派遣制度を導入した。

なお、PFI発祥の地である英国では、2018年秋に、中央政府とイングランドで新規のPFI事業を実施しない方針を打ち出した。一方で、スコットランド、北アイルランド、ウェールズではPFIをベースとしたPPP手法が導入されている。財務省・内閣府下でPFI事業や長期インフラ計画などを所管しているIPA（Infrastructure Projects Authority）は、PFIに限らず、インフラ整備の効率性向上、パフォーマンス向上

のための活動を進めている。

PFI事業の基本的なスタンスは、民間資金を活用することにあるが、クリーンセンター等におけるDBO方式や公営住宅整備におけるBT方式＋余剰地活用など補助金・交付金、起債による公共側の資金調達であっても、複数の業務を束ねて一括して民間に事業を委ねるための手法としても用いられている。

関連用語：コンセッション（公共施設等運営権）、サービス購入型／独立採算型／混合型

PPEA（Public Private Educational Facilities and Infrastructure Act）

2002年に米国バージニア州で制定された法律である。民間からの自由な提案により公共施設整備と民間プロジェクトを同時に実行できるのが特徴。名称に、Education（教育）が含まれているが、学校などの教育施設だけでなく、庁舎、病院、駐車場、下水処理場、図書館などすべてのインフラ整備が対象とされ、多くの実績をあげている。米国内では、本法をモデルとしたPPP法を制定する州が増加している。

この法律では、民間が自由に実施する事業、規模、手法のアイデアを提案することができ、提案時に民間が自治体に審査料を支払うこととなっている。自治体は、この審査料を活用して提案された事業の妥当性審査を行い、事業可能と判断した場合、対抗提案を募集する。世界的に、PPP法に民間提案制度を盛り込んでいる例は多いが、審査料を徴収する例は珍しい。

関連用語：民間提案制度

PPP（Public Private Partnership）

狭義には、公共サービスの提供や地域経済の再生など何らかの政策目的を持つ事業を実施するにあたって、官（地方自治体、国、公的機関等）と民（民間企業、NPO、市民等）が目的決定、施設建設・所有、事業運営、資金調達など何らかの役割を分担して行うこと。その際、①リスクとリターンの設計、②契約によるガバナンスの2つの原則が用いられていること。広義には、何らかの政策目的を持つ事業の社会的な費用対効果の計測、および官、民、市民の役割分担を検討すること。世界の代表的なPPP研究機関のNCPPP（National Council for PPP、米国PPP協会）では、以下の通り定義されている。

"A Public-Private Partnership is a contractual agreement between a public agency（federal, state or local）and a private sector entity. Through this agreement, the skills and assets of each sector （public and private）are shared in delivering a service or facility for the use of the general public. In addition to the sharing of resources, each party shares in the risks and the rewards potential in the delivery of the service and/or facility."

CRE/PRE（戦略）

CRE（Corporate Real Estate）とは、企業価値を最大化するため、企業が所有・賃貸・リース等により、事業を継続するために使用するすべての不動産を、担当部署の垣根を越えて経営的観点から効果的に運用しようとする戦略。

同様にPRE（Public Real Estate）とは自治体や国において低・未利用資産を含めて公有資産を最大限有効に活用する戦略。売却可能資産の算出などの自治体の公会計改革、資産債務改革はPREを導入・推進する好機となる。政府調査によると、公的不動産はわが国の不動産規模約2500兆円のうち、金額規模で約580兆円（全体の約23％相当）、面積規模で国土の約36％を占めている（国土交通省「PRE戦略を実践するための手引書（2012年3月改訂版）」p. 2）。

関連用語：公共施設マネジメント（白書）、公会計改革

PSC（Public Sector Comparator）

PSC（Public Sector Comparator）とは、公共が施設の設計、施工、維持管理の各業務を個別に発注・契約する従来型の公共事業を実施した場合のライフサイクルコスト。PFI事業での事業実施が従来型の公共事業方式に比べてメリットがあるかを評価するVFMの算定の際に試算する。

関連用語：VFM

TIF（Tax Increment Financing）

米国で広く利用されている課税制度であり、特に衰退した中心市街地の再生に使われるシステムの一つ。各州の州法で規定された一定の要件を満たす地域・プロジェクトを対象とするもので、But-for Test（TIF以外の手法では再生が実現されないと認められること）等の要件を課す例も多い。TIF地区を指定し、区域内での財産税等の課税評価額を一定期間固定した上で、新た

な開発などによる課税評価額の上昇分にかかる税収を、基盤整備や民間事業者への補助等の財源に充てる仕組み。将来の税の増収分を償還財源としてTIF債として証券化することや、基金に税の増加額が積み立てられた時点で事業を行うことなども可能。開発利益が生まれないと成立しないため、ポテンシャルの低い開発を淘汰する効果や、地域内での再投資により第三者の信頼を得やすいという効果もある。

VFM（Value For Money）

VFM（Value for Money）とは、支払い（Money）に対して最も価値の高いサービス（Value）を供給するという考え方である。同じ質のサービスであれば、より価格の安い方がVFMがあるとし、同じ価格であれば、より質の高いサービスの方がVFMがあるということになる。

VFMの定量的な算定方法としては、PSCの現在価値とPFI事業として行うライフサイクルコスト（PFI LCC）の現在価値を試算し、（PSC－PFI LCC）÷PSC×100で算定される。PFI LCC＜PSCとなればVFMがありPFI事業で実施するメリットがあるということを示す。

関連用語：PFI、PSC

WTO政府調達協定

WTO政府調達協定（Agreement on Government Procurement、略称GPA）は、ウルグアイラウンドの多角的貿易交渉と並行して交渉が行われ、1996年1月1日に発効した国際協定。1995年1月に発効した「世界貿易機関を設立するマラケ

シュ協定（WTO協定）」の附属書四に含まれる四つの複数国間貿易協定の一つ。

それまで政府調達において適用されていた、自国と他の締約国の産品や供給者の待遇を差別しないことを定めた「内国民待遇の原則」や「無差別待遇の原則」の適用範囲を新たにサービス分野の調達や地方政府機関（都道府県と政令指定都市）による調達等にまで拡大した。適用基準額は産品、サービスによって異なるが、建設工事の調達契約においての適用基準額は、国6億9000万円、都道府県、政令市23億円（適用期間は2020年4月1日〜2022年3月31日）と定められている。

この要件に該当するPFI事業は一般競争入札となる。

わが国は協定の適用を受ける機関及びサービスの拡大、開発途上国の協定加入に対する特別な待遇、電子的手段の活用による調達手続の簡素化、民営化した調達機関の除外の円滑化等を定めた改正議定書を2014年に受諾した。

【日本語キーワード】

新たな公／新しい公共／共助社会づくり

「新たな公（こう）」は、行政だけでなく多様な民間主体を地域づくりの担い手と位置付け、これらの主体が従来の公の領域に加え、公共的価値を含む私の領域や、公と私との中間的な領域で協働するという考え方。2000年7月に閣議決定された「国土形成計画（全国計画）」において四つの戦略的目標を推進するための横断的視点と位置付けられた。民主党政権における「新しい公共」、第2次安倍政権における「共助社会づくり」においても基本的な路線は引き継がれている。

また、地域において、市民や民間主体（企業、NPO等）の活動が多様化、高度化していることから、「公共的価値を含む領域」の範囲が広がっている。これらの多様な主体による地域経営、地域課題解決をめざす「多様な主体による協働」の推進も進められている。

アフェルマージュ（affermage）

アフェルマージュとは、フランスで導入されているPPPの一形態で、行政が施設等の整備を行い、所有権を保有し続けるなど一定の官の関与を残したうえで、民間事業者に施設をリースし、民間事業者が利用料収受・事業収益・自己投資等によって社会資本の運営を行う事業形態である。コンセッション方式との違いは、公共施設の整備を公共が行うこと、期間が8〜20年程度と比較的短いことが挙げられる。

関連用語：コンセッション（公共施設等運営権）

イコールフッティング
(equal footing)

競争条件の同一化。商品・サービスの販売で、双方が対等の立場で競争が行えるように、基盤・条件を同一にすることなどを指す。例えば、PFIと従来型の公共事業との比較におけるイコールフッティングの実現のためには、従来型の公共事業における、自治体等が国から供与を受けている補助金、地方交付税のほか、自治体の起債による低利の資金調達、法人税や固定資産税などの非課税措置等によるコスト面での優位性に鑑み、PFI事業者にも同様の優位性を付与すること（あるいは差を除却して比較すること）が求められる。

一括発注

事業実施にあたり、業務の一部、またはすべてを同じ事業者に発注すること。わが国の従来型公共事業では、設計、建設、運営などを別々に発注（分割発注）していたが、これらを同一業者に発注する。例えば、インフラなどの事業を実施する際に、設計（Design）と施工（Build）を一括して同一事業者へ発注するDB方式や、PFIで、設立された特定目的会社（SPC）に、設計・建設・維持管理・運営まで含めたすべての業務を一括して発注する事業契約を締結することなどがこれに当たる。

また、都道府県が県下の複数自治体からの要請に基づいて小規模業務をまとめて発注することを指すこともある。

関連用語：性能発注／仕様発注

インセンティブ（incentive）

取引後に、代理人が依頼人の望んだ行動をしない状態（モラルハザード）を防止するために、代理人の意欲や動機を高める誘因を与えること。代理人の行動がもたらす結果や成果についてあらかじめ指標を設定し、これに報酬を連動させることで、依頼人と代理人の間にある利害の不一致（エージェンシー問題）を軽減しようとするもの。企業経営においては、通常の給与・賞与以外に、社員の業績に応じて支払われる奨励金、報奨金、昇進などの評価等さまざまなものがある。契約にインセンティブ条項を入れることで、通常期待される以上の成果を得られるほか、モニタリング費用が節約されるなどの利点もある。

PPPの事例としては、体育施設や駐車場の指定管理者制度で利用料金制度を採用している場合に、利用料収入が想定を上回ると、収入の一定割合を民間事業者が受け取れるようにしているケース等がこれに当たる。

関連用語：モラルハザード、モニタリング、ペナルティ

インフラ長寿命化基本計画

2013年11月29日「インフラ老朽化対策の推進に関する関係省庁連絡会議」で策定された政府としての計画。国、自治体、その他民間企業等が管理する全てのインフラを対象に、中長期的な維持管理・更新等に係る費用縮減、予算の平準化、メンテナンス産業の強化のために策定された。

同計画では、さらに、「各インフラの管理者及びその者に対して指導・助言するなど当該インフラを所管する立場にある国や地方公共団体の各機関は、インフラの維持管理・更新等を着実に推進するための中期的な取り組みの方向性を明らかにする計画として、インフラ長寿命化基本計画（行動計画）」を策定することとされている。これに基づき、国の機関は、各省所管のインフラに関する行動計画を策定した。また、地方公共団体については、公共施設等総合管理計画として策定が求められている。

国が実施した2010年3月末時点のフォローアップ結果では、20年度末までの策定を求められていた「個別施設計画」については、自治体でも策定が順調に進んでいるが、道路、河川・ダム、公園、住宅等6分野では未策定が残っている。21年度末時点でも海岸、住宅（22年度末完了見込み）、公園（23年度末完了見込み）が残る見込み。
関連用語：公共施設等総合管理計画、立地適正化計画

インフラファンド

投資家から資金を集め、キャッシュフローを生む各種インフラ（例：空港、港湾、有料道路、発電所）に事業資金を投下するファンドを指す。欧州をはじめ海外では、安定したキャッシュフローを生む投資対象として年金基金などがインフラファンドへの投資を行っている。

国・地方自治体の厳しい財政状況に加え、高度経済成長期に集中整備されたインフラの整備・更新の必要性の高まりを踏まえ、民間資金を活用しながら社会資本の整備を推進する「株式会社民間資金等活用事業推進機構」が2013年10月に設立され、独立採算型（コンセッション方式を含む）および混合型のPFI事業に対する金融支援を開始した。具体的にはメザニンへの投融資を行うほか、事業安定稼働後におけるPFI事業の株式・債権取得を行うこと等によりPFI事業の推進を図ることを検討している。
関連用語：PFI、コンセッション（公共施設等運営権）

インフラ・マネジメント／省インフラ

道路・港湾・河川・鉄道・通信情報施設・上下水道・公園などの都市基盤施設（インフラ）について、管理運営に要するコスト、利用状況といった動的な情報も含め、データの把握や施設の存続・運営体制の見直し等の議論を共有化して、施設の更新優先順位やコストの削減・平準化の検討および実施を行うこと。

省インフラとは、「公共施設、インフラ双方につき、できるだけ公共サービスとしての水準を維持しつつ、最大限負担を引き下げること」を総称する概念。本センターが、「省エネ」との比較を意識して新たに提唱した。具体的な取り組みとしては、ネットワークインフラの物理的縮減、ライフサイクルコストの抑制を目的とし、物理的インフラや大規模なネットワークインフラに頼らずとも生活の質を維持できるようにする技術、サービス、制度を推進していく取り組みの総称。コンパクトシティや施設の多機能化・ダウンサイジング、長寿命化、サービスのデリバリー、自立供給などさまざまな手法、技術等があげられる。
関連用語：公共施設マネジメント（白書）

ヴァリアントビッド（Variant bid）

　代替提案。VFMをより高めるため、発注者ニーズの本質やコンセプトを変えずに、要求水準書を見直した（逸脱した）応募者独自の提案による入札。

　英国のPFI事業で実施されているヴァリアントビッドは、発注者の提示した要求水準に基づいて提出するリファレンスビッド（Reference Bid、提出必須）に加えて、VFMがより高まるように要求水準書を見直した応募者独自の提案（収支構造やリスク分担の変更を伴うことも可能）として提出する。ヴァリアントビッドの提出は、応募者の任意であるが、「提出が奨励」されている。

　リファレンスビッドとヴァリアントビッドでの提案は収支やリスク分担を調整した後のVFMを算定して比較を行う。

　日本で実施されている入札VE（Value Engineering）は、発注者の要求水準（設計図書）の範囲内で設計変更や工期短縮、コスト削減のための工法変更等を提案するにとどまるのに対し、民間事業者が要求水準の見直しまで踏み込んで提案することで、VFMをより高めることができると期待される。

　英国のヴァリアントビッドの事例である内務省本庁舎建替事業では、ヴァリアントビッドを採用した理由として、「行政サービスの効率性の向上」「長期で評価した場合により高い価値を生み出すと期待できる」「土地の売却益の増大（VFM向上要素）」をあげている。

関連用語：PFI、VFM、民間提案制度

エリアマネジメント

　一定の広がりを持った特定のエリアについて、良好な環境や地域の価値を維持・向上させるため、単発の開発行為など、ただ「つくること」だけでなく、地域の管理・運営という「育てること」までを継続的な視点で一貫して行う活動のこと。地域の担い手による合意形成、財産管理、事業者イベントの実施などの主体的な取り組みまでを含む。その結果として、土地・建物の資産価値の維持・向上や、住宅地における住民主体による取り組みにおいては、住民満足度の高まりも期待される。

　エリアマネジメントを法的に支援するものには、都市再生特措法に基づく都市再生推進法人、都市利便増進協定、まちづくり支援強化法に基づく歩行者ネットワーク協定などがある。歩行者ネットワーク協定は、歩行者空間の整備、管理について地権者全員が合意し、市町村の認可を得た協定が承継効力を持つのが特徴。

　国交省は2008年に「エリアマネジメント推進マニュアル」を公開しているほか、2018年6月施行の改正地域再生法では、地域再生エリアマネジメント負担金制度（日本版BID）が導入され、エリアマネジメント活動の財源確保の幅が広がった。

関連用語：BID（Business Improvement District）

大きな政府（big government）

　かつての英国の政策を評した「ゆりかごから墓場まで」という表現に代表される完全雇用政策や社会保障政策を積極的に行うことを志向する福祉国家型の国家概念。大

きな政府は、第二次世界大戦後、先進国の政策の主流になったが、財政の肥大化や公企業の非効率化を生み出したとされる。1970年代末以降、英国のサッチャリズムや米国のレーガノミクスによる改革につながった。

関連用語：NPM、小さな政府、第三の道、ナショナル・ミニマム、シビル・ミニマム

ガバナンス

複数の関係者の間で役割を分担して目的を達成する場合に、代理人が望ましい行動をとるように依頼人が規律付けすること。民間企業では、コーポレートガバナンス（企業経営に対する規律付け）という言葉が有名である。この場合、所有者である株主の利益を経営者にどのように追求させるかが問われる。PPPでは、官が決定した目的の全部または一部の実行を民に依頼する際に、契約に基づいて民の実行をガバナンスする必要があり、これが、PPPの定義に含まれる「契約によるガバナンス」の意味である。

関連用語：PPP、インセンティブ、ペナルティ、モニタリング

行政財産

地方公共団体が所有する土地や建物などの不動産、工作物、船舶や浮桟橋、航空機などの動産、地上権などの物権、特許権などの無体財産、国債や株式などの有価証券を公有財産といい（地方自治法第238条）、行政財産と普通財産に分類される。国の場合は国有財産といい、国有財産法に規定されている。

行政財産は、地方自治体や国が業務で使用する財産のことをいい、公用財産と公共用財産に分類される。公用財産は利用目的が庁舎や警察署・消防署など行政業務上での利用に供するもので、これに対し、公共用財産は道路、公園、学校など住民が公共サービスとして利用するものを指す。利用目的がなくなった行政財産は、用途廃止を行い、普通財産として管理を行う。

行政財産は原則として、貸付、交換、売払等を行うことができないが、近年規制が緩和され、公共施設内に民間企業を誘致する例なども出てきている。

関連用語：普通財産

行政評価

地方自治体における行政評価とは、政策、施策、事務事業について、実施内容やコストなどの現状把握を行い、その達成度や成果及び妥当性を検証し、さらに課題整理と今後の方向性を検討するものをいう。評価主体は、事業担当課による自己評価や庁内組織による評価のほか、有識者や市民による外部評価を取り入れている自治体もある。

評価の単位は事務事業が最も多く、評価結果は事務事業評価シート等の名称で呼ばれる統一の書式にまとめられ、行政自ら政策・施策・事務事業の検証改善を行うことや、予算要求・査定等に活用されるほか、議会への報告、ホームページ等により公表し、住民に対する自治体運営の説明責任を果たす役割も担っている。

競争的対話／競争的交渉

　現在の調達・契約制度においては、総合評価落札方式など、価格と品質を考慮した手法もあるものの、基本的には、あらかじめ仕様等を定めることができる定型的な財・役務を調達する前提のもと、価格競争・自動落札方式が原則となっている。しかし、社会のニーズが多様化・複雑化し、また、民間における技術革新が進む中、発注者があらかじめ仕様を規定し、それに沿って価格競争を行うことは困難になっており、競争的対話および競争的交渉方式が注目されている。

　競争的対話とは、多段階で審査される入札プロセスの中で、発注者と入札参加者が書面や対面によって対話を行うこと。事業内容や事業で求められる性能（発注内容）などを対話によって明確化し、よりよい事業提案を促すもので、イギリスのPFIで採用された後、欧州では2004年のEU指令を受けて導入されている。日本でも、2006年のPFI関係省庁連絡会議幹事会申し合わせで、対象事業（運営の比重の高い案件に適用、段階的審査、対話方法、落札者決定後の変更）について整理され、国・自治体で多数実施されている。

　一方、競争的交渉方式とは、契約者選定に至るまでの段階で、複数の事業者に対して、技術力や経験、設計に臨む体制等を含めた提案書の提出を求め、競争的プロセスの中で各提案者と交渉を行った上、それを公正に評価して業務に最も適した事業者を選定する方式と定義される。WTO政府調達協定では一定の場合に認められているほか、アメリカでは連邦調達規則（FAR）によって認められている。競争的対話と異な

り、入札を行わないことから、入札を原則とする日本での導入には会計法令の改正が必要である。

　「競争的」の意味は、すべての参加者に対話や交渉の権利を付与し透明性、公平性を確保する趣旨である。

関連用語：民間提案制度

クラウド・ファンディング

　クラウド・ファンディングとは、一般に、「新規・成長企業と投資家とをインターネットサイト上で結びつけ、多数の投資家から少額ずつ資金を集める仕組み」と言われている。

　出資者に対するリターンの形態により、主に「寄付型」、「購入型」、「投資型」が存在し、その特徴は、「寄付型」はリターンなし、「購入型」は金銭以外のリターンの提供、「投資型」は金銭によるリターンの提供に整理できる。主な事例としてREADY-FOR（購入型、寄付型）、セキュリテ（投資型）が挙げられる。

　日本においては、必ずしも金銭によるリターンを伴わない形態での取扱いが中心であり、投資型は限定的であったが、内閣府に設置された「ふるさと投資連絡会議」を通じて良質な案件形成を促進するための環境整備が検討された。これに基づき、2014年金融商品取引法改正により、少額（募集総額１億円未満、一人当たり投資額50万円以下）の投資型クラウド・ファンディングを取り扱う金融商品取引業者の参入要件が緩和された。

関連用語：地域密着型金融（リレーションシップバンキング）

公会計改革

従前の単式簿記・現金主義による手法を改め、複式簿記・発生主義による公会計の整備を行うこと。2006年成立の行政改革推進法、同年の総務省「新地方公会計制度研究会報告書」、2007年「新地方公会計制度実務研究会報告書」に基づく。対象は自治体と関連団体等を含む連結ベースで貸借対照表、行政コスト計算書（企業会計でいう損益計算書）、資金収支計算書、純資産変動計算書の4表を作成する。資産・負債額を公正価値（再調達価格など）で評価する「基準モデル」、地方公共団体の事務負担等を考慮して既存の決算統計情報を活用して作成することを許容している「総務省方式改訂モデル」がある。その他、東京都や大阪府等の方式は、発生の都度複式仕訳を実施する方式であり、官庁会計処理と連動したシステムを導入している。2010年度決算からは人口規模にかかわらず取り組みが必要になった。

2012年から、国際公会計基準（IPSAS）や国の公会計の動向を踏まえて地方での新公会計についての検討が始まり、2014年10月には、2015～17年度の3カ年で固定資産台帳を整備するよう全国の自治体に通知し、合わせて台帳の整備手順などをまとめた指針を示した。また、台帳の整備に必要な経費に対しては特別交付税措置を講ずる方針を決めた。2019年度末で固定資産台帳、一般会計等財務書類ともに、作成済、作成中を合わせて100％となった。

2018年3月には「地方公会計の活用の促進に関する研究会報告書」をまとめ、先進事例を基に固定資産台帳の更新実務の取り組み方法、民間事業者等への公表のあり方、財務書類の作成の適切性と固定資産台帳との整合性を確認するチェックリストの整理、財務書類の見方や指標による分析の方法と活用プロセスについて考え方と実例を示した。2019年8月には地方公会計マニュアルを改訂した。

関連用語：PRE／CRE（戦略）、公共施設マネジメント（白書）

公共施設等総合管理計画

インフラ長寿命化基本計画で定められた地方公共団体の行動計画に該当する。2014年4月22日付総務大臣通知「公共施設等の総合的かつ計画的な管理の推進について」に基づき策定が要請され、同日付の「公共施設等総合管理計画の策定にあたっての指針」で具体的な内容が示された。

同概要によると、1）所有施設等の現状として、老朽化の状況や利用状況をはじめとした公共施設等の状況、総人口や年代別人口についての今後の見通し、公共施設等の維持管理・更新等に係る中長期的な経費やこれらの経費に充当可能な財源の見込みなどについて、現状や課題を客観的に把握・分析すること、その上で、2）施設全体の管理に関する基本的な方針として、10年以上の計画とすること、全ての公共施設等の情報を管理・集約する部署を定めるなど全庁的な取組体制の構築及び情報管理・共有方策を講じること、今後の公共施設等の管理に関する基本方針を記載すること、計画の進捗状況等についての評価の実施について記載すること等が示されている。計画策定に要する経費について特別交付税措置（措置率1／2）が講じられた。2017年度には、公共施設等適正管理推進事業債が

創設され、長寿命化、転用、除却、立地適正化等への地方債が認められている。

関連用語：インフラ長寿命化基本計画、立地適正化計画

公共施設マネジメント（白書）

公共施設マネジメントとは、公共施設の建築年、面積、構造など建築物の保全管理に必要な静的な情報だけでなく、施設の管理運営に要するコスト、利用状況といった動的な情報も含め、データの把握や施設間比較を可能とすることで、市民と行政が、施設の存続・統廃合の判断、運営体制の見直し等の議論を共有化して、公共施設の更新優先順位、再配置計画の検討等を行うことである。また、そのデータブックとして公共施設マネジメント白書や公共施設白書がある。土地、建物等に対して、経営的視点に基づく設備投資や管理運営を実施してコストの最小化や施設効用の最大化を図るファシリティマネジメントを推進するための基礎資料として極めて有効である。

先進事例として、神奈川県秦野市や千葉県習志野市が知られている。

関連用語：PRE／CRE（戦略）、公会計改革

公募型プロポーザル方式

公募型プロポーザル方式とは、事業の提案を公募し、最優秀提案者を優先交渉権者とする方式。交渉の結果、当該提案者と契約することが原則となる。形式的には随意契約であり、地方自治法上の随意契約の要件（地方自治法第234条第2項、同施行令第167条の2第1項各号）を満たす必要が

ある。

手続きを透明かつ公平に運用することで、競争力のある優れた提案を誘導することができる方式であり、設計業務が含まれる案件で採用されることが多い。

関連用語：総合評価一般競争入札

公民合築施設

公共施設と民間施設とを組み合わせて多用途一建物として設計・建設する施設のことをいう。合築により管理運営の効率化が図られるほか、公共施設の集客能力と民間施設の魅力付けの相乗効果による施設全体の付加価値向上、ひいては地域経済への波及効果が期待される。岩手県紫波町の塩漬けになっていた10.7ヘクタールの土地を公民連携で開発するオガールプロジェクトの中でこの手法が使われている。

ただし、複数所有者による合築は区分所有建物となるため、区分所有者間の管理運営修繕に対する考え方の調整や将来の建替え時の合意形成などに留意が必要である。

関連用語：PRE／CRE（戦略）

国家戦略特区

日本企業の国際競争力強化と世界一ビジネスをしやすい環境をつくることを目的に、経済社会分野の規制緩和などを重点的・集中的に進めるための特区。これまでの特区が地方からの提案を受けて行われているのに対し、国主導で進められている。あらかじめ改革を検討する事項が示され、各特区でそれに沿ったプログラムを提案、実施する。まちづくり、医療、雇用、観光、農業等の分野についての検討が行われ

ている。提案のうち、構造改革に資すると考えられるものは、構造改革特区として認定する。構造改革特区の規制の特例措置についても、計画が総理大臣の認定を受ければ活用することができる。

これまでに、東京圏、関西圏、新潟市、兵庫県養父市、福岡市、沖縄県などをはじめ10都市（圏）が指定されている。

また、AIやビッグデータをはじめ新技術を活用した最先端都市「スーパーシティ」構想の実現に向けた検討が進んでいる。

コンセッション（公共施設等運営権）

コンセッションは、ヨーロッパをはじめ公共施設の整備・運営に関わるPPPの手法として活用されているもの。公共施設の整備・運営において、民間事業者に事業実施に関わる開発・運営等の権利を付与し、民間事業者が民間資金で公共施設を整備し、利用料収入から事業収益を得て独立採算で施設運営を行う事業方式をいう。ヨーロッパでは水道事業をはじめ、橋梁整備、有料道路建設等の幅広い分野でコンセッション方式のPPP事業が実施されている。

わが国では、2011年の改正PFI法で公共施設等運営権が創設された。公共施設等運営権は、譲渡や抵当権の目的となるとともに物権としてみなし、その取扱いについては不動産に関する規定が準用されることとなっている。

2013年6月には、「公共施設等運営権及び公共施設等運営事業に関するガイドライン」が公表された。ガイドラインでは、運営権対価の算出・支払方法等、更新投資・新規投資の取扱い、事業者選定プロセス、

運営権の譲渡・移転等、事業終了時の取扱い等について、制度運用に関する基本的な考え方が解説されている。

公共施設等運営権制度は、利用料金を徴収する施設に適用できること、抵当権の設定や譲渡が可能となること、事業期間中で減価償却が可能であることなど、インフラを含む公共施設を民間が包括的に運営する際にメリットがある制度となっており、今後の活用が期待されている。

空港では、仙台空港、関空・伊丹・神戸空港、高松、静岡、福岡、北海道7空港、広島空港で導入が進んでいる。道路分野では、愛知県道路公社の所有する路線で民間事業者による運営が始まっている。また、重点分野に指定されている上下水道でも検討が進んでいる。静岡県浜松市の下水道事業、高知県須崎市の下水道事業、熊本県有明・八代工業用水道で事業が始まった。また、宮城県の上工下水一体運営事業でも事業者が決まり、22年度から始まる予定。

コンセッション事業の適用拡大を図るため、2020年6月に改訂された「PPP/PFI推進アクションプラン」では、コンセッション事業に密接に関連する「建設」「改修」等について、運営権事業者が実施できる業務の範囲を明確化し、民間事業者が創意工夫を発揮しやすい環境整備を図る方針が明記された。

関連用語：PFI、アフェルマージュ、インフラファンド

コンバージョン／リノベーション

採算性や収益性など不動産の存在価値を見直し、有効活用する場合に採用する手法の一つで、躯体は解体せずに、設備や仕様

に手を加え、建物の「利用」「用途」を変更すること。コンバージョンは用途変更を伴う改修、リノベーションは必ずしも用途変更を伴わない改修のことを指すのが一般的である。

スクラップアンドビルド（解体＆新築）では採算が合わない場合、既存建物に保存すべき価値のある場合、あるいは解体すると同じものを建てられない場合などに活用される。例えば、建物オーナーから一括で借り受けて、建物をコンバージョンすることにより、テナント収入を増加させることも考えられる。家守（やもり）事業や商店街再生など、自治体や民間の不動産活用戦略のメニューの一つである。

関連用語：家守（やもり）

サービス購入型／独立採算型／混合型

PFI事業は、民間事業者の収入の源泉によって、以下の三つの方式に分けられる。

サービス購入型とは、PFI事業者が整備した施設・サービスに公共主体が対価（サービス購入料）を支払うことで、事業費を賄う方式。公共主体からあらかじめ定められたサービス購入料が支払われるため、安定的に事業を行うことができる。

独立採算型とは、PFI事業者が整備した施設・サービスに利用者が料金等を支払うことで、事業費を賄う方式。同方式の場合、利用者の増減によりPFI事業者の収入が影響を受ける等、PFI事業者が長期にわたり大きな事業リスクを負担することになる。

混合型とは、独立採算型とサービス購入型を組み合わせて、利用者による料金等とサービス購入料により、事業費を賄う方式。「ジョイント・ベンチャー型」ともいわれ、官民で応分のリスク負担を行う意図がある。

これまでのPFI事業はサービス購入型が多数を占めてきたが、厳しい財政状況の中、公共主体の支出を伴わない独立採算型や混合型を推進するとともに、サービス購入型でも指標連動方式や包括化など財政負担を圧縮する方法を工夫していく必要があると考えられている。

関連用語：PFI、指標連動方式

債務負担行為

自治体において、議会の議決により、予算内容の一部として契約等で発生する将来の一定期間、一定限度の支出負担枠を設定すること。PFIなどでは民間に長期の契約履行義務を課しているので、民間の立場を安定させるとともに、契約上対等の権能を持つためには必須の手続きである。

現金支出を必要とするときは、改めて歳出予算に計上し現年度化を行う必要がある。継続費と異なり弾力的な財政運営が可能なため、事業期間が複数年度にわたる公共事業等で広く活用される。地方自治法第214条に規定。国が債務を負担する場合には、「国庫債務負担行為」になる。

市場化テスト

公共サービスの提供を、官と民が対等な立場、公平な条件のもとで入札し、価格と質で優れた方が行う制度。競争原理を持ち込むことで、コスト削減や質の向上などが期待されている。英国サッチャー政権が1980年代に導入した「Compulsory competitive tendering（CCT）」に起源があり、米国、オーストラリアなどでもすでに導入されている。わが国では2006年「競争の導入による公共サービスの改革に関する法律」（通称「公共サービス改革法」）により導入された。

同法では、特例として民間に委託できる特定公共サービスを定めうるものとされ、現在、住民票交付業務などが指定されている。市場化テストには、官民競争入札および民間競争入札がある。官民競争入札は、「官」と「民」が対等な立場で競争入札に参加し、質・価格の両面で最も優れたものがそのサービスの提供を担う仕組み。民間競争入札は、「官」が入札に参加せず、「民」のみで入札を行うものを指す。通常の業務委託と同じであるが、市場化テストの枠組みで実施することで、公平性、透明性が担保される。

導入決定事業数は410事業で、コスト削減額は年220億円、3割弱の削減効果である。

自治体財政健全化法

地方公共団体の財政状況を統一的な指標で明らかにし、財政の健全化や再生が必要な場合に迅速な対応をとるための「地方公共団体の財政の健全化に関する法律（いわゆる自治体財政健全化法）」が2009年4月に全面施行され、四つの指標（実質赤字比率、連結実質赤字比率、実質公債費比率、将来負担比率）の算定と公表が義務付けられた。従来の制度との違いは、①財政再建団体基準に加えて早期健全化基準を設け、早期健全化を促す仕組みを導入したこと、②一般会計を中心とした指標（実質赤字比率）に加え、公社や三セクも含めた地方公共団体全体の財政状況を対象とした指標（連結実質赤字比率）を導入したこと、③単年度のフローだけでなくストックに注目した指標（将来負担比率）を導入したこと、④情報公開を徹底したこと、⑤地方公営企業についても、指標（資金不足比率）を導入し経営健全化の仕組みを導入したこと、などがある。

指定管理者制度

民間企業、NPO等が公の施設（住民の利用に供する目的で自治体が設置する施設。当該自治体による所有権、賃借権の取得など条件がある）を管理できるようにした制度。2003年の改正地方自治法で導入され（地方自治法第244条の2）、2018年4月1日時点で全国で7万6268件の導入例がある。

旧管理委託制度は、公の施設の管理は公共団体（財団法人、公社等）や公共的団体（産業経済団体、自治会等）などに限られていたが、同制度の導入により、民間企業やNPO等による管理も可能となった。利用料金制度の適用も可能で、指定管理者の創意工夫で得た利益は、経営努力へのインセンティブとすることもできる。こうした仕組みにより、施設利用率向上などの効果が上がる事例も見られるが、一方で、指定管理者の硬直化（以前からの管理団体が継続的に受託するケース）などの弊害も指摘されている。

関連用語：利用料金制度

シティ・マネジメント／シティ・マネジャー

シティ・マネジメントとは、自治体運営の経営手法もしくは経営的手法を導入すること一般を指す広い概念であるが、具体的には自治体を経営組織として捉えて地域の客観的データを分析し、公共施設インフラ・マネジメントやファイナンスマネジメント等の多様な民間的経営手法を導入し政策を立案・実行していくことを指す。米国ではシティ・マネジメントの主な担い手として6割以上の市で市長または議会が任命するシティ・マネジャーが置かれている。

指標連動方式

民間事業者に公共サービスの提供を委託する際に、事業の成果指標を設定してその達成状況に連動して支払額が変動する方式。PFIでは「アベイラビリティペイメント」などと呼ばれることもある。アベイラビリティペイメントは、その名の通りアベイラビリティ（利用可能性）に基づいて支払いが行われるもので、例えばPFI手法で建設した鉄道で施設が完成した時点でサービス購入料の一定割合（8割）が確約され、残りは施設が年間360日、営業時間の95％運行が達成された場合に支払いが行われ、実際の運行時間がこれを下回ると減額が行われるというような方法である。ソフト事業では、「成果連動型民間委託契約方式」と呼ばれている。現在、内閣府や国土交通省などが自治体とともに検討を進めている。受託者が指標達成することへのインセンティブが強く働くことが期待されるため、公共サービスの改善につながると考えられている一方で、達成状況が上回った場合のボーナスの設定や、事業者に達成を求める成果指標（KPI）の設定のあり方やその根拠となるデータの不足、減額する金額の妥当性など課題もある。

関連用語：PFI（Private Fiance Initiative）、サービス購入型／独立採算型／混合型、成果連動型民間委託契約

シビル・ミニマム

ナショナル・ミニマムに加えて地方自治体が確保する最低限度の生活環境基準である。松下圭一著『シビル・ミニマムの思想』により理論化された造語。都市間でレベルの引き上げ競争が激化し、結果として今日の財政悪化の一因となったと考えられる。

関連用語：ナショナル・ミニマム、大きな政府

市民参加

市民参加とは、市民が地域的公共的課題の解決に向けて、行政や社会等に対して何らかの影響を与えようとする行為で、ここでいう市民は、在住者だけでなく在勤者・在学者も含め広範な視点で捉えられることもある。日本における住民自治の原理に基づく行政参加権としては、首長選挙権、首長等解職請求権、条例制定・改廃請求権、事務監査請求権、住民監査請求権、住民訴訟権、情報公開請求権、住民投票権等があり、2000年の地方分権一括法施行に至る議論を含めた地方分権改革以降、多くの自治体で市民参加に係る条例が定められるようになった。

PPPとの関連においては、官が、市民の

意向を十分に把握せずにサービスの内容や提供方法を決めることによって生じるミスマッチ（官の決定権問題）を回避するために、官の意思決定の前提として、無作為抽出の市民アンケートにより市民の意向を確認することや、特定の公共サービスやボランティア団体等の活動を指定してふるさと納税等を行うことも市民参加の一種と捉えている。

世界的には、国際市民参画協会（IAP2）がまとめた市民参加のスペクトラムが広く使われている。これは、市民参加の目的や手法を市民参加の度合いで5段階に整理したもの。行政が一方的に決定や情報を伝える「情報提供（Inform）」、市民の意見を聞く「意見聴取（Consult）」、市民の意見を聞きそれを施策等へ反映させる「意見反映（Involve）」、市民とともに解決策や代案等を検討する「共同決定（Collaborate）」、市民に決定の権限を持たせる「権限移譲（Empower）」に分けられている。

市民資金

税金とは異なり、市民の意思で公共サービスに拠出される資金。寄付・地方債（住民参加型市場公募債等）の購入出資等を含む。特徴として、①市民を中心に、企業・団体も含め、幅広い対象から資金の提供を得ること（資金提供者の広範性）、②市民自ら共鳴する公益性の高い公共サービス等に資金が活用されることを前提とすること（事業の特定性）、③市民等が自らの選択と責任のもと参加協力する主体的な意思を有していること（市民の参加意思）、④見返りとして社会的なリターンを含むものであること（社会的リターン期待）等が挙げられる。市民資金の活用により、市民が主体となった自立的な地域経営の実現がなされることが期待される。
関連用語：クラウド・ファンディング、マイクロファイナンス

事務の代替執行

自治体の事務の一部を他の自治体に管理・執行させること。2014年の地方自治法改正により可能になった。従来の事務委託制度では、当該事務についての法令上の責任・権限は受託した団体に帰属することとなっていたが、代替執行の場合は、法令上の責任・権限は委託する団体に帰属する。

主に、都道府県が、小規模で事務の管理・執行が困難な自治体の事務を補完することを想定しており、公共施設・インフラの維持管理等での活用が期待されている。受託した団体は、委託側が定めた方針を遵守して執行することとなる。紛争解決の手続きをあらかじめ盛り込んでいることも特徴である。
関連用語：連携協約

受益者負担

特定の公共サービスを受ける者に対して、享受した利益に応じた負担を求めることをいう。分担金、負担金、使用料、手数料、実費徴収金などの種類がある。財政学分野では、受益者負担の概念とともに受益者負担の基準（応益主義、応能主義）等に関して、多くの研究が蓄積されてきている。法的には、個別法（道路法61条、河川法70条、水道法14条、下水道法20条、都市計画法75条等）に規定があるにとどまり、

一般的制度としては確立していない。

　従来は、公共財源によって公共サービスを提供し、その費用負担は求めない、もしくは負担の程度を低く抑えるという考え方が一般的であったが、厳しい財政状況等に鑑み、財政の健全化・適切な財源配分等を目的として、見直しを行う動きが広がってきている。なお、地方自治法第224条は、特定の者または自治体の一部に利益のあることに対して分担金を徴収することができるとしていることから、大阪市は、現行法制のもとでBIDを導入した。2018年に地域再生法の改正により、「エリアマネジメント負担金制度」が創設された。

　また、受益と負担のあり方を可視化し、公共サービスのあり方の見直しを行う手法として、事業仕分けの実施や、公共施設マネジメント白書や財政白書の作成が挙げられる。
関連用語：公共施設マネジメント（白書）、BID

成果連動型民間委託契約／Pay for Success（PFS）

　内閣府が2020年3月27日に公表した「成果連動型民間委託契約方式の推進に関するアクションプラン」では「国又は地方公共団体が、民間事業者に委託等して実施させる事業のうち、その事業により解決を目指す行政課題に対応した成果指標が設定され、地方公共団体等が当該行政課題の解決のためにその事業を民間事業者に委託等した際に支払う額等が、当該成果指標の改善状況に連動するものを指す」と定義されている。ソーシャル・インパクト・ボンド（SIB）はその一例。成果を生み出す方法を、ノウハウを持つ受託事業者が自ら決定

できることから、サービス向上やイノベーションの促進、複合的・総合的な課題解決、対症療法から予防策への転換などが図られる。アクションプランでは、①医療・健康②介護③再犯防止の3分野を重点分野とし導入マニュアルや共通のガイドラインを整備する。2022年度末に重点3分野での実施自治体数100団体以上を目標としている。

　英国では2009年にSIBの導入が始まった。保健、福祉、ホームレス対策等に活用されている。英国内では、政府内の予算の配分などにも成果連動（Payment by Results）の考え方が導入され始めており、インフラ整備の際の成果に交付金を連動させるなどまちづくり分野にも応用されている。
関連用語：指標連動方式

性能発注／仕様発注

　性能発注は、発注者側がサービスの満たすべき成果水準（要求水準）を規定する発注方式。性能発注では、仕様を自らデザインして提案するため、提案者の創意工夫の余地が大きく、業務効率化のインセンティブが働きやすい。一括発注が前提となるPFIでは、性能発注が求められている。

　これに対し、発注者側が施設や運営の詳細仕様を策定する発注方式を仕様発注と呼ぶ。
関連用語：一括発注、包括民間委託、成果連動型民間委託契約

総合評価一般競争入札

　総合評価一般競争入札とは、一定の参加要件を満たす者が公告により自由に参加で

きる一般競争入札の一種で、入札金額だけでなく、提案内容の性能の評価点を加味した総合評価値を求めて最高の者を落札者とする方式。国においては、1998年に導入の方針が示された後、1999年に試行が始まり、自治体においても、1999年の地方自治法改正（地方自治法施行令第167条の10の2）により可能となった。PFI事業では、本方式または公募型プロポーザル方式が原則となっている。PFI事業ではVFM（ここでは価値÷価格の意味ではなく、PSCとPFIの価格差の意味）の最大化を求めるものと考えられがちであるが、実際には総合評価値が最大化される。

評価の方法には、「性能評価＋価格評価」で採点する「加算方式」と、「性能評価÷価格評価」で採点する「除算方式」がある。

関連用語：PFI、PSC、VFM、公募型プロポーザル方式

第三の道

市場の効率性を重視しつつも国家の補完による公正の確保を志向するという、従来の保守－労働の二元論とは異なる第三の路線。いわゆる資本主義と社会主義という思想や政策を超える新しい路線の一つである。「第三の道」は英国の労働党ブレア元首相が説いたことで知られるが、英国の社会学者アンソニー・ギデンズが著書『第三の道』において体系化し、同書では「（第三の道とは）過去20～30年間に根源的な変化を遂げた世界に、社会民主主義を適応させるために必要な、思考と政策立案のための枠組みである」（P.55）と述べている。1990年代のヨーロッパ中道左派政権の誕生に影響を与えた。ちなみに、第一の道は福祉国家、第二の道は新自由主義国家路線をいう。

関連用語：大きな政府、小さな政府

ダイレクト・アグリーメント

PFI事業において、国・自治体等と金融機関の間で直接結ばれる協定。契約当事者であるSPC（特定目的会社）が破綻した場合等に備えて、SPCを介した間接的な契約関係にある両者の権利と義務を明確化することで、公共サービスが継続できるようにする趣旨。

関連用語：PFI、プロジェクト・ファイナンス（project finance）

地域密着型金融（リレーションシップバンキング）

金融機関が顧客との間で親密な関係を長く維持することにより顧客に関する情報を蓄積し、この情報を基に貸出等の金融サービスを提供することで展開するビジネスモデルである。資金の貸し手は借り手の信用リスクに関する情報を当初十分有していない（情報の非対称性が存在する）ことから、貸出に当たっては継続的なモニタリングなどのコスト（エージェンシーコスト）を要する。一方、借り手との長期継続関係を築くことにより、借り手の財務諸表等の定量情報からは必ずしも得られない定性情報を得ることができるため、貸出に伴う信用コスト等の軽減が図られることに着目している。地域金融機関は、地域と密着した関係を生かして地域経済活性化や地域再生の支援機能を担うことを求められる。

2016年10月には、「平成28事務年度金融行政方針」が公表され、過去の厳格な資産査定を中心とする監督・検査からの方針転換が示された。主な内容は、規制の形式的な遵守よりも、実質的に良質な金融サービスのベスト・プラクティスを重視すること、過去の一時点の健全性の確認より、将来に向けたビジネスモデルの持続可能性等を重視すること、特定の個別問題への対応より、真に重要な問題への対応ができているかを重視すること。その一環として、金融機関が企業の財務指標を中心とする融資判断を行い、信用力は低くても事業の将来性・持続性が高い企業へ融資をしない「日本型金融排除」が生じていないかについて企業ヒアリング等により実態把握を行うことが盛り込まれた。

2020年11月27日には、地銀の統合・合併を後押しするため、独占禁止法の適用除外とする特例法が施行された。

小さな政府

第二次世界大戦後の先進各国における福祉国家政策による財政支出の拡大の反省から、市場メカニズムが効率的資源配分を実現することを前提とし、政府が行うべきことは、市場が対応できない領域に限定すべきであり、政府の役割は小さく、最低限のセーフティーネットに限定すべきであるという市場原理的国家の概念。
関連用語：NPM、大きな政府、シビル・ミニマム、第三の道、ナショナル・ミニマム

地方創生

地方創生とは、地方において「しごと」を作り出すことによって「ひと」を呼び込み、「ひと」が新たな「しごと」を作り出す「好循環」を確立することで、地方への新たな人の流れを生み出し、「まち」に活力を取り戻すことを目的としている。2014年12月にまち・ひと・しごと創生法と改正地域再生法が成立した。まち・ひと・しごと創生法では、2060年に1億人程度の人口を確保するという国の「長期ビジョン」と5カ年の政策目標である「総合戦略」を策定。これを基に各自治体が2060年までの「人口ビジョン」と5カ年の「地方版総合戦略」を定めることを求めている。地方版総合戦略では、実現すべき成果について数値目標を設定し、各施策についても客観的な重要業績評価指標（KPI）を設定するよう求めている。

地域再生法は、自治体が雇用の創出や地域経済の活性化のための取り組みを定めた「地域再生計画」を策定し、内閣総理大臣の認定を受けることでさまざまな支援措置を受けられるようにするもの。これまで、各省庁の事業の隙間になっていた事業に対して支援を受けられるようになった。
関連用語：KPI

定期借地権

借地権には、期限内で必ず契約が終了する定期借地権と期限の定めだけでは終了しない普通借地権がある。定期借地権は1992年8月に施行された借地借家法により制度化されたもので、①一般定期借地権、②建物譲渡特約付借地権、③事業用定

期借地権の三つの種類がある。普通借地権に比べ、契約期間の更新がない、立退料が不要、建物の買い取り請求ができない等の点で借地人の権利が弱まり、土地所有者が土地を貸しやすい制度といえる。

香川県高松市丸亀町商店街の事例のような民間主導型の再開発や、自治体保有地を利用した公共施設等整備などにも活用されており、地域再生やまちづくりのツールの一つとして期待される。

ナショナル・ミニマム

イギリスのS.J.ウエッブ、B.ウエッブ夫妻が1897年に著書『産業民主制論』において提起したもの。国家が国民に保障する生活保障の水準であり、国民に保障された全国一律での福祉の最低限の水準を表す。日本における根拠は、憲法25条に規定する「健康で文化的な最低限度の生活」であり、それを法律として具現化したものが、生活保護法などである。したがって、国はもちろんのこと、地方自治体も、独自の判断でナショナル・ミニマムを下回ることはできないと考えられる。

関連用語：シビル・ミニマム、大きな政府

ネーミングライツ（naming rights）

命名権。主に施設などにおいて、スポンサー名等を冠する権利。施設の建設・運営資金調達のための長期的に安定した収入を確保し、公共施設の自立的経営に寄与することを狙いとして導入されている。2003年の味の素スタジアム（東京スタジアム）が公共施設として本邦初の事例で、各地へ広がっている。一方、ネーミングライツの普及により「目新しさ」が薄れ、交渉が難航する事例も発生している。また、近年ではネーミングライツの対象自体の提案を求める事例もある。

パークPFI（Park-PFI）

公募設置管理制度。2017年6月の都市公園法の改正により、創設された。従前からあった、民間事業者等が「公募対象公園施設」を設置・管理できる「設置管理許可制度」では、設置許可の上限が10年だったものを、パークPFIでは上限20年と延長したほか、公園内に設置できる施設の建ぺい率の特例を定めた。民間事業者が公園内での収益活動から得た収益の一部を公園整備、維持管理等に還元してもらい利用者サービスを向上させる。また、都市公園法の改正により公園内への保育所等の社会福祉施設の設置が全国で可能となった。「PFI」という名称だが、PFI法に基づく事業ではなく、SPCの設置や議会の承認は必ずしも必要ない。

バランスバジェット

自治体の単年度収支を赤字とせず均衡させること、もしくはそれを義務付ける法的枠組み。米国では、1980年代の財政赤字拡大を機に85年に連邦法として制定された財政均衡及び緊急赤字統制法（グラム＝ラドマン＝ホリングス法）が有名。

その後、大半の州ではそれぞれ収支均衡（バランスバジェット）制度が規定されている。またその一環として自治体の格付けが資金調達に影響することから、公債費の管理が厳しく行われている（例えば、フロ

リダ州では一般財源の7%が上限）。さらに
自治体によってはバジェットオフィサー
（予算編成責任者）が1名または複数任命
され、歳入増加（増税、資産売却など）、歳
出圧縮の方法や影響などを具体的に分析し
専門的な知見から市長・知事やシティ・マ
ネジャーに選択肢を提案している。

普通財産

　公共団体が所有する土地や建物などの不
動産などの財産のうち、行政の事務事業と
して供するもの、あるいは公共サービスと
して市民が利用するものを行政財産とい
い、それ以外のものを普通財産という。行
政財産では、売却・貸付・譲与・信託・私
権の設定等は原則として認められていない
が、普通財産には制約がない。このため、
近年の自治体財政の逼迫等により、民間へ
の売却のみならず、定期借地権方式による
賃貸や別の行政目的での活用など、利活用
を進める動きが顕著にみられる。
関連用語：行政財産

プライマリーバランス（primary balance）

　基礎的財政収支。国債・地方債の元利払
いを除いた歳出（一般歳出）と国債・地方
債等の借入金を除いた歳入（税収など）と
の差によって、国・地方の財政状況を表す
指標。均衡している場合、当該年度の政策
的な支出を新たな借金（起債等）に頼らず
に、その年度の税収等で賄っていることを
示す。赤字ならば債務残高が拡大すること
になり、黒字ならば債務残高が減少する。

プロジェクト・ファイナンス（project finance）

　企業全体の信用力に依拠して行う資金調
達（コーポレート・ファイナンス）ではな
く、ある特定の事業から生み出される
キャッシュフローおよびプロジェクト資産
のみに依拠して行う資金調達手法のこと。
当該事業のみを担う特定目的会社（SPC）
を組成し、当該SPCが資金調達（例：金融
機関からの融資）を行うのが一般的であ
る。また、資金の返済義務がSPCの株主企
業などに遡及しない点（ノン・リコース）
が特徴である。
　プロジェクト・ファイナンスでの資金調
達が可能となる要件として、融資期間中に
おける当該事業の確実な需要が見込まれる
こと、当該事業から得られるキャッシュフ
ローの安定性が見込まれること、さまざま
な事業リスクの分析とリスクが顕在化した
場合の対応策の検討が行われていること、
それらの対応策に実効性が認められるこ
と、といった点が考えられる。主な対応策
としては、収入安定化、優先劣後関係、メ
ザニンの導入が挙げられる。
　収入安定化の例としては、事業期間中に
おける確実かつ安定した需要を確保すべく
需要先（例：行政、メインテナント）との
長期契約の締結、リスク分担およびリスク
が顕在化した際の対応策の明確化、一定の
収入保証や各種保険契約の締結が挙げられ
る。優先劣後関係とは、資金調達をいくつ
かの階層に分け、金利は低いものの償還確
実性の高い部分（トランシェ）と、償還確
実性は低くなるが金利が高い部分を作り出
すことにより、資金の出し手の多様なニー
ズに対応し、資金調達の円滑化を図ること

である。メザニンとは、シニアローン（優先ローン）に対する劣後ローン、普通社債に対する劣後社債、普通株に対する優先株のように、弁済の優先順位が中位となる（リスクが高くなる分、金利は高くなり配当は優先される）ファイナンス手法の総称であり、英語の中2階が語源である。

ペナルティ

取引開始後の情報の非対称性を利用して、代理人が、依頼人の望んだ行動をしない（モラルハザード）場合に、報酬を払わない、あるいは罰金を科すなどすること。代理人が依頼人の望んだ行動をしているかどうかを監視する（モニタリング）こととセットで行われる。PFIでは、ペナルティを数値化して一定以上の水準に達した場合には、契約でサービス購入料の減額や契約解除といった事項を定めることがある。
関連用語：モラルハザード、モニタリング、インセンティブ、KPI

包括民間委託

公共サービス型PPPの一形態。公共サービス（施設の管理運営など）にかかわる業務を包括的・一体的に民間主体に委託する形態。複数年契約で性能発注とするのが一般的である。委託した業務にかかるコストは、行政が委託費として民間主体に支払う。個別の業務委託に比し、重複業務にかかるコストが軽減されるとともに、民間主体のノウハウも発揮しやすくなるという利点がある。上下水道事業、工業用水道等における活用が進んでいる。また、最近では、一定の地域内の道路・橋りょう等のイ

ンフラ、または、多数の公共建築物を対象とする包括委託の事例も登場している。2014年に改正された公共工事品質確保促進法で列挙された多様な入札契約方式には「地域における社会資本の維持管理に資する方式（複数年契約、複数工事一括発注、共同受注）」が盛り込まれ、今後、包括的民間委託の拡大が期待される。

米国サンディスプリングス市における行政運営全般を一括して委託する方式なども指す。
関連用語：性能発注／仕様発注

マイクロファイナンス

低所得者層を対象に、小口の信用貸付や貯蓄などのサービスを提供し、零細事業を興し、自活していくことを目指す金融サービス。これらの層は、物的担保もなく、必要とする資金額も少額であるため、一般の銀行からの融資を受け難い。これに対して、マイクロファイナンスは、①少額の融資を行い、②無理のない返済計画を設定、③担保や保証人を求めない代わりに利用者が小グループを形成する連帯責任制や、④事業のアドバイスや支援を銀行が実施するなど、回収リスクを抑え金融事業として成立させている。2006年にはバングラデシュのグラミン銀行とその創始者であるムハマド・ユヌス氏がノーベル平和賞を受賞したことでも知られている。

日本国内においては、上記の①～④の条件に全て合致するマイクロファイナンスの事例は見られないが、地域再生やメンバー間での相互経済援助を目的としたコミュニティファンドやNPOバンクの事例が存在する。

関連用語：市民資金、クラウド・ファンディング

民営化

公企業を株式会社化して民間資本を導入することること。国の公社、公団、事業団、公庫、自治体の公営企業を民営化することを指すことが多い。民間の活力を部分的ではなく全面的に活用することにより、サービスの質の向上、財政負担の軽減（もしくは売却益の確保）の効果を期待する。

民間提案制度

日本国内における「民間提案制度」としては、PFI法に位置づけられた民間提案制度と各自治体が独自に実施している民間提案制度がある。PFI法に位置づけられた民間提案制度は、2011年6月に改正されたPFI法第6条に実施方針の策定の提案として位置づけられている。改正前のPFI法でも、民間発意による事業提案は可能であったが、ほとんど活用されてこなかった。こうした点から改正PFI法では、民間発意による事業提案について行政サイドで必ず検討し、その結果を提案事業者に通知しなければならないこととなった。これにより、民間事業者からの発意を促し、PFIの活用が増えることが期待されている。改正PFI法では、改正前のPFI法で明文化されていなかった手続きの一部が具体化され、2013年6月に公表された「PFI事業実施プロセスに関するガイドライン」において、具体的なプロセスが示されている。

これまで千葉県我孫子市をはじめ各自治体が独自に実施してきた民間提案制度を参考に、内閣府、総務省、国土交通省は2016年に「PPP事業における官民対話・事業者選定プロセスに関する運用ガイド」をまとめ、公表した。先進的な自治体が取り組んできている民間提案制度の代表的な手法としてマーケットサウンディング型、提案インセンティブ付与型、選抜・交渉型の三つの類型について、先進自治体の事例や留意点、一般的なプロセスなどを示した。

関連用語：PFI、競争的対話／競争的交渉

モニタリング（monitoring）

依頼人の望んだ行動を代理人がとるように監視すること。モニタリングの結果、代理人が望ましい行動をしていなければ報酬を払わない、あるいは罰金を科す（ペナルティ）などの対応を行うことにより問題が解決できる。

例えば、PFIでは、事業者自身、発注者、第三者によるモニタリングが行われ、指定管理者制度でも同様の形が踏襲されつつある。モニタリングが行き届かないと、万一、手抜き工事や契約内容とは異なる運営がなされていてもそれを見つけることが困難となり、市民サービスの質の低下を招くことにつながり、行政側の責任も問われることとなる。

他方で、モニタリング費用が膨らみすぎると、結果としてVFMが確保できないことも想定される。かかるモニタリングコスト削減効果を期待し、KPI（重要成果指標）を導入する試みもみられる。

関連用語：モラルハザード、ペナルティ、KPI、VFM

モラルハザード（moral hazard）

　代理人が依頼人の望む行動をしないこと。依頼人と代理人の利害が一致しない場合であって、依頼人が代理人の行動を把握できない（取引開始後の情報の非対称性の存在する）場合に引き起こされる。PPPでは、官（依頼人）と民（代理人）との間で起きるモラルハザードの防止のために、契約により、民が官にとって望ましい行動をするように誘因（インセンティブ）を与える、官が民の行動を監視し（モニタリング）、民が望ましい行動をとらない場合の罰則（ペナルティ）を規定することが必要である。

関連用語：モニタリング、インセンティブ、ペナルティ

家守（やもり）

　都市活動が衰退した地域において、行政や地域住民と連携し、空きビルや空き地、閉鎖した公共施設などの遊休不動産を所有者から借り上げ、改修や用途の転換等を行いその地域に求められている新たな経済の担い手を呼び込むことで、地域経済の活性化やコミュニティの再生を目指す民間事業者のこと。江戸時代に不在地主の代わりに店子の家賃管理など長屋内の諸事に携わり、地域の他の家守と連携して地域全体のマネジメントも行っていた職業に由来する。その仕事は賃貸借管理だけでなく、テナント募集戦略の企画立案、仲介、改修工事、資金調達、テナントへの指導助言、まちづくりへの貢献など広範囲にわたる。

関連用語：コンバージョン／リノベーション

優先的検討規程／ユニバーサルテスティング

　2015年12月15日に開催されたPFI推進会議において「多様なPPP／PFI手法導入を優先的に検討するための指針」が決定されたことを受けて、国の各機関と都道府県ならびに人口20万人以上の地方公共団体に対し、2016年度末までに「優先的検討規程」を定めるよう要請した。同指針で示した対象事業は、「建築物またはプラントの整備に関する事業」や「利用料金の徴収を行う公共施設の整備・運営に関する事業」でかつ「事業費の総額が10億円以上」または「単年度の運営費が1億円以上」の事業。対象事業は、PPP／PFI手法の適用を優先的に検討するよう求める。各団体が策定する規程では、検討の手続きや基準などを示す。同指針の2021年改定版では、規程の策定を求める対象を人口10万人以上の団体へ拡大した。

　優先的検討規程は、英国のPFI導入初期において採用されたユニバーサルテスティングと呼ばれる普及策を参考にした。ある事業をPFIで実施することが困難であると立証されない限り公共事業として実施できないとするルールで、公務員の意識改革に大きな効果をもたらした。

立地適正化計画

　2014年8月1日施行の改正都市再生特別措置法に基づくもの。市町村が都市全体の観点から作成する「居住機能や福祉・医療・商業等の都市機能の立地、公共交通の充実等に関する包括的なマスタープラン」であり、現状の市町村マスタープランの高

度化版と位置付けられている。居住を誘導する「居住誘導区域」や医療、福祉、商業等を誘導する「都市機能誘導区域」等を定める。本計画に位置付けられることで、都市機能立地支援事業、都市再構築戦略事業などの支援を受けることができる。2020年9月7日に施行された改正都市再生特措法では、激甚化する災害への対応として、居住誘導区域から災害レッドゾーンの原則除外、居住誘導区域内で行う防災対策・安全確保策を定める「防災指針」の作成を定めた。また、居住エリアの環境向上のため、居住誘導区域内において、住宅地で病院・店舗など日常生活に必要な施設の立地を促進する制度の創設、都市計画施設の改修を立地適正化計画の記載事項とした。

関連用語：インフラ長寿命化基本計画、公共施設等総合管理計画

補足）公共施設等総合管理計画と立地適正化計画の関係

PPP研究センターでは、公共施設等総合管理計画と立地適正化計画の背景は共通であり、記載すべき内容も相当部分重複しているので、地方公共団体にあっては、矛盾が生じないよう両者を一体的にもしくは相互に連携しながら検討することが不可欠であると考えている。

利用料金制度

公の施設の使用料について指定管理者の収入とすることができる制度（地方自治法第244条の2第8項）。指定管理者の自主的な経営努力を発揮しやすくする効果が期待され、また、地方公共団体および指定管理者の会計事務の効率化が図られる。利用料

金は、条例で定める範囲内（金額の範囲、算定方法）で、指定管理者が地方公共団体の承認を受けて設定することになる。また、指定管理者に利用料金を設定させず、条例で利用料金を規定することも可能である。利用料金制を採らない通常の公共施設では、条例により施設の利用料金が定められ、その料金は指定管理者が徴収を代行するものの、最終的には地方公共団体の収入となり、別途、管理運営に必要となる経費が指定管理者に支払われる。これは料金収受代行制度と呼ばれる。

関連用語：指定管理者制度

レベニュー債（Revenue Bond）

米国の地方債の一つで、指定事業収益債とも呼ぶ。自治体の一般財源ではなく、①電力・ガス・上下水道の公益事業、②高速道路や空港などの輸送インフラ事業、③住宅事業、病院事業などの分野において、特定のプロジェクトから得られる運営収益（キャッシュフロー）のみで元利金の支払財源を賄う。米国証券業金融市場協会（SIFMA）によると、2020年には総額2849億ドルのレベニュー債が発行され、米国地方債市場全体の58.5％を占めた。自治体の徴税権を裏付けとする一般財源保証債と異なり、仮にレベニュー債の対象事業を担う事業者が破たんした場合でも、自治体は債務を履行する必要がない。

一方、仮に自治体本体の財政が破たんした場合でも、レベニュー債の債権者は当該プロジェクトから優先的に弁済を受けることができるといった利点がある。米国ニューヨーク市が、野球場「ヤンキースタジアム」のチケット収入を裏付けとして発

行したレベニュー債のように、収益性の高いプロジェクトを裏付けとすれば、一般財源保証債よりも低利で資金を調達できる場合もある。国内では、茨城県が外郭団体や第三セクターに対して債務保証を行っている借入金のリスクを軽減するために導入した「レベニュー信託」（県環境保全事業団を対象に100億円を調達、2011年6月）、「信託活用型ABL（債権流動化）」（県開発公社を対象に397億円を調達、2013年3月）があり、総務省も第三セクター改革の一環として導入相談を開始した。しかし、公営企業については現行の地方債制度でレベニュー債の発行を認めておらず、これは変更していない。

連携協約

2014年の改正地方自治法（第252条の2）で創設された自治体間の新たな広域連携を促す制度。自治体は、他の自治体との間で連携して事務を処理するための基本的な方針と役割分担を定める連携協約を結ぶことができる。

従来の一部事務組合のような別組織を作る必要がないため、簡素で効率的な行政運営につながると期待される。また、従来の共同処理に基づく事務分担に比べ、地域の実情に合わせて連携内容を協議することができる。連携協約を全国の自治体に広めるため、一定の条件を満たす三大都市圏以外の政令市、中核市を地方中枢拠点都市として選定し、モデル事業を展開する。

関連用語：事務の代替執行

【執筆者プロフィール】

今村肇───第Ⅰ部第1章
東洋大学国際学部グローバル・イノベーション学科教授。慶應義塾大学大学院博士課程単位取得。商学修士。グローバル・イノベーション学、起業家精神、社会的企業、社会的インパクト投資を専攻。主著に、『ソーシャルインパクト・ボンドとは何か　ファイナンスによる社会イノベーションの可能性』（共著・ミネルヴァ書房）、『Team Academy in Diverse Settings』（共著・Jan. 2022, Routledge）がある。

ペドロ・ネヴェス───第Ⅰ部第2章
持続可能な開発問題を専門とするコンサルティング会社、Global Solutions 4Uを設立し、現在はそのCEOを務める。ヨーロッパ、アフリカ、アジア、アメリカの80カ国、250以上の都市で、パートナーシップを通じた100億ユーロ以上の投資プロジェクトを立ち上げ、管理してきた。開発学博士（リスボン大学）。欧州、アフリカ、アジアの多くの大学でSDGs、持続可能な開発、PPPなどに関して講義や研究を行っているほか、国連欧州経済委員会のPeople-first PPPケーススタディを担当した。

スティーブ・デイビス───第Ⅰ部第3章
ウェールズ財務省インフラ戦略・保証担当副局長。英国外務省でベルギーやスイス・ジュネーブにおける欧州員会での多国間貿易交渉などを担当した後、現職。

メリッサ・ペニキャド───第Ⅰ部第4章
Institute for Sustainable Infrastructureのマネージングディレクター。主にインフラ、商業用不動産、工業製品のサステナビリティとレジリエンスの基準、フレームワーク、評価システムの開発、導入、管理などの分野で約20年の経験を持つ。2016年よりISIでインフラのEnvision認証プログラムを指揮。また、ISIのマーケティング・コミュニケーション部門、R&D部門を統括している。国連欧州経済員会のPeople-first PPP評価手法検討のワーキンググループにも参加。

難波悠───第Ⅰ部第5章、第Ⅱ部第1〜4章、第Ⅲ部
東洋大学大学院教授。東洋大学大学院経済学研究科公民連携専攻修了。建設系の専門紙記者、東洋大学PPP研究センターシニアスタッフ及び同大学大学院非常勤講師、准教授を経て、2020年より現職。

根本祐二───第Ⅰ部第6章、第Ⅱ部序章
東京大学経済学部卒業後、日本開発銀行（現日本政策投資銀行）入行。地域企画部長等を経て、2006年東洋大学経済学部教授に就任。同大学大学院経済学研究科公民連携専攻長兼PPP研究センター長を兼務。内閣府PFI推進委員ほかを歴任。専門は地域再生、公民連携、社会資本。著書に『豊かな地域はどこが違うのか』（ちくま新書）、『朽ちるインフラ』（日本経済新聞出版社）ほか。

藤木秀明───第Ⅰ部第7章
東洋大学大学院客員教授。東洋大学大学院経済学研究科公民連携専攻修了。三菱東京UFJ銀行（現三菱UFJ銀行）、浜銀総合研究所研究員、内閣府公共サービス改革推進室上席政策調査員、大和大政治経済学部講師等を経て現職。公民連携専攻においては科目「地域金融論」を担当。地域金融機能を活用した公共経営への公民連携（PPP）の活用について、教育・研究・実践に取り組んでおり、多摩大学社会的投資研究所客員研究員も務めている。

鶴園卓也───第Ⅰ部第8章
つくばウエルネスリサーチSWC推進部課長。コナミスポーツ＆ライフを経て、2013年東洋大学大学院経済学研究科公民連携専攻修了。自治体及び企業等への健康増進事業コンサルティング業務を担当し、これまでに50団体以上の健康運動教室事業や健幸ポイント事業・SIB事業の立上げと継続支援を担う。『大腿骨を折らない体づくり』（主婦の友社）『70・80・90歳の若返り筋トレ』（久野譜也監修・NHK出版社）の運動指導の監修を担当。

こうみんれんけいはくしょ
公民連携白書 2021 〜 2022
しゃかいてきひょうか
PPP と社会的 評 価

2022 年 2 月 1 日　初版発行

編著者　　東洋大学PPP研究センター
発行者　　花野井道郎
発行所　　株式会社　時事通信出版局
発　売　　株式会社　時事通信社
　　　　　〒104-8178　東京都中央区銀座5-15-8
　　　　　電話03(5565)2155　https://bookpub.jiji.com
印刷所　　株式会社　太平印刷社

NOMURA

Japan Project-Industry Council

一般財団法人 **日本経済研究所**
The Japan Economic Research Institute

想いをかたちに 未来へつなぐ
**TAKENAKA**

**DBJ** 日本政策投資銀行
Development Bank of Japan

子どもたちに誇れるしごとを。
SHIMIZU CORPORATION
清水建設

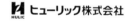**ヒューリック株式会社**

私たちは、公民連携
(Public/Private Partnership)の
普及を通じて、明日の世代に胸を張れる
地域の実現を支援しています

TAISEI **大成建設**
For a Lively World

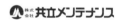株式会社 **共立メンテナンス**

鹿島
KAJIMA CORPORATION

人・夢・技術グループ株式会社

鹿島道路

戸田建設

azbil
アズビル株式会社

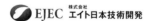**EJEC** 株式会社 **エイト日本技術開発**